이로운 보수 의로운 진보

이로운 보수 의로운 진보

ⓒ 최강욱, 최강혁, 2025

초판 1쇄 발행 2025년 5월 15일
초판 6쇄 발행 2025년 5월 28일

지은이 최강욱, 최강혁
펴낸이 유강문
인문사회팀 최진우 김효진
마케팅 김한성 조재성 박신영 김애린 오민정
펴낸곳 ㈜한겨레엔 www.hanibook.co.kr
등록 2006년 1월 4일 제313-2006-00003호
주소 서울시 마포구 창전로 70(신수동) 화수목빌딩 5층
전화 02-6383-1602~3
팩스 02-6383-1610
대표메일 book@hanien.co.kr

ISBN 979-11-7213-247-7 03300

최강형제가 들려주는
최소한의 정치 교양

이로운 보수
의로운 진보

최강욱, 최강혁 지음

박구용, 전남대학교 철학과 교수

나는 보수일까, 진보일까? 기준과 맥락에 따라 다를 것
이다. 동물복지를 진보와 보수의 기준으로 설정한다면
'엄격한 동물복지'를 주장하는 나는 보수일까, 진보일
까? 동물복지에 대부분 사람이 동의하고 실천하는 시
대가 오면 동물복지를 근본주의적으로 주장하는 나는
보수가 될 것이다. 하지만 동물복지가 최소한의 영역
에서만 수용되고 있는 시대와 장소에서 더 나은 동물
복지를 주장하는 나는 진보다. 같은 입장을 가진 내가
어떤 장소, 어떤 시대에 있느냐에 따라서 진보도 될 수
있고 보수도 될 수 있다. 그러니 진보와 보수를 범주적
이분법으로 갈라치면서 혐오의 정치를 하는 사람은 반
지성주의 파시즘을 선동하는 것이다. 여기에 맞서 《이
로운 보수 의로운 진보》는 진보와 보수가 서로 만나서

소통하고 연대할 수 있는 길을 친절하게 안내하는 내비게이터이다.

　　이 책은 독자가 길을 잃지 않도록 친절하게 안내한다. 일단 지금까지 우리가 걸어온 길부터 꼼꼼하게 점검한다. 평소 저자 최강욱이 그렇듯 샛길에 빠지지 않으면서도 진보가, 보수가 걸어온 거의 모든 길을 일일이 안내한다. 특히 18세기 보수와 진보의 이론적 뿌리인 에드먼드 버크와 토머스 페인의 가상적 논쟁은 매우 흥미롭다. 이 시기 보수와 진보 모두 역사가 자기 편을 들 것이라고 믿었다. 그 때문이었을까! 19세기에서 20세기까지 진보좌파와 보수우파는 사활을 건 역사 전쟁을 벌인다. 그리고 마침내 1989년 보수우파는 자신들의 승리를 자축하며 '역사의 종말'을 선언한다. 역사는 사실 누구의 편도 아니었다. 역사는 진보와 보수의 끝없는 싸움터일 뿐이다.

　　나이에 따라 진보와 보수가 갈리는 시대가 있었다. 이 시절에 유행하던 말이 있다. "젊어서 보수주의자인 사람은 심장이 없는 것이고, 늙어서 진보·자유주의자인 사람은 머리가 없는 것이다." 연령주의가 사라진 시대에는 걸맞지 않은 옛말까지 그것이 유포된 경로를 추적해서 알려 주는 것이 이 책의 매력이다. 여기에 〈다크나이트〉〈킹스맨〉〈기생충〉〈죽은 시인의 사회〉〈머니볼〉〈설국열차〉〈두 교황〉 같은 영화를 진보와 보수의 프레임으로 분석하거나 대화의 형식으로 두 프레임의 소통 가능성을 보여 주는 것은 이 책의 이론적 미덕이다.

이 책의 실천적 미덕은 3부와 4부에 집중되어 있다. 여기에서도 진보와 보수는 계속 대화한다. 대화는 이제 우리의 현실 속에서 이루어진다. 여기서 저자들은 세금과 복지제도, 학벌과 능력주의, LGBTQ, 낙태와 사형에 대한 진보와 보수의 관점 차이를 선명하게 드러내면서도 여전히 대화 가능성에 더 주목한다. 다만 태극기부대와 빈곤층의 보수성에 대한 담론에서 저자들은 그것의 형성 과정에 주목한다. 특히 빈자가 부자를 위해 투표하는 이유를 미국과는 다른 우리의 상황을 실제 대화를 통해 풀어내는 부분을 꼭 읽어보길 권한다. 지금 상황을 지키는 것이 그나마 안전하다는 생각과 행동은 비극적이지만 때로는 '키세스 혁명단'에서 볼 수 있듯이 절대적으로 아름답기도 하다.

이 책은 진보와 보수의 만남과 소통을 지향한다. 대화의 확장을 위해 이 책은 양 진영의 이상적 모델로 메르켈과 오바마, 유승민과 노무현을 내세운다. 여기에는 좌우의 날개로 비상하는 미래 한국을 꿈꾸는 저자들의 희망이 새겨져 있다. 이 책의 제목에 빗대어

약간 다른 언어로 이 책을 정리해 보자. 이로운 보수는 이제까지 경제적 자유와 그것의 독점적 주체 형성에 관심을 가졌다. 반면 의로운 진보는 정치적 자유와 그것의 집단적 주체 형성 과정에 적극적으로 참여했다. 이제 새로운 시대의 정치는 보수든 진보든 상관없이 의사소통적 자유, 곧 사회·문화적 자유와 그것의 상호주체성에 힘을 쏟아야 하지 않을까? 이 책은 이 지점에서 우리가 어디로 가야 할지를 스스로 사유하도록 가르친다.

❙ 정준희, 한양대학교 미디어학과 겸임교수

나는 좌파다. 자본주의는 정의롭지도 않고, 자연스럽지도 않으며, 따라서 영원할 수도 없는 경제체제라고 여긴다. 따라서 내게 자본주의는 극복의 대상이지 행복의 원천이 아니다. 또 나는 진보다. 과거로 돌아가는 게 아니라 미래로 나아가야 한다고 믿는다. 때문에 현재는 늘 출발점이다. 미래의 어느 시점에서 과거가 된 현재를 돌아보면, 비합리적이고 어처구니없는 현실 속에서 잘도 살았구나 싶을 거라고, 미래는 그런 것이어야 한다고 생각한다.

하지만 동시에 나는 우파다. 자본주의적 삶의 형식을 부정하지 않으며, 그로부터 얻은 것이 많다고 여긴다. 정의롭게 자본주의를 뒤집는다고 해서 그 결과가 반드시 정의로울 거라고는 생각지 않는다. 또 나는 보수다. 품격 있는 사람을 좋아하고, 절제된 언어를 사랑한다. 과거로부터 누적된 오랜 지혜가 있다고 믿으며, 현재는 그것의 표현이고, 그런 지혜 없이 미래가 행복해질 수는 없다고 본다.

이 책의 저자는 의로운 진보를 지향하지만, 내가 아는 한 이로운 보수의 풍모도 갖추고 있다. 이 책을 집어 든 당신은 어떨까? 당신이 진보이든 보수이든, 이웃에게 이로움을 주고, 사회를 더 의롭게 만들고자 한다면 나는 당신과 공존할 수 있다. 부디 이 책이 널리 읽혀, 그런 당신들이 더 많아졌으면 좋겠다.

보수와 진보의 참 가치를 찾아서

아버지를 뵈러 고향에 내려가는 길. 배가 고파진 형제가 식당을 찾았습니다. 하던 대화를 이어 가 볼 생각으로 조용해 보이는 곳을 골랐습니다. 예상했던 것보다 훨씬 조용한 식당이었습니다. 주문한 음식을 기다리는 동안 옆 테이블의 대화가 귀에 들어왔습니다. 식사를 거의 마친 옆 테이블의 두 사람은 아주 가까운 친구 사이인 것으로 보였습니다.

친구 A   보수를 무조건 부정하는 건 옳지 않지. 나도 네 말을 무조건 부정하는 게 아니야.

친구 B   진보가 옳은 말을 하긴 하는데 '내가 다 옳아' 하는 태도 때문에 기분이 상하는 거야.

친구 A   보수도 좋은 거지, 사실. 그런데 왜 좋은지 차근차근 말해 주는 어른이 보수 쪽에 잘 없지. 불쌍해, 넌.

친구 B   나도 진보 쪽 주장에 동의되는 부분이 있긴 있어.

친구A   둘 다 좋은 거잖아. 우선순위가 좀 다른 거지.

친구B   잘만 하면 서로 보완적이겠고.

친구A   감정적으로만 대립하는 건 좀 그렇고.

친구B   너부터 나를 '완전히 설득하려는 태도'를 좀 버려.

친구A   내 의견을 존중해 봐. 신념을 버리라는 게 아니잖아, 내가.

친구A   중요한 건 문제를 해결하는 거지, 누가 더 옳은가를 따지는 게 아니지. 그치 않냐?

친구B   그렇지. 각자 옳다고 믿는 걸 믿고 사는 거지. 나가자, 이제. 잘 먹었다. 저번에 네가 냈으니까 오늘도 네가 내라.

앞에 어떤 말들이 더 있었을까 궁금해지는, 드물게 아름다운 대화였습니다. 세상엔 자기가 최고라고 생각하는 오만한 자들이 많고, 오만한 사람들은 주로 무례합니다. 남을 인정하기보다 무시하고 깎아내려서 자신을 높이려고 합니다. 그러지 않는 사람들도 많지만, 안 그런 사람들은 대개 조용합니다. 옆 테이블의 대화가 그래서 참 좋아 보였습니다. 식사를 마친 형제도 다시 차에 올랐습니다. 몇 분간의 침묵. 그러고는 누가 먼저랄 것 없이 "이걸 책으로 써 보자" 하였습니다.

20대를 불렀습니다. 혹시 보수와 진보에 대해 알고 싶은지 물었습니다. 알고 싶다고 했습니다. 지금 얼마큼 알고 있는지 물었습니다. 어렴풋이 알지만 잘 설명할 순 없다고 했습니다. 그렇구나. 알고 싶다는 것들을 하나씩 순서대로 받아 적었습니다. 짧은 세계사와 프랑스혁명 등의 역사적 배경, 보수와 진보 개념의 출발과 전개, 현실 속에서 맞닥뜨리는 보수와 진보, 우리 현대사와 현실 정치에서의 보수와 진보라는 대략의 얼개가 잡혔습니다. 어느 정도는 세계사를 이해하고 있어야 프랑스혁명을 알 수 있습니다. 프랑스혁명을 이해하고 있어야 보수와 진보의 기원을 알 수 있습니다. 손에 잡힐 듯 말 듯한 보수와 진보의 개념은 사례와 논쟁, 영화 등을 통해 좀 더 쉽게 이해될 수 있도록 하였고, LGBTQ 등의 민감한 주제를 다룰 때는 최대한 보수와 진보의 입장을 균형 있게 반영하고자 노력했습니다. 그리고 우리의 굴곡진 현대사, 냉엄한 현실, 꿈꾸는 미래에 대해 이야기하고 싶었습니다. 본격적으로 쓰기 시작한 지 수개월. 누구도 예상하지 못했던, 실로 어처구니없는 위헌적 계엄과 내란이 우리의 일상을 뒤흔들었고, 나라가 통째로 격렬한 보수, 진보 논쟁에 휩쓸려 들어갔습니다.

인터넷 커뮤니티에 '썹선비'라는 말이 나오면서 용기 있게 말하는 사람이 사라졌고, '설명충'이라는 말이 나오자 기꺼이 지식을 나누려던 사람들이 사라졌습니다. '누칼협'이라는 말이 나오면서 자기 행동에 책임을 지려는 사람이 사라졌고, '알빠노'라는 말이 나오자 타인의 의견을 존중하는 사람들이 사라졌습니다. 글에 물음표가 필요 이상으로 많으면 그건 궁금한 게 아니라 따지자는 것입니다. "게임은 상대를 이기려고 하는 게 아니라 상대를 '빡치게' 하려고 하는 거다"라는 말처럼, 오직 상대를 화나게 할 목적으로 쓰인 글들이 너무 많아졌습니다. 지금 보수와 진보가 편을 갈라 서로를 욕하며 낭비하는 에너지만 모아도 하루에 피라미드 하나씩은 올릴 수 있을 것 같습니다.

'보수는 탐욕으로 망하고, 진보는 위선으로 망한다. 보수는 부패로 망하고, 진보는 분열로 망한다.' 널리 퍼져 있는 말입니다. 탐욕과 부패는 보수의 가치가 아닙니다. 위선과 분열도 진보의 가치가 아닙니다. 이 책을 통해 우리는 보수와 진보가 진짜 소중하게 여기는 가치가 어떤 것인지를 알리고 싶었습니다. 욕할 때 하더라도 서로를 좀 더 알고 나서 욕하는 게 맞지 않나 생각했습니다.

자는 사람은 깨울 수 있지만 자는 척하는 사람은 깨울 수 없다고들 합니다. 이해가 어려운 사람에게는 차근차근 설명할 수 있지만 일부러 못 알아듣는 척하는 사람에겐 어떤 설명도 설득도 불가능합니다. 스스로의 정의를 의심해 본 적 없는 단 한 사람 때문에, 온 국민이 비상식적이고 잔혹한 폭력을 겪었습니다. 그래도 지금 눈을 들어 밖을 내다보면, 여전히 바깥 세상에는 감성이, 지식이, 책임이, 존중이, 용기와 사랑이 있습니다. 함께 살아가는 이 나라가 더 자랑스러운 곳이기를 바라는 건강한 보수와 진보 모두에게 이 책이 서로에 대한 이해, 더 좋은 세상에 대한 기대의 폭을 넓힐 수 있기를 간절히 바랍니다. 저기에 길이 있고, 약속이 있고, 믿음이 있습니다. 우리에게 조금의 행운이 따라 주기만 하면 우리도 언젠가 만날 수 있을 겁니다. 보수와 진보가 서로 격려하고 서로를 향해 미소 지으며 함께 그 길을 걷게 되길 바랍니다.

초고를 보고 즉시 출판을 제안해 주신 한겨레엔 김창석 부사장님과 한겨레출판의 정진항 이사님 덕분에 용기를 얻어 더 쓸 수 있었습니다. 김준섭 부편집장님, 최진우 팀장님의 정성 어린 편집으로 부족한 글이 생명을 얻어 좋은 책으로 만들어질 수 있었습니다. 감사합니다.

이 책의 첫 독자가 최혁준 군이었음을 행운으로 여깁니다. 새로운 관점, 젊은 생각을 가까이서 들을 수 있어 큰 도움이 되었습니다. 글이 좀 더 친근하고 재미있게 읽히도록 좋은 삽화를 그려 주신 '낙서천재' 권혜진 님께도 깊이 감사드립니다. 멋진 삶을 일궈 내신 존경하는 아버지, 아들들의 눈에 여전히 아름답고 한없이 고맙기만 한 어머니, 그리고 사랑하는 가족들에게 이 책을 드립니다.

1부

보수와
진보의

위대한 탄생

봉수 씨와 진봉 씨 이야기

봉수 씨는 보수입니다

오후 2시. 여유로운 점심 식사를 마친 55세의 봉수 씨가 말끔한 영국식 맞춤 정장을 입고 봉은사 길을 걷습니다. 그는 물 흐르는 듯 유연한 이탈리아식 정장보다 격식 있고 엄격한 영국식 정장을 선호합니다. 젊었을 때 좋아하던 이탈리아식 정장에서 강조되는 곡선이 이제 나이 든 자기 몸의 불안정한 곡선과 어울리지 않는 느낌이어서 그렇습니다. 봉수 씨의 반짝이는 구두는 영화 〈킹스맨〉의 '브로그 없는 옥스포드Oxford not brogues'입니다. 구두 앞코에 아무런 장식이 없고, 끈을 꿰어 묶는 부분은 경박스럽게 좌우로 활짝 열리지 않습니다. 요즘 젊은이들은 정장에 운동화도 즐겨 신는다지만 봉수 씨는 그런 게 영 마땅치가 않습니다. 봉수 씨는 서울 한복판 종로에서 금수저로 태어나 금수저로 자랐습니다. 태어나 보니 이미 홈런을 10개쯤 친 상태였어요. 만 50세가 되던 해에 그는 건물주가 되었는데, 자신의 노력도 있었지만 부모님의 도움이 컸습니다. 그가 가진 강남의 5층짜리 작은 빌딩은 유동 인구가 많은 지하철역 근처에 있고 1층에 약국, 2층부터 5층까지 병의원이 들어와 있습니다.

　　얼마 전까지만 해도 봉수 씨는 이름을 대면 누구나 알 만한 대기업의 부장이었습니다. 만 49세가 되도록 임원 승진을 하지 못하여 부장으로 머물러 있다 명예퇴직을 했지만 다가올 미래가 불안하지는 않았습니다. 건물주니까요. 봉수 씨의 하나뿐인 아들은 이제 막 의대를 졸업했는데 키도 크고 잘생기기까지 했습니다. 지금은 정형외과 레지던트 과정을 밟는 중입니다. 요즘 어른 아이 할 것 없이 모두 스마트폰에 고개를 처박고 있으니 아들이 전공하는 정형외과는 앞으로도 영원히 꽃길일 겁니다. 아들이 장차 개업을 선택하면 봉수 씨는 자기 건물의 가장 좋은 층을 내어 줄 생각입니다. '이만하면 내 인생도 참 괜찮지, 가을바람 시원하네' 하던 바로 그 순간 봉수 씨 손에 들린 스마트폰이 울립니다. 여론조사 전화입니다. 실수하고 싶지 않습니다. 하나씩 이어지는 질문에 신중하게 답합니다. '당신은 보수 성향입니까, 진보 성향입니까'를 묻습니다. 뜸 들이지 않고 보수를 선택합니다. 네, 봉수 씨는 보수입니다.

진봉 씨는 진보입니다

같은 시각 55세 진봉 씨는 자기 사무실에 앉아 있습니다. 그는 서울 소재의 유명 사립대학교 학부를 졸업한 후 약 10년간 은행에서 일했습니다. 뒤늦게 법조인이 되겠다는 목표로 같은 대학의 로스쿨을 나왔고 지금은 변호사로 일합니다. 진봉 씨는 흙수저로 태어나 흙수저로 살았습니다. 태어나 보니 뭐 딱히 잘못한 것도 없는데 이미 9회 말 투아웃 상태였습니다. 성장하는 내내 삼진 아웃의 위협에 시달려야 했습니다. 여기서 한 번 헛스윙하면 이대로 경기가 끝난다는 공포. 뒤에서 계속 절벽이 따라오는데 녹이 슬어 잘 안 나가는 자전거를 타고 도망치는 느낌이었습니다. 낭떠러지로 추락하지 않으려면 쉬지 않고 페달을 밟아야 했습니다. 그렇게 어른이 된 진봉 씨는 언제나 스티브 잡스와 비슷한 차림입니다. 이세이 미야케까지는 아니지만 그래도 질 좋은 국내 브랜드의 검정 터틀넥을 입었고, 리바이스 501과 알든의 로퍼로 마무리했습니다. 그는 정장이 늘 답답합니다. 다른 변호사들이 정장 입고 일하는 걸 잘 알고 있지만 '양복 입은 변호사는 나 아니라도 많아' 하는 생각으로 삽니다. 재판 때문에 법원에 가야 하는 날을 빼고는 늘 이런 차림입니다. 포멀과 캐주얼 사이에서는 늘 캐주얼을, 클래식함과 트렌디함 사이에서는 늘 클래식을 택했습니다. 클래식한 캐주얼. 이것이 진봉 씨의 패션 철학입니다.

아내와 두 자녀를 데리고 전세살이를 전전하던 진봉 씨는 나이 50이 다 되어서야 비로소 서울 시내에 국민 평수의 아파트 하나를 장만했습니다. 세계적인 금리 상승으로 아파트 값이 폭락 수준으로 떨어지면서 오매불망 노리던 기회가 찾아온 것입니다. 각자 자기 방을 갖게 된 딸과 아들의 행복해하는 모습이 오늘도 머릿속을 떠나지 않습니다. 변호사가 되기만 하면 떼돈을 벌어들이는 시대는 이미 지나간 지 오래입니다. 먹고살기 위해 변호사 자격시험에 합격한 후 바로 개업을 택했지만, 서울대 출신도 아니고 사법고시 출신도 아니고 전관 출신도 아닌 진봉 씨에게 여태까지의 삶은 그리 만만하지 않았습니다. 진봉 씨의 딸은 아빠와 같은 대학을 졸업하고 얼마 전 공중파 방송국의 기자가 되었습니다. 사랑스러운 내 딸, 누가 봐도 예쁩니다. '이만하면 내 인생도 괜찮아, 열심히 살았어' 하던 바로 그 순간에 진봉 씨의 스마트폰이 울립니다. 여론조사 전화

1부 보수와 진보의 위대한 탄생

입니다. 진봉 씨도 봉수 씨와 같은 질문을 받습니다. 진봉 씨는 망설임 없이 진보를 선택합니다. 네. 진봉 씨는 진보입니다.

　같은 날, 전국에서 1000명 정도의 사람이 이런 여론조사 전화에 응답합니다. 봉수 씨는 스스로를 왜 보수라고 생각할까요? 진봉 씨는 왜 스스로를 진보라고 생각할까요? 봉수 씨와 진봉 씨를 제외한 나머지 998명의 사람들은 왜 스스로를 보수나 진보(또는 중도)라고 생각할까요? 봉수 씨가 보수이고 진봉 씨가 진보라면, 보수나 진보가 추구하는 어떤 가치가 두 사람에게 맞았던 걸까요? 가까이 지내는 우리의 주변 사람들에게 당신은 왜 보수이거나 진보냐고 물으면 과연 몇 사람 정도가 '이러이러한 이유로 나는 보수(또는 진보)다'라고, 구체적인 근거를 들어 말할 수 있을까요? '저쪽 놈들 하는 짓이 영 마음에 들지 않아서' 같은 무의미한 답은 제외하고, 10분 정도라도 차근차근 조리 있게 자기가 보수(또는 진보)인 이유를 이야기할 수 있는 사람이 과연 얼마나 되는 걸까요? 보수는 과연 진보가 어떤 건지 알고 미워하는 것일까요? 진보는 보수가 뭔지 알아서 싫어하는 걸까요? 내가 싫어하는 저 정치인이 보수라니까, 또는 진보라니까, 그냥 무턱대고 싫은 건 아닐까요?
　봉수 씨는 진봉 씨가, 진봉 씨는 봉수 씨가 궁금합니다. 보수와 진보, 봉수 씨와 진봉 씨는 과연 어떻게 다를까요? 봉수 씨는 진봉 씨를, 진봉 씨는 봉수 씨를 설득할 수 있을까요?

세상 쉬운
세계사로부터

보수주의와 진보주의, 우파와 좌파 등의 단어는 프랑스혁명 이후로 이 세상에 등장했습니다. 그래서 프랑스혁명까지의 역사, 그 이후의 역사를 알아 둘 필요가 있습니다. 민주주의와 자본주의 모두 서양으로부터 온 것이라서, 서양사를 큰 맥락에서 이해하고 있으면 지금 세상을 이해하는 데도 큰 도움이 됩니다. 우리는 알게 모르게 세계사에 대한 여러 단편적인 지식을 갖고 있지만, 어디서 들어 본 적 있는 역사적 사건들이라도 머릿속에서는 전부 조각나 있고 뒤죽박죽인 것이 항상 문제입니다. 도대체 뭐가 앞이고, 뭐가 뒤인지 알기가 어렵습니다. 연도별로 중요한 사건을 외워 봐도 돌아서면 바로 까먹습니다.

　　세계사가 머릿속에서 엉키는 가장 큰 이유는 지구본을 돌려봐도, 세계지도를 펼쳐 봐도 유럽 쪽에 나라가 너무 많기 때문입니다. 동아시아처럼 한국, 중국, 일본 이렇게 나라가 심플하면 좋은데 유럽은 그런 거 없습니다. 한국, 중국, 일본은 같은 땅덩어리 안에서 왕조가 바뀌고 나라 이름이 바뀌어 가는 정도이지만, 옛날 유럽 중에서도 특히 중세 유럽은 우리가 아는 지금의 유럽이 아닙니다. 그래서 나라를 중심으로 역사를 보려고 하면 보이질 않습니다. 그러면 어떻게 세계사를 이해할 것인가? 역사인 만큼 큰 시간순으로 끊는 게 좋습니다. 기원전의 역사는 기원전이니까 일단 없는 셈 치고 고대는 서기 500년까지, 중세는 500년부터 1500년, 근대는 1500년 이후, 이렇게 크게 500년 단위로 고대-중세-근대를 머릿속에 넣어 두면 쉽습니다. 이것이 기본 중의 기본입니다.

고대에는 그리스와 로마, 알렉산드로스대왕의 알렉산드로스제국 등이 있었습니다. 중세에는 어떤 나라인지 잘 모르겠는 나라들이 셀 수 없이 많았고, 근대에는 지금 우리가 아는 나라들인 영국, 프랑스, 독일, 이탈리아, 미국 등이 있습니다. 고대의 국가들이 중세에 갈기갈기 쪼개졌다가 근대에 들어 다시 그럴듯한 나라 모양으로 합쳐졌다는 뜻입니다. 사람을 제일 헷갈리게 하는 중세도 다시 크게 둘로 나눠 보면, 지방분권과 크리스트교 중심의 진짜 중세가 있고, 크리스트교의 쇠퇴와 함께 중앙집권국가가 등장하는, 근대로 가기 전 단계의 후반기 중세가 있습니다.

고대(서기 500년까지)

그리스 아테네…→페르시아…→알렉산드로스제국…→로마제국…→
크리스트교 공인

고대부터 살펴봅시다. 먼저 그리스. 아테네와 스파르타가 있었습니다. 여기에 동쪽의 페르시아가 쳐들어옵니다. 이 페르시아전쟁과 관련해 〈300〉(2006)이라는 유명한 19금 영화가 있습니다. 페르시아인들을 전제적이고 악랄하고 비이성적인 것으로 묘사한 심각한 문제가 있지만 흥행에는 크게 성공했습니다. 이 전쟁에서 아테네와 스파르타 연합군이 페르시아를 물리칩니다. '그리스가 이겼다'라는 말을 전하려고 어떤 병사가 아테네까지 무려 42.195킬로미터를 뛰어가는 바람에 마라톤이라는 올림픽 종목이 생겼습니다. 하지만 승전국 아테네와 스파르타는 이후 자기들끼리 치고받고 싸우다가 곧 알렉산드로스대왕의 알렉산드로스제국에 망합니다.

알렉산드로스대왕이 죽고 난 후 분열된 알렉산드로스제국의 땅덩어리는 모두 로마제국이 차지합니다. 로마제국시대는 시기적으로 우리의 고구려, 백제, 신라가 맞서던 삼국시대에 해당합니다. 로마제국시대를 다룬 영화로는 아마 〈글래디에이터〉(2000)가 가장 유명할 텐데, 이 영화는 역사적 사실과 별 관련이 없는 픽션입니다. 로마는 북아프리카, 유럽의 거의 전 지역, 지금의 중동까지를 모두 아우르는 어마어마한 크기의 제국이었습니다. 이 로마시대에서 가장 중요한 사건은 크리스

17세기 콜로세움의 모습.

트교가 서기 313년에 정식 종교이자 로마제국의 국교로 인정받아 세계적인 종교로 뻗어 나갈 기반을 마련한 것입니다. 이전의 유대교는 오직 유대인만을 위한 종교였지만 크리스트교는 계층이나 민족을 차별하지 않았고 예루살렘의 성전 밖에서도 종교 활동이 가능하도록 했습니다. 유대인이 아닌 다른 민족들에게도 구원받을 수 있는 길이 활짝 열린 것입니다. 당연히 크리스트교의 교세는 놀라운 속도로 확장되었습니다.

진짜 중세(서기 500년부터 1000년까지)

프랑크왕국···▶지방분권(봉건제와 장원)···▶크리스트교의 전성기

　중세로 가 봅시다. 먼저 고대 로마제국이 원래 북유럽에서 살고 있던 게르만족 때문에 망합니다. 로마(정확히는 서로

마)의 멸망이 곧 지방분권과 더불어 크리스트교가 중심이 되는 진짜 중세의 시작입니다.

　동쪽의 훈족에 쫓기다가 로마제국 땅까지 밀려 내려온 게르만족은 로마 영토 곳곳을 점령하고 자기들의 나라를 세웁니다. 그중 (게르만족의 일부인) 프랑크족의 프랑크왕국이 제일 큰 나라였습니다. 지금의 프랑스, 독일, 이탈리아 땅을 모두 아우르는 정도의 크기입니다. 이 프랑크왕국이 고대 그리스 로마 문화, 게르만 문화, 크리스트교 문화를 모두 포용하여 발전하면서 현재 서양 문화의 근본이 되는 이 세 축이 단단하게 섭니다. 프랑크왕국은 5세기 말부터 약 300년 정도 존속하다가 분열하였습니다. 프랑크왕국의 탄생과 소멸은 시기적으로 우리의 통일신라시대와 거의 비슷합니다. 프랑크왕국이 사분오열로 찢어져 있을 때 위쪽에서 바이킹, 아래쪽에서는 이슬람, 사방팔방에서 적들이 마구 쳐들어옵니다. 이 파상적인 공세를 국가 차원에서는 대응할 방도가 없었습니다. 각 지방은 자기 힘으로 스스로를 지켜야 했고, 이런 배경 아래 진짜 중세의 '지방분권' 시대가 열립니다. 봉건제와 장원의 등장입니다.

　먼저 봉건제. 왕권이 약하니 왕은 영주들에게 토지를 나눠 주는 대신 영주들의 충성을 얻고, 영주들은 다시 더 작은 영주들에게 그 토지를 나눠 준 다음 그들의 복종을 얻어 냈습니다. '영주인 네가 너의 땅에서 벌어지는 어지간한 일을 다 알아서 하되 전쟁이 나면 꼭 나를 위해 싸워라' 하는 것이 봉건제

중세 장원의 시장 풍경.

입니다. 일반 백성들은 영주의 땅에서 농노로 일하고 영주에게 노동력과 세금을 바쳐야 했습니다.

다음으로 봉건제 속의 장원. 장원은 영주가 가진 토지의 범위를 기준으로 하는 하나의 마을 또는 여러 개의 마을을 뜻합니다. 영주라고 하면 뭔가 그럴듯하고 대단해 보이지만 지금의 개념으로 보면 작은 장원을 가진 영주는 시골 이장 정도, 비교적 큰 장원을 가진 영주는 대도시의 구청장 정도입니다. 영화 〈겨울왕국〉(2014)의 엘사가 무려 여왕으로 불리지만, 엘사가 다스리는 아렌델이라는 땅을 보면 그냥 딱 소규모 장원입니다. 잘 봐주면 강남구 압구정동 정도(?)입니다. 그런데 웬만한 규모의 영주라면 모두 이렇게 자기 땅에서 왕 노릇을 하는 바람에 중세 유럽에서는 여기도 왕 저기도 왕, 여기도 공주 저기도 공주, 여기에 왕자 저기에 왕자, 정말 셀 수 없이 많은 공주와 왕자들이 있었습니다. 그러니까 영화 속 중세의 왕자와 공주는 우리의 상상 속 왕자와 공주라기보다 대부분 어느 마을의 이장 딸, 어디 구청장 아들 정도 되는 친구들입니다.

영주들의 성과 가까운 곳에 늘 교회가 있었습니다. 영주의 힘이 갈수록 세지고 왕의 힘은 이미 약하였으니, 자연스럽게 사람들의 일상을 지배하는 종교와 교황의 힘이 강력해져 갔습니다. 이렇게 오랜 시간이 흐른 결과 크리스트교가 중세 사람들의 사고방식을 완전히 장악하게 됩니다.

> **후반기 중세(서기 1000년부터 1500년까지)**
>
> 십자군전쟁…흑사병…르네상스…지방분권과 크리스트교의 쇠퇴…중앙집권국가의 등장

근대로 넘어가기 전 단계의 중세, 후반기 중세에는 어떤 일들이 있었을까요? 중세가 근대로 넘어가려면 앞서 언급한 진짜 중세의 가장 큰 특징인 크리스트교와 (봉건제를 대표로 하는) 지방분권, 이 두 힘이 약해지는 사건이 연이어 벌어져야 합니다.

먼저 십자군전쟁. 우리의 고려시대에 벌어진 일입니다. 십자군전쟁은 교황의 주도하에 벌어진 크리스트교 세력과 이슬람교 세력 간의 싸움입니다. 십자군을 소재로 한 영화로 제일 유명한 것은 〈킹덤 오브 헤븐〉(2005)입니다. 일반판은 그

냥 그렇고 감독판이 진짜입니다. 1095년부터 1291년까지 거의 200년에 걸친 이 전쟁에서 결국 크리스트교 세력이 패합니다. 명운을 건 종교전쟁에서 졌으니 당연히 이 전쟁을 이끌었던 교황과 크리스트교의 힘이 약해졌겠지요. 학교 교육에서 십자군전쟁을 중요하게 다루는 이유는 이 전쟁에서의 패배가 곧 저물어 가는 중세의 전조가 되기 때문입니다.

다음으로 흑사병. 흑사병에 걸리면 사람이 죽습니다. 유럽 인구의 3분의 1이 흑사병으로 죽었습니다. 농사를 지어야 할 사람들이 자꾸 죽으니까 잘 돌아가던 장원이 안 돌아갑니다. 농노의 수가 줄어드니 살아남은 농노들의 목소리가 커지고 임금도 계속 상승합니다. 인건비가 부담스러워진 영주들은 돈을 받고 농노들을 풀어 주었습니다. 자기 땅에 자기 농사를 짓는 자영농이 많아지면서 장원이 점차 무너져 갑니다. 장원의 붕괴는 곧 지방분권의 붕괴입니다. 엎친 데 덮친 격으로 이 시기에 동방과의 무역, 즉 상업이 번성합니다. 십자군전쟁 때 동쪽에 쳐들어갔다가 동방의 맛을 본 사람들이 많아진 덕분입니다. 상업에 기반을 둔 자유로운 도시들이 영주의 세력권 밖에서 계속 생겨납니다. 도시에서 일하는 사람들은 이제 농노가 아니라 시민이 됩니다.

지방분권이 무너지고 크리스트교의 힘도 예전 같지 않고 하니, 슬슬 도시 세력과 손잡아 강력해진 왕이 지배하는 중앙집권국가들이 등장할 채비를 합니다. 남쪽의 포르투갈, 스

프랑스 마르세유에 닥친 흑사병.

페인 등은 이슬람과 싸우다가 중앙집권국가를 형성하고, 영국과 프랑스는 자기들끼리 열심히 싸우다 중앙집권국가를 형성합니다. 이 시기 영국과 프랑스의 싸움이 그 유명한 백년전쟁(1337년부터 1453년까지 116년간의 전쟁)이고, 다 죽어 가던 프랑스를 어둠에서 빛으로 끌어올린 실존 인물 잔다르크가 이 전쟁의 영웅입니다. 백년전쟁 이후로 영국과 프랑스는 영원한 앙숙이 됩니다.

근대로 넘어가기 전 단계에서 꼭 알아야 할 또 하나는 르네상스입니다. 14세기부터 16세기 사이에 일어난 문예부흥운동입니다. 크리스트교의 힘이 빠지면서 자연스럽게 교회나 신이 아닌 '인간 중심'의 예술이 다시 찾아왔습니다. 교회의 권위와 압박 때문에 가로막혀 있던 고대의 아름다움이 위대한 예술가들의 손을 거쳐 부활합니다. 예술 전반에 걸쳐 고대 그리스와 로마 문명이 화려하게 되살아납니다. 고대 예술에서는 우리 인간의 몸을 무엇으로도 가리지 않았습니다. 그러다 중세에 와서 알몸 위에 옷과 천이 뒤덮입니다. 알몸을 드러내는 것이 불경스러운 일이 되었기 때문입니다. 신이나 교회의 힘이 많이 빠진 르네상스에 이르자 다시 예술 작품 속에서 인간이 누드로 등장합니다. 미켈란젤로의 〈다비드〉가 이 시기의 작품이고, 아마도 인류 역사상 가장 위대한 인간일 레오나르도 다빈치도 이 시대의 천재입니다. 르네상스가 태동하던 14세기 초반 유럽 수도원을 배경으로 하는 움베르토 에코 원작의 영화 〈장미

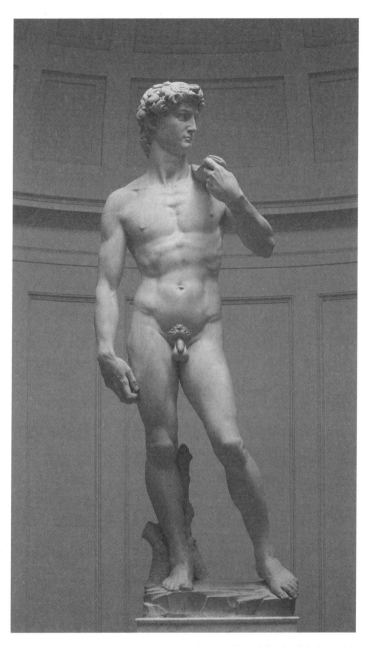

이탈리아 예술가 미켈란젤로의 다비드 조각상.

의 이름〉(1989)은 이미 썩을 대로 썩어 가고 있던 그 당시 종교의 의미를 진지하게 캐묻는 작품입니다.

중세시대 대부분의 사제, 주교, 대주교는 특별히 경건하거나 신앙심이 깊어서 교회에 들어간 것이 아니었습니다. 그 시절에는 교회가 가장 크고 부유한 조직이었기 때문에 사람들이 교회에 들어갔습니다. 오늘날 우리가 대기업에 들어가려는 것과 똑같은 이유로 신성한 성직에 취임했고, 그래서 별로 성스럽지 않았습니다. 마르틴 루터의 종교개혁이 이때의 일입니다. 감히 종교를 개혁하려 하다니 마르틴 루터는 참 용감한 사람이구나 싶지만, 분위기상 다 할 만하니까 한 것입니다. 종교개혁과 맞물린 개신교의 시작도 바로 여기부터입니다. 우리는 뭘 하고 있었을까요? 1392년 조선 건국, 1443년 한글 창제. 세종대왕님 덕분에 서양 중세의 막바지에는 우리 문화도 만만치 않았습니다.

근현대(서기 1500년부터 지금까지)

대항해시대…▸절대왕정…▸시민혁명과
산업혁명…▸나폴레옹…▸제국주의시대…▸세계대전…▸냉전

이제부터 17세기까지의 대항해시대와 콜럼버스로 대표되는 신항로 개척. 옹기종기한 장원들의 시대라면 꿈도 못 꿀 일들이 벌어집니다. 새로운 바닷길을 개척하는 사업에는 엄청난 돈이 듭니다. 말 그대로 '하이 리스크 하이 리턴high risk

대항해시대에 활약했던 범선인 갤리온선.

high return'입니다. 왕이 강력한 지배력을 가진 국가여야만 신 항로 개척 같은 일에 필요한 규모의 돈을 댈 수 있습니다. 당시 유럽은 중국, 인도 등 동쪽과 몹시 교류하고 싶어 했습니다. 그 런데 우리에게 익숙한 세계지도를 기준으로 보았을 때 유럽 땅 에서 중국까지, 오른쪽으로는 도무지 갈 방법이 없었습니다. 이슬람 문명권인 오스만제국(현재의 이스탄불을 수도로 두고 14세 기부터 20세기 초까지 지중해 주변, 서아시아, 북아프리카 대부분을 통 치하던 어마어마한 제국)이 중간에 딱 버티고 있었기 때문입니다.

그래서 바닷길로라도 어떻게든 동쪽에 가 보려고 한

것이 신항로 개척입니다. 유럽 각국 왕의 후원을 받은 배들은
아프리카 대륙을 아래로 뺑 돌아 인도, 중국, 일본까지 가고, 왼
쪽으로도 한번 가 볼까 했다가 아메리카 대륙을 발견합니다.
역시 될 놈은 됩니다. 남아메리카 대륙의 경우 포르투갈과 스
페인 사이에서 식민지 다툼이 일어나는데 교황이 중재를 하면
서 선을 하나 쭉 그어 줍니다. 선의 오른쪽은 포르투갈, 왼쪽은
스페인이 가지라고요. 그래서 지금도 그 선의 오른쪽에 있던
브라질은 포르투갈어를 쓰고, 그 선 왼쪽에 놓인 대부분의 나
라에서는 스페인어를 씁니다.

  이어서 16세기부터 18세기에 이르는 절대왕정. 왕권
이 절대적으로 강하던 시기라서 절대왕정이라고 부릅니다. 상
공인들, 즉 도시의 시민들과 손잡고 힘을 키운 왕은 봉건 세력
과 결별합니다. 강한 군대를 키웁니다. 교황의 권위에서도 벗
어납니다. 영국의 엘리자베스 1세, 프랑스의 루이 14세 등 어
디서 들어 본 것 같고 왠지 친근한 이름들이 모두 이때 등장합
니다. 왕권이 얼마나 셌으면 루이 14세의 경우 '짐이 곧 국가다'
라는 말을 남겼다는데 진짜로 그랬는지에 대해서는 아직까지
의견이 분분합니다. 베르사유궁전 같은 화려한 건축물도 이때
지어집니다. 루이 14세, 15세, 16세와 그 가족들이 거기에서
살았습니다.

  마지막으로 18세기 근대 후반부터 현대까지. 과거 국
가들과 지금 국가들의 가장 큰 차이는, 현재 대부분의 나라가

1부 보수와 진보의 위대한 탄생

공장 굴뚝과 연기로 가득했던 산업혁명 당시의 영국.

정치적으로는 민주주의를, 경제적으로는 자본주의를 택하고 있다는 것입니다. 민주주의 사회는 각국의 시민혁명으로부터, 자본주의 사회는 영국의 산업혁명으로부터 촉발됩니다. 민주주의-시민혁명, 자본주의-산업혁명입니다. 시간순으로 보면 1688년에 영국 명예혁명, 1760년부터 산업혁명, 1776년 미국 독립선언, 프랑스혁명은 1789년입니다.

　　18세기의 이런 여러 혁명 직후에는 우리가 많이 들어본 나폴레옹이 등장합니다. 나폴레옹은 30대 중반의 나이로 유럽 대부분을 정복하고 나폴레옹제국의 황제가 됩니다. 나폴레옹제국은 겨우 11년밖에 못 갔지만 나폴레옹과 함께 '자유, 평등, 박애'라는 프랑스혁명 이념이 유럽 전역으로 퍼져 나갔습니다. 나폴레옹이 유럽을 휘젓고 있을 때 우리나라의 왕은 조선 순조였습니다. '정-순-헌-철-고-순'의 앞쪽 순. 안동 김씨를 비롯한 왕의 주변 세력이 나라를 쥐고 흔드는 이른바 세도정치가 본격화된 암흑기의 시작입니다.

우리나라도, 전 세계적으로도 이다음의 역사가 마냥 아름답게 흘러가지는 않습니다. 19세기에 들어서면 '제국주의 시대'가 시작됩니다. 산업혁명을 통해 막강한 경제력과 군사력으로 무장하게 된 유럽 국가들이 식민지 경쟁에 뛰어들어 전 세계를 집어삼키려는 욕심을 부립니다. 영국은 해가 지지 않는 나라가 되고, 중국은 갈기갈기 찢겨 유럽 여러 나라의 지배를 받게 되고, 우리나라도 일본의 식민지가 됩니다. 이 제국주의의 욕망이 끝까지 간 것이 두 번의 세계대전입니다. 독일은 두 번의 세계대전에서 모두 졌고, 미국은 두 번 다 이겨 세계 최강 대국이 됩니다. 제2차 세계대전의 끝에서 히틀러가 죽고 일본이 원자폭탄을 맞고 우리는 광복을 맞습니다. 전쟁이 끝난 후부터는 미국과 소련이 대립하는 냉전이 계속되다가 소련의 붕괴와 함께 냉전체제가 종식되고 오늘에 이릅니다.

꼭 알아야 하는
프랑스혁명

앞선 세계사 챕터는 프랑스혁명을 이야기하기 위한 빌드업 Build up이었습니다. 그리고 이 프랑스혁명 챕터는 바로 이어질 '우파와 좌파, 보수와 진보'를 이야기하기 위한 빌드업입니다.

프랑스에서 극심한 굶주림과 신분제에 대한 불만으로 혁명이 일어납니다. 민중들이 국왕 루이 16세를 처형하고 '왕이 없는 나라', 즉 공화국을 선포합니다. 이것이 프랑스혁명에 대한 두 줄 요약입니다. 프랑스혁명은 현대의 정치체제와 사회질서를 만드는 데 가장 큰 기여를 한 세계사적 사건입니다. 사회의 다양한 계층이 참여한 최초의 민중혁명이기도 합니다(우리나라 역사에서는 1894년의 동학농민혁명이 프랑스혁명과 비교될 만합니다). 봉건적 특권을 모두 없앤 후 시민계급이 정치권력을 잡는 계기가 되었고, 왕이 당연하던 세상을 왕이 당연하지 않

프랑스 과격 시위로 인해 불타 버린 자동차. ©《한겨레》노지원

은 세상으로 바꾼 혁명입니다. 프랑스혁명의 '인권선언'을 통해서는 보편적 인권 개념의 기초를 만들었습니다. 프랑스혁명 이후 자유주의, 민주주의, 공화주의의 물결이 유럽과 전 세계로 퍼져 나갑니다.

프랑스는 지금도 집회나 시위가 세계 어느 나라보다 활발합니다. 뉴스에서 "이야~ 시위하는데 막 불 지르고 때려 부수네?" 하고 보면 프랑스입니다. "저긴 또 어느 나란데 저렇게 다 때려 부수냐?" 하고 보면 또 프랑스입니다. '혁명'이라는 걸 가장 먼저, 몸소 겪으며 그때까지 세상에 없던 것을 성취해 낸 나라. 그만큼 자기 국가와 민족에 대한 자부심도 대단합니다. 자기들 것이 무엇이든 세상에서 가장 위대하다고 하는 탓에 '유럽의 짱깨'라는 멸칭으로도 불리지만, 현대를 사는 우리 모두가 프랑스혁명에 만큼은 어느 정도 빚을 지고 있습니다. 그래서 프랑스혁명을 좀 알아야 합니다.

1989년, 프랑스혁명 200주년을 기념하여 만들어진 영화 한 편이 있습니다. 프랑스 문화부로부터 전폭적인 제작 지원을 받은 〈프랑스 대혁명The French Revolution〉. 1부 '빛의 시대Les Annees Lumieres'와 2부 '끔찍한 시대Les Annees Terribles'의 러닝타임은 무려 6시간. 딱 한 편으로 프랑스혁명을 끝내고 싶다면 무조건 이 영화입니다(유튜브에는 전체 영화를 30분 정도로 요약한 영상이 있습니다).

프랑스에 등장한 부르주아지

18세기 혁명은 1789년부터 시작되는 일입니다. 당시 프랑스에는 세 가지 신분이 있었습니다. 제1신분은 성직자, 제2신분은 귀족, 제3신분은 평민. 이 중 성직자와 귀족은 국가 토지의 상당수를 소유하고, 관직도 독점하고, 왕과 함께 중요한 정치적 의사결정을 했습니다. 세금은 전혀 내지 않았습니다. 세금은 평민들이 다 내고 있었습니다. 절대왕정시대가 저물고 이미 자본주의의 기운이 프랑스에 많이 스며든 때입니다. 의사, 변호사 등 전문직은 물론, 상공업에 종사하며 많은 돈을 벌어들인 사업가들이 속속 등장합니다. 이 사람들이 일명 '부르주아지bourgeoisie'입니다. 평민 내의 새로운 엘리트 집단을 일컫는 말입니다.

전통 엘리트였던 귀족 사회에서도 이제 출신과 배경보다 자본이 중요해졌습니다. 돈이 없는 상류 귀족은 제대로 된 대접을 받을 수 없었고 하류 귀족이라도 돈만 많으면 제대로 된 대우를 받았습니다. 세상이 빠른 속도로 달라지고 있다는 것을 성직자와 귀족들도 알고는 있었지만, 자신들의 특권만큼은 계속 유지되기를 바랐습니다. 한편 부르주아지들은 '언제까지 우리만 삥을 뜯겨야 하나' 하는 자각, '우리가 언제까지 쟤들 밑에 있어야 할까' 하는 권력의지가 무럭무럭 샘솟았습니다. 이 부르주아지들이 프랑스혁명의 주인공으로 나섭니다. 다이아몬드수저와 개천에서 난 용의 싸움. 성직자와 귀족들은 미처 알지 못했습니다. 앞으로 기존의 시스템(구 체제=앙시앵레짐)이 어떻게 탈탈 털릴지 말입니다.

계몽사상의 확산과 미국의 독립

오래된 체제에 대해 의문을 가지게 된 많은 사람들의 머리 위로, 개인의 자유와 시민의 권리를 이야기하는 '계몽사상'이라는 것이 끼얹어집니다. 계몽사상의 핵심 키워드는 이렇습니다.

①이성: 무지와 미신을 타파해야 한다. 인간은 이성을 통해 진리를 탐구하고 문제를 해결할 수 있다.

②합리: 종교적 관점, 비논리적인 사고나 감정에 의존하지

말고, 논리적 사고를 통해 문제를 해결해야 한다.

③자유: 종교적, 정치적인 억압에서 벗어나 개인의 자유와
권리가 존중받아야 한다.

④평등: 모든 인간은 평등하다. 귀족이나 성직자와 같은
특권층은 존재하지 않는다.

⑤진보: 인류는 이성을 통해 지속적으로 발전할 수 있다.

계몽주의의 이런 생각들은 뒤에 계속 다뤄질 '진보주의
의 이념적 기반'이 됩니다. 수많은 계몽사상가들 가운데 몽테
스키외가 삼권분립을, 볼테르가 표현의 자유를, 루소가《사회
계약론》을 통해 '국가의 주권은 인민에게 있다'를 외칩니다. 각
성한 프랑스 사람들은 기대합니다. 이제 오랜 억압에서 벗어나
개인으로서 더 자유로워지기를, 한 사람의 시민으로 제대로 된
권리를 누리게 되기를. 여기에 '미국의 독립'이라는 놀라운 사
건까지 더해집니다. 영국의 식민지였다가 독립하게 된 미국이
아예 시작부터, 왕 따위는 안중에도 없는, 민주공화국을 세워
버린 것입니다.

경제 불황과 삼신분회, 국민의회의 등장

혁명이 일어난 곳이 그 많은 나라 중에서 왜 하필 프랑
스냐? 프랑스가 그 당시 유럽의 대장이었기 때문입니다. 프랑
스는 유럽에서 벌어지는 모든 일에 숟가락을 얹었고, 오만 쓸

데없는 전쟁에 다 뛰어들었습니다. 혁명 이전에만 무려 여섯 개의 크고 작은 실속 없는 전쟁에 참전했습니다. 미국독립전쟁에도 '단지 영국을 엿 먹이기 위해서' 엄청난 돈을 지원합니다. 그 결과 지독한 경제 불황이 프랑스를 덮칩니다. 도시와 농촌을 막론하고 수많은 평민들이 불황에 허덕이며 굶주리게 됩니다. 1785년에서 1789년 사이에 밀 가격은 66퍼센트 상승, 호밀은 71퍼센트, 육류는 67퍼센트, 그리고 땔감용 나무 가격은 무려 91퍼센트나 올랐다고 합니다.

민중들은 자신들의 임금으로 도저히 살아갈 수 없는 지경이었고, 기아와 사망이 해를 거듭하며 폭증하고 있었습니다. 자본주의 성장에 따른 계급체계의 모순, 계몽사상을 통한 각성, 미국 독립으로 인한 자극, 민중들을 굶주림에 빠뜨린 경제 불황. 가랑비에 가랑비에 또 가랑비. 속옷까지 흠뻑 젖은 프랑스에 서서히 불길한 기운이 감돌기 시작합니다. 지배계급이 이런 사회적긴장을 알아차린 건 이미 모든 것이 너무 늦어 버린 때였습니다.

왕과 귀족들은 어떤 대안으로도 민중들의 불만을 잠재울 수 없게 됩니다. 98퍼센트에 달하는 평민계급은 의식적으로 혹은 막연하게 체제에 맞서기 시작합니다. 루이 16세는 생각합니다. 어? 나라에 돈이 말랐네? 세금을 더 걷어야겠네? 어디서 누구한테 더 걷나? 루이 16세는 (자크 네케르 재정 총감의 의견을 받아들여) 성직자와 귀족들에게 토지세를 걷기로 마음먹습

니다. 그래서 200년 가까운 세월 동안 단 한 번도 열리지 않던 삼신분회(삼부회)를 소집합니다. 원래는 각 신분별로 300명씩 인데, 제3신분인 평민 대표들만 그 두 배인 600명으로 늘려 줍니다.

그동안 세금도 내지 않고 잘 먹고 잘 살던 성직자와 귀족들은 당연하게도 증세를 목적으로 하는 이 회의 자체에 반발하였습니다. 성직자와 귀족들은 (세 계급이 머리를 맞대고 결론을 내보라는 삼신분회 원래의 취지가 무색하게) 회의에서 평민계급을 배제하려 하였고, 인원별 투표가 아닌 신분별 투표 방식을 밀어붙입니다. 제1신분의 의견을 한 표로, 제2신분의 의견을 한

표로, 제3신분의 의견을 한 표로, 이렇게 투표하자는 것이었습니다. 신분별 투표가 되면 성직자와 귀족 간의 담합 때문에 평민 쪽이 무조건 2 대 1로 지지요. 제3신분은 당연히 참석자 머릿수에 따른 1인 1표제를 주장하지만, 성직자와 귀족들은 받아들이지 않습니다. 이 표결 방식 문제 때문에 세금 얘기를 꺼내 보지도 못하고 회의가 흐지부지됩니다.

결국 평민 대표자들이 "이런 삼신분회는 무효다. 우리가 국민 100분의 98을 대표한다. 진정한 의회를 따로 만들겠다. 우리의 동의 없이는 앞으로 어떤 세금도 걷을 수 없다"라고 주장하며 별도의 장소에 모였고, 스스로 이 모임을 '국민의회'라고 선포합니다. 의회 앞에 붙은 '국민'이라는 단어가 중요합니다. '신분' 간의 회의가 아니라 이제부터 '국민'의 의회라는 것입니다.

테니스코트의 서약과 바스티유 감옥 습격

격렬한 대립으로 삼신분회가 파행으로 치닫는 와중에, 일부 자유주의 성향 귀족과 하급 성직자들이 평민 쪽에 합류하기 시작합니다. 제3신분이 하나로 똘똘 뭉쳤고 세력이 점점 커져 갑니다. 성질이 난 국왕은 군대를 동원하여 평민들의 회의장을 폐쇄해 버립니다. '아, 그래?' 하며 국민의회는 베르사유궁전의 테니스코트 건물로 회의 장소를 옮깁니다. 여기는 일종의 실내 체육관입니다. 그리고 1789년 6월 20일, 바로 그 테니스

1789년 6월 20일 헌법이 제정된 테니스코트의 서약.

코트에서 '우리는 국민의 권익을 위한 헌법을 제정하고 확고한 기반을 다지기 전까지는 결코 해산하지 않겠다'라는 선언을 하게 됩니다. 이것이 바로 그 유명한 '테니스코트의 서약'입니다.

왕이 시퍼렇게 눈을 뜨고 있는데 갑자기 '헌법'이라니. 헌법을 만든다는 것은, '이제부터 우리가 국가의 시스템을 근본적으로 손보겠다'라는 말과 같습니다. 이 서약에 충격도 받고 감명도 받은 성직자와 귀족 수십 명이 추가로 국민의회에 합류합니다. 이거 이거 까딱 잘못하면 큰일 나겠다고 생각한 루이 16세는 국민회의 결성에 대한 책임을 (애초에 증세안을 제안했던) 자크 네케르 재정 총감에게 뒤집어씌우고 그를 파면해 버립니다. 게다가 시민들의 소요가 두려워서 2만 명이 넘는 왕실 군대를 파리로 집결시키기 시작합니다. 지금껏 논의되던 개혁안이 모두 물거품이 되는 것처럼 보이자 파리 시민들이 맹렬하게 반발합니다. 국왕이 파리로 군대를 불러들였다는 소문은 걷잡을 수 없이 퍼져 나갑니다.

들끓어 오른 분노가 마침내 임계점을 넘습니다. 시민들은 식량, 총, 보급품이 있을 만한 모든 장소를 습격합니다. 그리고 화약과 무기가 비축되어 있는 한 장소에 꽂힙니다. 바스티유 감옥. 감옥을 습격한 시민들이 병사들과 격렬한 전투를 벌여 바스티유 전체를 장악하는 데 성공합니다. 바스티유 사령관과 파리 시장의 머리가 창끝에 꽂힙니다. 수많은 귀족과 성직자들이 분노한 평민들에게 잡혀 인민재판에 넘겨지고 사형 선고를 받습니다. 이 바스티유 감옥 습격 사건이 일어난 7월 14일이 지금의 '프랑스혁명 기념일'입니다. 이제 진짜 혁명의 서막이 올랐습니다.

권리선언, 국왕의 항복 그리고 입헌군주제

폭력이 난무하는 혁명의 분위기는 파리를 넘어 프랑스 전역으로 확대됩니다. 농민들도 영주의 성과 저택을 습격합니다. 봉건 문서를 불태웁니다. 처음 겪어 보는 민중봉기에 국왕

1789년 7월 14일 파리 시민의 바스티유 습격.

과 성직자, 귀족들은 바짝 졸아 듭니다. 바스티유 습격으로부
터 딱 이틀 후에, 파면되었던 재정 총감 네케르가 복귀합니다.
국민의회는 이 열기를 타고 봉건제 폐지 선언에 이어 '인간과
시민의 권리선언(인권선언)'을 발표합니다. 프랑스의 권력이 루
이 16세에게서 국민의회로 넘어오는 결정적인 순간입니다. 인
권선언의 조항 세 개만 살펴볼까요?

〈제1조〉

인간은 자유롭게 그리고 평등한 권리를 가지고 태어났다.

〈제3조〉

모든 주권은 국민에게 있다. 어떤 개인이나 단체도

국민으로부터 나오지 않은 권력을 행사할 수 없다.

〈제17조〉

소유권은 그 무엇으로도 침해할 수 없는 신성한 권리이다.

현대를 사는 우리에게도 아주 익숙한 명제들입니다. '자유-평등-박애'를 슬로건으로 하는 프랑스혁명의 정신, 국민 주권의 3원칙도 이때 세워집니다.

루이 16세는 이때라도 정신을 좀 차려서 제3신분의 목소리를 듣는 시늉이라도 했어야 합니다. 그런데 '국민은 짐의 통치를 받을 뿐, 스스로 통치하려 해서는 안 된다' 하는 식으로 어깃장만 놓습니다. 여전히 굶어 죽어 가는 민중들을 외면하고 베르사유궁전에 들어앉아 평화로운 생활을 하고 있었습니다. 빵 가격이 오르든 말든, 국민들이 죽어 나가든 말든 국민의회의 여러 결정에 죽어라 거부권만 날렸습니다.

결국 1789년 10월 5일, 굶주린 파리 여성 7000여 명이 베르사유궁전을 향해 행진합니다. 이 행진은 곧 수만 명으로 불어납니다. 베르사유궁전에 도달한 인파가 왕의 거처를 향해 '인간과 시민의 권리선언'을 받아들이고 식량의 가격 상승 문제를 해결하라고, 왕은 파리로 와서(베르사유궁전에서 파리 중심부까지의 거리는 약 20킬로미터쯤, 서울 건국대학교에서 홍익대학교까지보다 조금 먼 정도입니다) 우리가 어떤 삶을 사는지 직접 눈으로 보라고 외쳤습니다. 결국 루이 16세와 왕비인 마리 앙투아

1789년 10월 5일 베르사유 행진을 시작한 수천 명의 여성들.

네트는 발코니로 나와 성난 군중들을 맞이했고, 이들의 요구를 모두 받아들입니다. 국왕의 완전한 항복입니다. 국왕과 그 가족들은 베르사유궁전을 떠나 파리 튀일리궁으로 거처를 옮깁니다.

　　프랑스혁명이 일단은 이렇게 성공적으로 마무리되었습니다. 삼신분회부터 베르사유 행진까지, 딱 5개월밖에 안 걸린 일입니다. 국민의회가 새로운 헌법을 만들었고, 이제 프랑스는 공식적으로 입헌군주제 국가가 됩니다. '왕이 있긴 하지만 그 왕도 헌법의 제약을 받아야 한다' 하는 것이 입헌군주제입니다. 일정 수준 이상의 직접세를 내는 성인 남자들에게는 참정권(선거권)도 허용됩니다. 교회의 재산도 몰수합니다. 국민의회가 설립, 목적을 다하고 해산합니다. 그 자리는 '입법의회'가 물려받습니다. 헌법 바로 아래 법률. 헌법을 새로 만들었으니까 법률도 만들어야지요. 입법, 그래서 입법의회.

루이 16세, 도망가다

루이 16세는 모든 것을 내려놓고 튀고 싶었습니다. 계급이 철폐된 것도 싫었고, 피가 흘러넘치는 과격한 혁명도 싫었고, 이 모든 것을 주도한 시민들이 너무나 무서웠습니다. 부인인 마리 앙투아네트까지 계속 탈출을 종용하자 국왕의 마음이 흔들립니다. 결국 루이 16세는 혁명의 열기를 컨트롤하거나 개혁으로 국민들의 마음을 되돌리는 대신, 나라 밖으로 도망치는 쪽을 택합니다. 가족들과 함께 하인으로 변장하고 파리 튀일리궁을 탈출, 국경 부근 '바렌'이라는 마을까지 도달하는 데 성공합니다.

의회는 이 소식을 듣자마자 곧바로 추격대를 보내 왕의 마차를 쫓았습니다. 24시간에 달하는 탈출극으로 인해 몹시 지쳐 있던 상황에서, 불행하게도 국왕이 정체를 들키고 맙니다. 드루에라는 이름의 이 목격자는 화폐에 찍혀 있는 국왕의 얼굴과 조금 전 자기가 본 남자의 얼굴이 똑같다는 걸 알아차렸습니다. 국왕 일행은 순식간에 수만 명의 시민들에게 둘러싸여 체포되었고 파리로 압송당합니다. 국왕과 왕비가 그동안 다른 나라와 몰래 내통하며 혁명 세력을 제거하려고 했다는 루머까

1789년 10월 6일 파리로 귀환하는 루이 16세.

지 퍼져 나갑니다. 왕실의 권위가 땅에 떨어집니다. 프랑스 사람들은 루이 16세에 대한 기대를 완전히 접었습니다. 이후 국왕은 '민중에게는 배신자, 혁명에는 장난감' 신세가 됩니다.

주변국 간섭과 혁명전쟁의 발발

이런 프랑스혁명 과정을 지켜보고 있던 주변의 왕정국가들은 혁명의 불씨가 자기 나라로 번지지 않을까 예의 주시하고 있었습니다. 프로이센(지금의 독일)과 오스트리아(다른 말로 신성로마제국. 마리 앙투아네트가 이 신성로마제국 오스트리아의 공주) 내부에서도 일부 세력들이 이미 옆 나라 혁명의 영향을 받던 참이었습니다. 프랑스에서 쫓겨났지만 다시 프랑스로 돌아가고 싶은 왕족, 귀족들과 이 주변 왕정국가들이 손을 잡습니다. 이들은 '프랑스혁명 정부를 다시 무너뜨려야 혁명이 다른 나라로 번지는 걸 막을 수 있다'라고 선동하고 있었습니다. 주변국들의 간섭이 거세지자 프랑스 입법의회는 혁명 정신을 지키기 위해 오스트리아와 프로이센에 연달아 선전포고를 합니다. 프랑스 대 반反프랑스 연합군의 혁명전쟁 발발입니다.

그러나 안타깝게도 프랑스 군대는 혁명 과정에서 위계질서가 완전히 무너지며 나사가 빠져 있었습니다. 전쟁에 휘말리고 싶지 않던 수많은 군인들은 대대적인 탈영까지 감행합니다. 반프랑스 연합군의 대대적인 공세 앞에 프랑스는 연전연패. 나라가 이렇게 심각한 위기에 빠지자 전국의 민중들이 들고일어납니다. 먹고살기도 힘든 판에 전쟁까지 계속 지고 있다 보니, 열받은 시위대도 점점 과격해집니다. 전쟁 패배의 원인이 모두, 다른 나라들과 내통한 왕과 귀족들의 배신 때문이라고 생각합니다.

반혁명 세력들의 머리 위로 펄펄 끓는 민중의 분노가 다시 쏟아져 내립니다. 민중들은 국왕이 머무는 튀일리궁을 습격했습니다. 성공. 국왕과 가족들을 탕플탑에 가둬 버립니다. 이때 왕궁을 습격한 일반 시민과 대중들을 '상퀼로트'라고 부르는데, 상퀼로트가 왕궁을 습격할 때 부른 노래〈라마르세예즈〉는 나중에 프랑스의 국가가 됩니다. 우리로 치면〈임을 위한 행진곡〉이 국가가 된 셈입니다.〈라마르세예즈〉1절 가사를 한

　　　　　　　1부 보수와 진보의 위대한 탄생

번 볼까요? 우리 〈애국가〉 '동해물과 백두산이'에 비하면 정말 살벌합니다.

Allons enfants de la Patrie 일어나라, 조국의 형제여!

Le jour de gloire est arrivé! 영광스러운 날이 왔도다!

Contre nous de la tyrannie 우리에 대항하여 압제자의

L'étendard sanglant est levé 피 묻은 깃발이 일어났다

Entendez-vous dans les campagnes 우리 강토에 울려 퍼지는

Mugir ces feroces soldats? 포악한 적군의 함성이 들리는가?

Ils viennent jusque dans vos bras 놈들이 우리의 지척까지 와서

Égorger vos fils, vos compagnes! 우리 아들과 아내의 목을 베려 한다!

Aux armes, citoyens! 무기를 들어라, 시민이여!

Formez vos bataillons! 대열을 갖춰라!

Marchons, marchons! 전진하라, 전진하라!

Qu'un sang impur 놈들의 더러운 피로

Abreuve nos sillons! 우리의 밭고랑을 적시도록

국민공회와 공화정, 9월 대학살과 루이 16세 처형

왕궁습격 사건 이후 루이 16세는 모든 권력을 박탈당하게 되었습니다. 입법의회도 해산하고, 이제 프랑스혁명 후반부를 담당할 '국민공회'가 만들어집니다. 이번엔 이름이 왜

1793년 1월 21일 루이 16세 처형되다.

'공회'냐, '공화정'을 만들기 위한 의회라서 공회입니다. 국민공회를 장악하고 있던 혁명 강경 세력인 자코뱅파와 로베스피에르는 표결을 통해 왕정 폐지를 의결합니다. 국민의회의 입헌군주제가 끝나고, 국민공회의 '공화정'이 시작된 것입니다.

　　프로이센과 오스트리아는 여전히 혁명정부를 위협하고 있었습니다. 파리 시민들은 언제든 프로이센 군대가 쳐들어와서 감옥에 갇혀 있는 귀족들을 꺼내 줄지 모른다는 사실에 두려움을 느끼고 있었습니다. 결국 파리 시민들이 감옥을 습격해 수감되어 있던 성직자와 귀족들을 가차 없이 죽여 버립니다. 이른바 9월 대학살이 벌어진 것입니다.

　　이 비극적인 대학살극을 통해 반역을 도모할 만한 국내의 위험 요소가 모두 제거된 것처럼 보였지만, 아닙니다. 가장 중요한 위험인물이 하나 남아 있었습니다. 국왕 루이 16세 말입니다. 국민공회에서 루이 16세의 처분에 대한 논쟁이 벌어지기 시작합니다. 국왕을 타국으로 추방하는 게 옳겠는가, 아니면 처형시키는 것이 옳겠는가. 국민공회의 표결 결과, 루이 16세의 처분은 처형으로 결정되고 그렇게 루이 16세의 목이 단두대에 잘립니다. 시민들은 공화국 만세를 외치며 환호합니다.

로베스피에르와 나폴레옹, 장발장과《레 미제라블》

루이 16세 처형 소식에 인근 국가들이 경악합니다. 오스트리아, 프로이센, 이탈리아, 러시아, 스페인, 그리고 영국에 이르기까지, 이제 주변의 거의 모든 나라가 프랑스를 상대로 한 전쟁에 뛰어듭니다. 전쟁이 전 유럽으로 확산되기 시작한 것입니다. 다른 나라들과 전쟁이 터진 와중에 프랑스 내부에서도 혁명정부에 대항하는 반란이 일어납니다. 프랑스는 다시 혼란의 소용돌이에 휩쓸립니다. 끝이 없는 전쟁, 다 완성하지 못한 혁명. 당연히 경제가 엉망진창이 되어 갑니다. 물가가 날로 치솟고 민중들의 고통이 극심해집니다. 혁명 지도부 중 가장 과격했던 로베스피에르는 1793년 정권을 장악한 뒤 귀족들의 재산을 몰수하고, 모든 남성에게 선거권을 주고, 이른바 '최고 가격제'라는 것을 실시하여 일시적으로 물가를 잡는 등 제대로 된 개혁 정책을 폅니다. 심지어 1794년에는 '모든 식민지에서의 흑인 노예제도 폐지'를 선언합니다.

그러나 빛이 있는 곳에 언제나 그늘이 있듯, 다른 한편으로 '나라가 이렇게 가는 게 맞나' 의심하던 사람 30만 명 이상을 체포하고, 그중 1만 명 이상을 '반혁명' 혐의로 단두대에서 처형해 버립니다. 이 지나친 공포정치 때문에 로베스피에르는 2년 만에 실각하고 맙니다. 본인도 단두대에 올라 목이 잘리는 비참한 결말을 맞습니다. 최고가격제는 폐지되고 물가가 다시 뛰어오릅니다. 이 이듬해인 1796년, 거장 빅토르 위고의 소설 《레 미제라블》 속 주인공 장발장이 조카들을 위해 빵을 훔치다 체포됩니다.

프랑스의 혼란은 전쟁 영웅 나폴레옹이 파리로 들어와 쿠데타를 일으켜 제1통령으로 취임하면서 비로소 일단락됩니다. 이때가 1799년입니다. 1789년에 혁명이 시작되었으니, 만 10년입니다. 절대자인 왕의 권력을 혁명으로 빼앗아 가까스로 시민들이 나눠 갖게 되었는데, 나폴레옹 한 사람이 싹 다 가져가 버립니다. 나폴레옹이 '프랑스혁명 정신의 계승자'를 자처했기 때문에 혁명 정신까지 완전히 사라진 것은 아니지만, 혁명의 실질적인 결과물들은 여기서 잠깐 행진을 멈춥니다.

나폴레옹은 외국과의 전쟁을 모두 승리로 이끌고 국내 반혁명 세력을 소탕하는 한편, 토지 분배·법 제도 정비·초등 교육 확립 등의 정책으로 사회를 안정시켜 갑니다. 프랑스혁명의 이념을 담은 《나폴레옹법전》이라는 것도 만듭니다. 나폴레

1804년 스스로 황제 자리에 오른 나폴레옹 1세.

욕도 이쯤에서 만족했다면 좋았을 텐데, 사람 욕심이란 게 참 끝이 없어서 1804년에 스스로 '황제'가 됩니다. 국내에서 반혁 명의 위협이 모두 사라진 뒤에도 외국과는 계속 전쟁을 벌입니다. 끝날 줄 모르는 정복전쟁으로 국민들의 인내심이 바닥을 드러낼 즈음, 워털루전투에서 패한 나폴레옹이 완전히 몰락합니다. 이때가 1815년입니다. 한편 19년 노역형을 마친 우리의 장발장은 이 해에 감옥에서 출소합니다.

　　나폴레옹 몰락 이후, 외국으로 망명했던 루이 16세의 동생들이 돌아와 차례로 왕위에 오릅니다. 오랜 전쟁에 지쳐 평화를 갈망하던 프랑스인들은 다시 왕정을 받아들입니다. 하지만 처음에는 혁명 세력의 눈치를 살피던 왕이 점차 언론 자유를 탄압하고 선거권을 축소하는 등 과거로 돌아가려는 모습을 보이자, 1830년 7월 국민들이 다시 한번 혁명을 일으켜 새로운 왕을 추대합니다. 이 혁명은 '7월 혁명'이라고 부릅니다. 이 혁명으로 왕위에 오른 사람은 루이 필리프. 루이 14세, 루이 16세와 같은 루이 시리즈입니다.

　　나폴레옹 시대에 마련된 법 제도와 안정된 정치 질서를 바탕으로, 루이 필리프 집권기에는 본격적인 산업화가 착착 진행됩니다. 우리의 소설 속 장발장도 이때 한 도시의 시장이자 기업가로 크게 성공합니다. 산업화로 인해 나라는 성장했지만, 이 성장의 열매가 가난한 사람들에게까지 돌아가지는 않았습니다. 부르주아지의 시대이면서 거지와 부랑자의 시대. 알

© 유니버설픽쳐스코리아

코올중독자와 매춘부의 시대, 그리고 바리케이드의 시대. 자유를 위해 피 흘리며 싸웠던 민중들이 이번에는 '빵을 얻기 위해' 바리케이드를 치고 싸웁니다.

　　루이 필리프 집권 초기의 민중봉기에 관한 비극적인 이야기, 소설 속 장발장의 이야기는 정말 멋진 영화로 만들어 졌습니다. 휴 잭맨이 장발장을 연기하고 앤 해서웨이, 아만다 사이프리드, 러셀 크로우가 등장하는 눈 호강 귀 호강 뮤지컬 영화 〈레 미제라블Les Misérables〉(2012)입니다. 역사를 알고 다시 보면 처음 봤을 때보다 100배 더 재미있습니다. 영화〈레 미제라블〉을 보신 다음에는 (바스티유 감옥 습격부터 루이 16세 처형까지를 다룬) 영화 〈원 네이션One Nation, One King〉(2018)도 한번 찾아 보시면 좋겠습니다. 프랑스혁명에 관심 많은 분 한정으로만 재미있다는 단점이 있는데 비참한 당시 민중의 생활, 왕의 처형 문제를 두고 혼란스러워하는 의회, 두려움에 사로잡혀 어쩔 줄 모르는 루이 16세의 모습 등이 잘 담겨 있습니다.

우파와 좌파,
보수와 진보의 유래와 구분

‘우파·좌파’의 어원과 프랑스혁명

　정치 세력을 우파와 좌파로 부르는 관행은 프랑스혁명 이후에 생겼습니다. 앞서 본 대로, 프랑스 사람들은 혁명을 통해 루이 16세를 왕좌에서 끌어내립니다. 왕의 시대가 끝나고 ‘공화정’의 시대가 열립니다. 나라의 주권이 왕이나 절대군주가 아니라 국민에게 있는 나라, 국민이 투표로 뽑은 대표자들이 나라를 다스리도록 하는 것, 대의민주주의를 통해 국민의 의사가 정치에 반영되도록 하는 체제가 공화정이고 공화국입니다. 권력을 위임받은 프랑스의 대표자들이 모인 ‘국민공회’에서는 혁명 이후의 세상에 대한 의견이 갈립니다.

　　프랑스혁명을 체계적으로 주도해 온 가장 강력한 두 세력은 지롱드파와 자코뱅파였습니다. 이 두 세력은 왕정 폐지

와 공화정 실현이라는 목표에 대해서는 입장이 같았습니다. 하지만 루이 16세의 처형 문제를 두고 강하게 대립합니다. 지롱드파는 '루이 16세를 꼭 죽일 필요까지는 없지 않으냐'라고 했고, 자코뱅파는 '국왕이 무죄라면 혁명이 유죄가 된다'라는 유명한 말을 앞세워 왕을 반드시 처형해야 한다고 주장합니다. 의장석에서 바라보는 시점을 기준으로, 부유한 계층을 대표하고 점진적인 변화를 꾀하는 지롱드파가 오른쪽, 서민 계층을 대신하고 대대적인 변화를 주장하는 자코뱅파가 왼쪽에 앉았습니다. 이때부터 느리고 온건한 변화를 원하는 보수 세력은 우파, 빠르고 과감한 개혁을 원하는 진보 세력은 좌파로 불리게 됩니다.

보수주의의 창시자, 에드먼드 버크

왕정에서 신속하게 공화정으로 넘어가 버린 이 프랑스 혁명을 비판하는 과정에서 보수주의가 등장합니다. 보수주의를 말할 때 가장 먼저 알아야 하는 사람은 에드먼드 버크(1729~1797)입니다. 18세기 후반의 영국 정치가이자 사상가이며, 프랑스혁명 직후에 출간한 그의 저작《프랑스혁명에 관한 성찰》은 아직까지도 보수주의의 고전으로 인정받고 있습니다. 용어로서의 '보수주의'가 태어난 것도 에드먼드 버크 덕분입니다.

버크도 루이 16세의 잘못과 프랑스혁명의 대의 정도는 잘 이해하고 있었습니다. 앞선 미국 독립은 적극 찬성하기도 했습니다. 하지만 프랑스혁명이 기존의 사회질서를 급진적으로 뒤엎고자 했던 점, 혁명 후반기에 무질서와 폭력이 난무했던 점을 격렬하게 비판합니다. '자유주의적 평등주의가 전통과 권위를 파괴하는 반란'이라고도 했습니다. 프랑스혁명을 (굶주린 민중이 가진 자들의 재산을 빼앗은) 일종의 폭동으로 본 것입니다. 프랑스가 자신의 과거와 완전히 결별하고 추상적인 원리에 기반을 둔 사회를 만들려 한다는 것이 특히 버크의 마음에 들지 않았습니다.

단순한 원리에 기초한 단순한 정부는 그 단순함만으로도 문제를 일으킬 것이라는 게 버크의 생각이었습니다. 프랑스의 혁명 주도 세력을 향해서는 '목적이 수단을 거룩하게 만든다는 생각을 버리라'고 경고하기도 합니다. 버크는 왕과 귀족의

권력을 약화시키려는 모든 움직임에 반대하고, 혁명의 파장이 영국에까지 미칠 것을 우려합니다. '왕권과 귀족제 역시 사회 안정의 중요한 요소다. 이러한 제도가 사회의 질서를 유지하고 개인의 자유를 보장하는 역할을 한다. 반면 프랑스혁명의 급진적 공화주의는 이를 위협한다. 점진적 개혁 방식의 영국 명예혁명(1688년에 있었던 혁명으로 다른 혁명들과 다르게 유혈 사태 없이 입헌군주제를 확립했다)이 프랑스혁명보다 훨씬 바람직하다. 사회는 역사적 경험과 축적된 지혜를 통해 발전하는 유기적인 존재(생명체)다. 프랑스는 급격한 혁명으로 이런 균형을 파괴하고, 결국 무질서와 희생을 초래했다. 종교적 기반도 약화시키고 있다. 역사와 전통이 있는 건물이라면 고치고 다듬어 써야지, 무작정 허물어 버리면 안 된다. 빈터에서 급하게 쌓아 올린 건물이 견고하게 지어질 리가 없다….' 이런 것들이 버크의 생각이었습니다.

버크는 "다음 세대를 걱정하지 않고 앞선 세대를 돌아보지도 않는 이기적이며 근시안적인 사람들이 과격한 변화를 지지한다"라는 말로, 사회가 개인 대 개인 간 계약의 결과라고 보는 관점도 거부합니다. 버크가 보는 사회는 과거, 현재, 미래 세대 사이의 연속적인 계약이어서, 각 세대는 이어지는 다음 세대에게 안정된 사회를 물려줄 책임이 있습니다. 그러니 혁명을 통해 기존의 질서를 모조리 파괴하는 것은 버크의 관점에서 과거 세대, 미래 세대 양쪽과의 계약을 모두 위반하는 행위가 됩니다. 그는 "개혁을 원하는 사람이 국가의 결함을 다룰 때는 '아버지의 상처를 치료하는 심정'으로, '경건한 두려움과 떨리는 마음'으로 임해야 한다"라고 말했을 정도입니다. 참고로 버크가 당대에 교류하던 사람으로는 인류 최고의 역사서《로마제국 쇠망사》의 저자인 에드워드 기번, 자본주의와 자유무역의 이론적 기초를 제공한《국부론》의 저자인 애덤 스미스 등이 있었습니다.

진보주의의 아버지, 토머스 페인

토머스 페인(1737~1809)은 18세기 계몽주의 사상가이자 작가입니다. 프랑스 국적으로, 현대 민주주의와 인권 사상의 발전에 지대한 영향을 미친 사람입니다. 보수주의의 원조가 에드먼드 버크라면 진보주의의 원조는 토머스 페인입니다. 진

보주의의 기초는 토머스 페인이 거의 다 마련했다고 해도 과언이 아닙니다. 역사에 끼친 영향에 비해 이름이 잘 알려지지 않은 대표적인 인물이기도 합니다.

토머스 페인은 에드먼드 버크와 당대 최고의 라이벌 관계였고, 완전히 같은 시대를 살았습니다. 페인은 미국독립혁명과 프랑스혁명에 깊이 관여하면서 자신의 진보적인 정치 사상을 발전시킵니다. 주요 저작 중 첫 번째인《상식Common Sense》은 미국독립전쟁 때 발표됩니다. 이 책을 통해 미국인들에게 독립과 공화국 수립의 정당성을 설파하였습니다. 왕권신수설, 영국의 군주제와 식민 지배 등을 비판하면서 '모든 권력이 국민으로부터 나와야 한다'라고 주장합니다.

버크의《프랑스혁명에 관한 성찰》을 비판하며 펴낸 다른 저작《인간의 권리The Rights of Man》에서는 프랑스혁명을 적극 지지합니다. 영국 명예혁명은 영국인의 권리를 확인하는

데 그쳤지만, 프랑스혁명은 '인간의 권리'를 되찾는 과정이라는 생각 때문이었습니다. 모든 인간은 태어날 때부터 평등하다, 인간은 불가침의 자연권(생명권, 자유와 행복추구권 등)을 가진다, 이러한 인간의 권리는 누구에게나 보장되어야 한다, 정부의 역할은 국민의 권리를 보호하는 데 있고 국민의 권리를 침해하는 정부라면 저항을 받아 마땅하다고 썼습니다.

같은 책 2부에서는 빈곤과 불평등을 극복하기 위한 적극적인 정부의 역할도 주문합니다. 경제적 평등이 정치적 자유를 유지하는 데 필수적인 요소라고 보았습니다. 누진세를 통한 부의 재분배, 빈민 구제를 위한 공공연금과 보조금, 아동 및 노인복지, 무상 공교육 등 초기 복지국가의 개념이 이 책에서 모두 등장합니다. 《이성의 시대The Age of Reason》라는 책에서는 종교의 자유를 옹호하되, 거대 조직화된 종교와 성경의 권위를 비판합니다. 종교적 광신을 경계할 것, 부디 이성적인 신앙생활을 할 것을 당부합니다. 그러니까 페인은, 동시대 보수주의자들에게 욕을 바가지로 먹을 만한 말만 쏙쏙 골라 전부 다 했습니다. 하지만 이 정도 요약을 통해서도 느껴지는 대로, 그의 아이디어 중 상당수는 현대 민주주의와 복지국가의 기본 원칙으로 자리 잡고 있습니다. 페인과 교류하던 사람으로는 미국 건국의 아버지라 불리는 조지 워싱턴과 벤저민 프랭클린, 미국에 대한 유럽의 간섭을 거부한 '먼로독트린'의 주인공인 제임스 먼로 등이 있습니다. 버크든 페인이든 가만 보면, 친구 따라 강남 가는 게 아니라 강남 가고 싶은 친구들이 모여서 강남에 가는 겁니다.

버크와 페인의 논쟁

버크 페인 씨. 당신의 열정과 혁명에 대한 믿음을 부정하진 않아요. 프랑스혁명의 이상도 아름답습니다. 그런데, 지금 봐요. 프랑스에서 날아오는 소식을 들을 때마다 마음이 너무 무겁습니다. 자유와 평등을 외치면서 시작했는데 결국 공포정치로 끝나 가고 있잖아요. 혁명이 혼란과 파괴를 불러왔어요. 인간 사회는 역사의 지혜와 전통 위에 서 있어야 하는 법인데, 그걸 이렇게 무시해 버리면 뭐가 남을까요?

페인 어차피 무너져야 할 것들이 무너지는 과정입니다. 낡은 사슬을

끊어 내야지요. 당신이 사랑하는 '전통'은 이름뿐인 허울에 불과해요. 특권층의 이익을 지키기 위한 거지요. 모든 인간은 태어날 때부터 평등합니다. 부당한 억압은 없어지는 게 마땅하잖아요. 프랑스혁명의 실패는 혁명 자체의 문제라기보다, 혁명 과정에서 일어난 돌발 상황 때문이었어요. 프랑스혁명은 새로운 시대를 여는 서곡이 될 겁니다.

버크 태어날 때부터의 평등이라…. 그럴듯하고 좋아 보이지만 현실은 달라요. 누구라도 자기가 태어나는 국가, 공동체, 가문을 선택하지 못해요. 다 각자의 역할이 있는 겁니다. 평등을 추구하는 과정에서 어떤 폭력과 혼란이 발생하는지 페인 씨도 이미 보지 않았나요? 국왕 처형, 교회의 몰락, 거리의 무질서 같은 것들 말입니다. 혁명이 가져오는 건 자유가 아니라 새로운 형태의 폭군이에요.

페인 사람의 역할이 태어날 때부터 정해져 있다니요? 봉건사회야말로 불공정의 끝이라고 생각하지 않으세요? 선생님이 혼돈과 테러를 보았던 프랑스에서 저는 자유를 보았습니다. 부패하고 불의한 권력을 무너뜨리지 않으면 참된 자유를 얻을 수 없어요. 정부가 국민을 보호하지 않으면 저항하는 게 당연하지요.

버크 얼마나 많은 생명을 앗아 가야 저항이 정당화될 수 있을까요? 프랑스혁명은 선을 한참 넘었습니다. 나는 영국의 명예혁명을 예로 들고 싶어요. 점진적인 변화가 혁명보다 더 안전하고 지속 가능한 길입니다. 조금씩 고치고, 쌓아 올리는 방법을 택하는 게 맞아요.

페인   영국의 명예혁명, 그건 그냥 귀족들끼리 권력을 나눠 먹은 '거래'
        지요. 프랑스혁명은 다릅니다. 억압받는 모든 사람들을 위한 혁
        명입니다. 변화를 두려워하지 마세요. 진정한 정의는 기존의 질
        서를 깨야 따라오는 거니까요.

버크   정의라는 것도 질서와 함께 가야 지속될 수 있어요. 혁명은 쉽게
        시작되었지만, 이제 끝을 알 수 없게 되었어요. 당신이 말하는 자
        유가 무정부 상태로 이어지지는 않을까 두렵습니다. 인간 본성은
        결코 완벽하지 않아요. 그걸 전제하지 않는 사회는 무너지게 되
        어 있습니다, 반드시.

페인   저는 당신의 두려움이 인류의 진보를 가로막고 있다고 생각해요.
        저는 이성의 힘을 믿습니다. 인간이 자신의 권리를 알고 지키게
        하는 건, 본성이 아니라 이성의 힘이니까요.

버크   역사가 우리에게 가르쳐 줄 거예요. 그 대가가 너무 크지 않기를
        바랄 뿐입니다.

페인   그렇죠. 역사가 가르쳐 줄 겁니다. 그런데 그 역사를 이제부터는
        시민들이 씁니다.

       여기까지가 우파와 좌파, 보수주의와 진보주의의 '역
사적' 유래입니다. 많은 사람들이 보수와 우파, 진보와 좌파를
완전히 같은 개념이라고 생각합니다. 그렇게 쓰고 그렇게 주
장합니다. 하지만 꼭 그렇지는 않습니다. 보수주의, 진보주의
라는 용어와 상관없이 서양이든 동양이든 시대를 막론하고 보

수적인(혹은 진보적인) 사고방식과 행동양식이 있었기 때문입니다. 한 시대의 보수와 진보는 세상과 사람과 삶을 대하는 '태도', 변화를 꾀하는 '속도' 등을 기준으로 늘 갈립니다. 필요한 사회 변화에 대해 '천천히 신중하게 최소한으로'라고 생각하는 쪽이 보수The Conservative, '빠르고 과감하게 전면적으로'라고 말하는 쪽이 진보The Progressive입니다.

조선시대를 예로 들어 볼까요? '흥선대원군은 보수이고 정도전은 진보다'라고 말하는 것은 우리에게 불편하게 들리지 않습니다. 하지만 '흥선대원군은 우파고 정도전은 좌파다' 하는 건 어쩐지 좀 어색하지요. 고려시대에도 조선시대에도 보수와 진보가 있었을 것이고, 그것이 당연합니다. 그런데 조선시대의 인물 중 이 사람은 우파이고 이 사람은 좌파라고 하는 것은 몹시 이상하게 들립니다. 위대한 세종대왕님이 보수냐 진보냐를 따져 보는 건 그럴듯하지만, '세종대왕님은 우파일까요 좌파일까요?' 이러는 건 '지금 무슨 소리 하세요?'입니다.

경제, 정책과 더 밀접한 우파, 좌파

우파와 좌파라는 단어는 시민혁명과 산업혁명을 거치면서, 다른 주장을 가진 상대를 정치적으로 비판하거나 공격하는 과정에서 천천히 자리를 잡아 갑니다. 앞서 세계사를 설명할 때 시민혁명이 민주주의를 만들고, 산업혁명이 자본주의를 만들었다고 정리하였지요. 보수·진보와 달리 우파·좌파는 '이

자본주의를 어떻게 대할 것이냐' 하는 태도에 따라 나누는 게 좀 더 바람직합니다. 자본주의 시장경제와 관련되는 주제가 나왔을 때, 그러니까 '경제와 국가의 역할'이라는 관점에서 이야기할 때 우파·좌파의 구분이 보수·진보보다 잘 어울립니다. 살아생전 자본주의를 전혀 경험해 보지 못한 홍선대원군을 우파라고 하면 어색하게 들리는 이유가 이것 때문입니다. 지속적으로 팽창해 가는 자본주의의 여러 문제들을 비판하는 과정에서 반대편에 사회주의가 등장합니다. 자본주의의 '장점'과 사회주의의 '단점' 쪽에 조금 더 내 관심이 가면 우파입니다. 자본주의의 '단점'과 사회주의의 '장점' 쪽에 조금 더 내 관심이 가면 좌파입니다. 시장에 국가의 개입이나 역할이 적을수록 좋다고 생각하는 쪽이 우파, 국가의 개입이나 역할이 좀 더 많아질 필요가 있다고 생각하는 쪽이 좌파입니다.

　　자본주의의 장단점과 사회주의의 장단점을 생각할 때, 사회주의 쪽에서 중국이나 러시아, 북한 등을 떠올리지는 마세요. 우리의 현실과 미래를 놓고 보면 오른쪽에 미국이나 영국, 왼쪽에는 (북유럽 국가 중) 스웨덴이나 핀란드를 떠올리는 게 더 옳고, 좋습니다. 왜 중국, 러시아, 북한 등을 떠올리면 안 되느냐. 이 나라들은 모두 독재국가이기 때문입니다. 기초가 우리와 다릅니다. 참고로 민주주의의 반대말은 공산주의가 아닙니다. '공산주의 몰아내고 민주국가 이룩하자' 이거 굉장히 무식한 말입니다.

민주주의는 정치체제입니다. 국가의 주권이 국민에게 있느냐 아니냐를 놓고, 민주주의와 독재가 갈립니다. 그래서 민주주의의 반대말은 공산주의가 아니라 '독재'입니다. 자본주의-사회주의-공산주의는 정치가 아니라 경제체제를 일컫는 말입니다. 그래서 사회주의나 공산주의는 민주주의의 반대말이 아니라 자본주의의 반대말입니다. 우리나라는 민주주의국가이기 때문에, 정치적으로는 같은 민주주의이면서 경제적으로 사회주의에 가장 가까운 나라가 어디인가를 놓고 생각해야 우리의 미래를 위한 올바른 판단을 할 수 있습니다. 미국과 영국에 이런 장단점이 있고 스웨덴과 핀란드에 이런 장단점이 있겠지, 그렇다면 좀 더 미국 쪽으로? 아니, 좀 더 스웨덴 쪽으로? 늘 이렇게 생각해 보는 게 좋습니다.

예외적인 보수좌파와 진보우파

보수와 진보, 우파와 좌파에 대한 이분법은 허구적인지도 모릅니다. 사람이 생각과 행동, 생각과 생각 사이의 불일치와 모순을 경험하는 일은 아주 흔합니다. 이를테면 이념적으로 진보적이면서 구체적 일상에서는 보수적인 사람이 있고, 그 반대인 경우도 있습니다. 국내 정치에서는 진보적이지만 외교정책에서는 보수적이라거나, 경제정책에서는 보수적이지만 다른 모든 문제에서는 진보적일 수 있습니다.

'나는 늘 보수지만 복지 문제에 한해서는 좌파에 가깝

다'라고 말하는 우리나라 정치인이 실제로 있습니다. 이 말을 다시 해석하면 이렇습니다. "나는 우리 사회 다른 분야의 변화에는 몹시 신중하게 접근하는 보수가 맞다. 하지만 경제, 특히 복지 문제에 관한 한 신속하고 과감한 국가 차원의 개입과 개혁이 필요하다고 생각한다. 그러니 경제적인 관점에서는 나를 좌파라고 볼 수도 있다. 스웨덴 쯤 괜찮아 보인다." 이런 뜻입니다. 이 정치인은 본인 말 그대로라면 보수이면서 좌파입니다. 한편 '나는 정치적으로 진보이지만 시장경제를 전적으로 지지하는 우파다'라고 말하는 정치인도 있습니다. 또 해석해 볼까요. "나는 우리 사회 거의 모든 분야에 과감하고 신속한 개혁이 필요하다고 생각하는 진보다. 하지만 사회주의나 공산주의 경제체제는 전혀 신뢰하지 않는다. 시장경제가 최고다. 미국 참 여러모로 좋지 않나." 이런 뜻입니다. 이 정치인은 그렇다면 진보이면서 우파입니다.

가까운 중국의 사례 딱 하나만 더 들어 보지요. 중국의 사회주의식 시장경제, 이른바 '중국 특색의 사회주의'는 공산당 일당독재와 사회주의를 기반으로 하되 자본주의적 요소를 상당 부분 반영한, 세계적으로 유례가 없는 독특한 형태입니다. 상하이에 마오쩌펑이라는 청년이 살고 있다고 가정해 봅시다. 마오쩌펑은 중국에 더 많은 민주주의와 더 많은 자본주의가 필요하다고 생각합니다. 공산당 일당독재국가에 살면서 감히 민주주의를 꿈꾸고 있으니 정치적으로는 보수가 아니라 진보입

1부 보수와 진보의 위대한 탄생

니다. 사회주의국가에 사는데 지금보다 더 많은 자본주의가 필요하다고 하니 이번에는 좌파가 아니고 우파입니다. 마오쩌둥도 그래서 진보우파가 됩니다. 중국에서 계속 이런 식이면 큰일 나지요. 걱정입니다, 마오쩌둥은.

우리 사회의 기존 질서가 가능한 한 이대로 유지되길 바라고, 바람직한 나라를 생각할 때 미국이나 영국이 먼저 떠오른다면 보수우파가 맞습니다. 우리 사회 구석구석에 지금보다 훨씬 과감한 변화가 필요하다고 생각하고 바람직한 나라로 스웨덴 등의 북유럽 국가들이 먼저 떠오른다면 진보좌파입니다. 우리나라 사람 대부분은 이렇습니다. 대부분이 이렇기 때문에 (예외를 생각하지 않고) 보수우파·진보좌파라고 묶어 쓰는 것이 모두에게 지금처럼 당연해졌습니다.

완성도 높은 구분법, 보비오의 '4분면 프리즘'

노베르토 보비오Norberto Bobbio라는 이탈리아의 사상가가 있습니다. 《제3의 길은 가능한가: 좌파냐 우파냐》라는 책이 국내에 출판되었고, 지금은 중고로만 살 수 있습니다. 이 책의 핵심 메시지를 살펴봅시다.

보비오는 '보수가 자유를, 진보가 평등을 중시한다'라는 흔한 논리를 비판하고 거부합니다. '자유'는 우파와 좌파 모두에게 중요한 가치이고, '사회적 평등에 대한 태도'가 우파와 좌파를 구분하는 일차적 기준이 되어야 한다고 주장합니다. 좌파가 더 많은 평등을 원하는 이들이라면, 우파는 사회가 불가피하게 계층적일 수밖에 없다고 보는 사람들이라는 것입니다. 크게 보아, 좌파는 평등을 지향하고 우파는 불평등을 지향한다는 것이 보비오의 주장입니다. 평등 문제에 이어서 그는 자유에 대한 태도가 어떤가에 따라 온건파와 극단파도 구분합니다. 온건파는 자유주의를 지지하는 반면, 극단파는 권위주의에 기울어져 있다는 것입니다.

이렇게 평등과 불평등, 자유주의와 권위주의를 축으로 삼아, 보비오는 정치적 스펙트럼을 네 범주로 나눕니다. 권위주의적인 동시에 평등주의적인 '극좌', 자유주의적인 동시에 평등주의적인 '중도좌파', 자유주의적인 동시에 불평등주의(능력주의)적인 '중도우파', 권위주의적인 동시에 불평등주의(능력주의)적인 '극우'가 그것입니다. 능력주의에 대해서는 별도의 장에서 다룹니다.

극좌	진보좌파	보수우파	극우
권위주의 + 평등주의	자유주의 + 평등주의	자유주의 + 능력주의	권위주의 + 능력주의

우리나라의 경우 '극좌'는 2014년 내란 모의 혐의로 정당 해산을 당한 통합진보당 정도입니다. '중도좌파'는 사회민주주의 지향의 리버럴liberal 또는 진보입니다. 우리나라에서는 김대중, 노무현, 문재인을 대통령으로 배출한 정당이 이 언저

리에 있습니다. '중도우파'는 자본주의 시장경제 지향의 보수주의 세력입니다. 우리나라에서는 박정희, 김영삼, 이명박 등을 대통령으로 배출한 정당이 여기에 해당합니다. '극우' 쪽에는 온라인의 일베, 오프라인의 태극기부대 등이 있습니다.

보비오의 주목할 만한 또 다른 주장은 '평등주의'와 '평균주의'의 구분입니다. 평등과 평균을 혼동하는 사람이 있다는 것. 이걸 혼동해 버리면 '좌파는 어떤 기준도 없이 마냥 평등해지기를 바란다'라는 엉뚱한 주장을 하게 된다고 보비오는 지적합니다.

사람들이 100미터를 평균 17초에 뛰는 세상이 있다고 가정해 봅시다. 철수는 14초가 걸리고 영희는 20초가 걸릴 때, 철수와 영희 모두 17초에 뛰도록 강제하는 것이 평균주의이고, 20초 걸리던 영희가 19초에 뛸 수 있도록 도와주려는 것이 평등주의입니다. 좌파는 당연히 평등주의적인데 이것은, 모든 사람이 어떤 수준에서 완전히 똑같아지기를 바라는 평균주의를 의미하는 것이 아니라고 보비오는 강조합니다. "좌파 역시 개인의 차이를 인정한다. 하지만 좌파는 이런 개인 간의 차이가 사회적, 제도적인 차별로까지 이어지는 것을 막으려고 한다. 평균주의가 유토피아적 이념인 반면 평등주의는 지금 불평등한 곳에 있는 이들을 조금 더 평등한 쪽으로 이끌기 위한, '정책 추진을 위한 이념'이라고 보아야 한다." 이것이 보비오의 생각입니다.

우리나라와 미국의 국회의원

우리나라는 올림픽이나 월드컵처럼 4년에 한 번씩 국회의원을 새로 뽑습니다. 국회의원 의석수는 총 300석으로 고정되어 있습니다. 이 중 253석을 지역구에서 뽑고, 47석은 비례대표로 뽑습니다. 유권자 한 사람이 투표용지를 두 장 받아서 각각 도장을 찍습니다. 지역구에 한 번, 비례대표에 한 번. 여기서 지역구란 내가 사는 동네(지역)를 말합니다. 누가 내 동네를 대표하는 게 좋을까를 잘 생각해서, 그 사람 이름 옆에 도장을 찍어 주면 됩니다. 비례대표는 사람 이름이 아니라 정당 이름 옆에 도장을 찍습니다. 각자 자기가 지지하는 정당에 투표하면 각 정당이 얻은 투표율에 따라 의석을 나눠 줍니다. 예를 들어 내가 '게으른당'이라는 정당을 만들었는데, 게으른 사람들이 우리 게으른당을 많이 찍어 주면 게으른당 소속의 국회의원이 배출되는 것입니다. 게으른당 소속으로 지역구 선거에 나갈 경우 거대 양당에 밀려 번번이 떨어지겠지만, 비례대표라는 제도 덕분에 게으른당도 게으른 사람들의 지지를 많이 받기만 하면 국회의원을 배출할 수 있습니다. 지역구 선거로는 절대 대표되지 않는 게으른 사람들의 목소리를 국회에서 대변할 수 있게 되는 것입니다.

미국의 경우 하원의원과 상원의원이 있습니다. 이 중 하원의원이 우리나라 국회의원과 비슷합니다. 하원의원은 총 435석입니다. 인구 비례로 뽑습니다. 인구가 많은 주는 하원의원을 많이 뽑고, 인구가 적으면 적게 뽑습니다. 상원의원은 총 100석입니다. 인구수와 관계없이 50개 주에서 2명씩 뽑습니다. 왜 이렇게 하고, 왜 상원이 따로 필요할까요? 미국의 법안은 하원과 상원을 모두 통과해야만 합니다. 그런데 캘리포니아주 하원의원 수는 53명이고 알래스카주 하원의원 수는 1명입니다. 하원의원만으로 뭔가를 결정하게 되면 (극단적으로 말해) 캘리포니아주 맘대로 할 수 있습니다. 알래스카주가 아무리 반대해도 뭘 어떻게 해 볼 방법이 없습니다. 알래스카, 노스다코타, 버몬트, 와이오밍, 이렇게 네 개 주가 인구수에 밀려 하원의원이 1명뿐입니다. 어떤 법안에 네 개 주가 연합을 형성해서 반대한다 해도 고작 4표입니다. 캘리포니아주는 단독으로 53표입니다. 당연히 4 대 53으로 하원에서는 집니다. 그런데 같은 법안이 상원으로 가면 얘기가 달라집니다. 알래스카주든 캘리포니아주든 상원의원은 공평하게 2명씩이니까, 앞의 네 개 주 연합이 다시 힘을 합치면 이번에는 4×2=8, 8 대 2가 됩니다. 캘리포니아주를 압도적인 표차로 누를 수 있습니다. 미국이 의회 안에서 힘의 균형을 맞추는 방법이 지금의 상하원제도입니다.

2부

보수와
진보가

세상을 보는 법

보수와 진보는
어떻게 세상을 바라볼까

이제 세상을 바라보는 보수와 진보의 관점이 큰 틀에서 어떻게 다른지를 조금 더 깊이 알아봅시다.

젊은이들에게는 현실의 부조리가 먼저 눈에 들어오게 마련입니다. 젊기 때문에 자유나 평등의 이념, 이상적인 사회를 위한 철학과 정치에 깊은 감명을 받습니다. 아직 이룬 게 없으니 딱히 지킬 것도 없고 무서운 것도 없습니다. 그래서 자연스럽게 이상주의자가 됩니다. 그러다 어느 정도 나이를 먹고 나면, 살아오는 동안 몸으로 겪은 현실이 눈에 들어옵니다. 그동안 이뤄 놓은 게 있어서 지켜야 할 것들도 생깁니다. 왜 세상이 이런 모양인지 어느 정도는 이해가 됩니다. 하나씩 "아~!" 하는 것들이 늘어납니다. 안 되는 건 안 되는 거구나. '하면 된다'보다 '되면 한다'가 맞나. 시간과 경험이 사람을 그렇게 만듭니다. 세상이 빨강, 노랑, 파랑 삼원색으로 되어 있는 줄 알다가, 30대가 되면 세상에 더 밝은 빨강도 있고 더 진한 파랑도 있다는 걸 알게 됩니다. 50줄에 들어서면 색깔들이 서로 섞여 전혀 예상치 못한 색으로 되기도 하고, 빛을 모두 없애 버리는 완벽한 검정이 있다는 것도 알게 됩니다. 기쁨과 재미도 더하지만 한편으로는 더 깊은 두려움을 알게 된다고 할까요. 나이를 먹는 것은 넓어지고 물렁해지는 과정인지도 모릅니다. 어른이 되는 게 아니고 더 이상 아이로는 살 수 없게 되는 것입니다.

"젊어서 보수주의자인 사람은 심장이 없는 것이고, 늙어서 진보·자유주의자인 사람은 머리가 없는 것이다. Show me a young Conservative and I'll show you someone with no heart. Show me an old Liberal and I'll show you someone with no brains."

흔히 윈스턴 처칠의 말이라고 알려져 있습니다. 20세기 가장 위대한 사상가 중 하나인 칼 포퍼가 "젊어서 마르크스주의자가 아니면 심장이 없는 것이고, 나이 들어서도 마르크스주의자이면 머리가 없는 것이다"라고 패러디한 것으로 전해지지만, 윈스턴 처칠도 칼 포퍼도 그런 말을 한 적이 없다는 게 이제 거의 정설인 것 같습니다. 국제처칠협회의 웹사이트에 올라온 '처칠의 것으로 잘못 인용된 말들'이라는 공지 글에는 "처칠이 '25세에는 자유주의자, 35세에는 보수주의자'라는 말을 한 기록이 어디에도 없다"라고 쓰여 있습니다. 오히려 "처칠은 15살 때 보수주의자였고 35살에는 자유주의자였기 때문에 이런

영국 제61~63대 총리를 역임한 윈스턴 처칠.

말을 했을 리 없다(역사학자 폴 에디슨)"라는 것이 협회 쪽 설명이 랍니다.

칼 포퍼의 경우 '칼 포퍼가 이런 말을 했다던데?' 하는 글들을 제외하고 나면, 신뢰할 만한 영문 검색 결과가 나오지 않습니다. 그러니 이건 그냥 오래전부터 시대를 막론하고 쓰인, '요즘 젊은이들은 버릇이 없다' 수준의 말입니다. 그래도 어쨌거나 사람들의 마음에 큰 울림이 있으니 이렇게 긴 시간 동안 생명력을 갖고 살아남았겠지요. 다음 문장은 (윈스턴 처칠보다 20살쯤 형님인) 아일랜드 문인 조지 버나드 쇼의 1933년 홍콩 대학 연설문 중 일부입니다.

"목젖까지 공산주의에 몸을 던지세요. 만약 여러분이 스무 살에 혁명가가 되고자 하지 않는다면 쉰이 넘어서는 구제불능 노땅이 돼 버릴 것입니다. 반면 스무 살에 이미 '빨갱이 혁명론자'라면 마흔이 되어서도 시류를 좇아갈 가망이 좀 있습니다!Go up to your neck in communism because if you don't begin to be a revolutionist at the age of twenty then at fifty you will be a most impossible old fossil. If you are a red revolutionary at the age of twenty you have some chance of being up to date when you are forty!"

현재는 '과거의 정점'일까, '미래의 출발점'일까

"보수는 현재를 '과거의 정점'으로 보고, 진보는 현재를 '미래의 출발점'으로 본다." (미국의 사회학자 로버트 니스벳의 분석에서 비롯한) 이 한 문장이 보수와 진보의 차이를 가장 잘 함축하고 있습니다. 보수는 과거로부터 이어진 눈앞의 현실에 주목합니다. 진보는 현재로부터 시작하여 곧 다가올 미래에 주목합니다. 미래에 대한 '두려움'은 사람을 현재에 기대도록 만들지만, 미래에 대한 '믿음'이 있으면 사람은 변화를 받아들이게 됩니다. 아이들에게 '세상은 이런 곳이다'라고 가르치는 부모가 보수, '세상은 이런 곳이어야 한다'라고 가르치는 부모는 진보입니다. '사람이니까 그럴 수도 있지'라고 인간 본성의 불완전함을 말하는 사람들이 주로 보수, '사람이 그러면 안 되지 않을까' 하며 이성의 역할을 말하는 사람들이 주로 진보입니다. 인생에서 올바른 답을 찾아야 한다는 쪽이 보수, 올바른 질문을 하는 게 더 중요하다는 쪽이 진보입니다.

세계적인 뇌 과학자들은 보수와 진보 성향이 타고난 기질에 가깝다고 이야기합니다. 새로운 자극이나 경험에 조심스러운 사람과 적극적인 사람의 차이라는 것입니다. 본질적인 의미에서 보수란 '바꾸지 말자는 것'이 아니라 '지키자는 것'입니다. 아무리 시대와 문화가 바뀐다 하더라도 절대로 변하지 말아야 할 핵심 가치가 있다고 믿는 신념에서 출발합니다. 그 핵심 가치를 지키려는 것이 보수입니다. 반면 진보는 이 세상에 절대적인 가치가 있는 것이 아니며, 시대와 문화의 요구에 따라 상대적인 진리를 추구하는 게 당연하다고 믿습니다. 보수가 타협적이고 점진적인 변화 정도를 허용하는 데 반해, 진보는 과감하고 근본적인 변화를 추구합니다. 보수는 소중한 것들을 지키려 하고, 진보는 더 나은 것을 만들려고 합니다.

보수는 신·가족·질서·법·역사·전통·권위·규범·도덕·윤리·자립·근면·절제·책임·품격·안보·애국심 등을 중시합니다. 진보는 인권·정의·해방·관용·미래·참여·연대·변화·혁신·저항·파격·공정·개방성·투명성·다양성 같은 단어를 좋아합니다. 어떤 단어들이 모인 쪽에서 가슴이 뛰는지, 어떤 단어를 보고 '이건 나랑 좀 안 맞는데' 하는 마음이 드는지에 따라 보수와 진보가 갈립니다.

영화 〈다크 나이트〉로 이해하는 보수와 진보

IMDb 9.0&로튼 토마토 관객점수 94점. 평소 영화를 즐겨 보지 않는 사람이라도 사랑할 수밖에 없는 영화 〈다크 나이트The Dark Knight〉(2008). 탄탄한 스토리와 화려한 영상미를 기본으로, 매력적인 캐릭터들이 수시로 철학적인 질문을 던져대는 영화입니다. 명실공히 크리스토퍼 놀란 감독 최고의 걸작입니다. 감독 도핑테스트 한번 해 봐야 합니다. 보수의 관점에서 보아도, 진보의 관점에서 보아도 이 영화는 걸작입니다.

줄거리는 간단합니다. 범죄와 부패로 가득한 고담시. 배트맨은 검사 하비 덴트와 함께 범죄 조직을 소탕하며 도시의 희망을 되찾아 가는 역할을 합니다. 하지만 예상치 못한 곳에서 등장한 광기 어린 악당 조커가 고담시 전체를 혼돈에 빠뜨립니다. 조커는 배트맨의 정체를 밝히고 고담시를 무너뜨리기 위해 잔혹한 계획들을 실행합니다. 무고한 시민들을 살해하고, 경찰과 배트맨 사이를 이간질하며, 도시 전체를 공포에 떨게 합니다. 배트맨은 조커의 광기에 맞서 고담시를 지키기 위해 필사적으로 노력하지만, 예측 불가능한 조커의 행동과 도시 전체의 혼란 속에서 점점 궁지에 몰립니다. 결국 배트맨은 자신의 모든 것을 걸고 조커와 최후의 대결을 펼치게 됩니다.

보수의 마음으로 응원하게 되는 배트맨

영화의 중심 갈등인 배트맨과 조커의 대립은, 기존 체제와 급진적 변화의 충돌입니다. 배트맨은 무법과 혼란에 정면으로 맞서 고담시를 지키려 합니다. 보수의 핵심 가치인 사회 안정과 기존 체제의 수호를 상징합니다. 조커가 일으키는 무정부적 혼란은 보수가 두려워하는 사회질서의 붕괴입니다.

보수는 인간의 본성에 본질적으로 결함이 있다고 보기 때문에, 개인의 책임과 강력한 리더의 역할을 강조합니다. 배트맨은 언제나 자신의 행동에 책임을 지려는 고담시의 영웅입니다. 조커가 인간의 이기적이고 비도덕적인 본성을 드러내려고 할 때마다 배트맨이 도덕적 원칙과 힘으로 이를 막아섭니다. 마지막 순간에는 자신을 희생해 가면서까지 고담시 시민들이 도덕적 결정을 내릴 수 있도록 돕습니다. 도덕적 리더십, 공동체를 위한 자기희생의 중요성을 보여 줍니다. 보수는 사회에 극단적인 위협이 있다면 필요 이상의 강력한 조치도 정당화하는 경향이 있습니다. 종종 법의 경계를 넘어서는 배트맨의 행동 역시 고담시를 보호하기 위한 불가피한 선택으로 정당화됩니다. 조커에게 타협하지 않고 끝까지 맞서는 모습은 '사회질서를 유지하기 위해 필요한 단호함'을 보여 줍니다. 보수는 '제도라는 것은 늘 취약하기 때문에 이를 보완하기 위해서는 도덕적인 리더십이 필요하다'라고 말합니다. 검사 하비 덴트의 변화는 진보 성향의 개혁가가 부패한 체제에 의해 좌절되는 과정입니다. 그는 법과 제도 내에서의 변화를 추구했지만, 결국 기존 권력 구조의 부패와 폭력 때문에 무너집니다. 배트맨은 이런 제도의 약점을 메우는 존재로, 개인의 리더십과 도덕적 책임이 제도보다 중요할 수 있다는 것을 관객에게 알려 줍니다.

〈다크 나이트〉는 법과 질서, 개인의 책임, 권위, 전통 등 보수가 중요하게 여기는 가치들을 스토리 안에서 고루 다룹니다. 사회의 질서를 유지하는 법, 인간의 본성을 통제하는 법, 강력한 도덕적 리더십의 필요성을 보여 줍니다. 그래서 관객의 반은 고독한 영웅 배트맨을 열렬히 응원하게 됩니다.

진보의 마음으로 응원하게 되는 조커

조커는 영화 내내 고담시의 사회적 구조와 도덕적 위선을 폭로하는 데 진심입니다. 진보의 핵심 이슈인 사회의 불평등 해소, 구조적 변화의 필요성과 연결되어 있습니다. "모든 것이 계획대로 진행될 때는 아무도 동요하지 않지만, 작은 것 하나가 계획에서 벗어나면 모두가 미쳐 버린다"라는 말로, 질서라는 것이 얼마나 취약한 것인지를 보여 줍니다. 혼란을 통해 기존 질서를 전복하려고 합니다. 조커가 일으키는 혼란은 정의로운 시스템을 새로이 모색하는 계기가 될 수 있습니다.

배트맨이 체제의 수호자로 행동하지만, 진보적 시각에서 보면 그는 문제의 근본적인 원인(불평등과 부패)을 해결하기보다 이를 계속 유지하려는 기득권 측의 대리인입니다. 진보는 특정 인물을 중심으로 한 영웅신화를 별로 좋아하지 않습니다. 시스템 개선을 위한 집단적인 노력을 더 중시합니다. 배트맨이 고담시의 영웅으로 묘사되지만, 배트맨이라는 존재 자체가 이미 시스템의 실패를 의미하는 것입니다. 진보적 관점에서는 보통 사람들이 힘을 합해 영웅이 필요 없는 사회를 만드는 것이 항상 더 바람직합니다.

"오늘 밤 여러분과 사회 실험을 해 보겠다." 강 위에 떠 있는 배 두 척에 조커의 음산한 목소리가 울려 퍼집니다. 한 척에는 선량한 시민들이, 다른 배에는 범죄자들이 타고 피난길에 올랐습니다. 두 배에는 엄청난 양의 폭탄이 실려 있습니다. 기폭 장치는 상대편 배가 가지고 있습니다. 내 목숨이 상대의 판단에 달린 상황입니다. 조커가 조건을 제시합니다. "상대편 배를 먼저 폭파하는 쪽은 살려 준다. 하지만 둘 다 버튼을 누르지 않고 자정을 넘긴다면 두 배 모두 폭파한다." 이러면 먼저 배신하는 쪽이 이익입니다. 살아남으려면 배신해야만 합니다. 조커는 남을 희생시켜도 된다고 속삭입니다. 하지만 시민, 선원, 범죄자들은 기폭 장치를 창밖으로 던져 버리거나 다시 상자 안에 집어넣습니다. 진보는 이렇게 개인의 도덕적 선택보다 사회적 연대와 집단 책임을 강조합니다. 조커는 사람이 극한상황에 몰리면 이기적으로 행동할 것이라고 예측했지만, 시민들이 협력을 통해 이를 거부합니다. 이 광경은 진보가 신뢰하는 인간의 집단적 선善과 연결됩니다. 다 같이 힘을 모아 문제를 함께 해결하려는 시도 역시 진보적인 가치를 상징합니다.

조커의 행동은 기존 권력 구조에 대한 도전입니다. 그의 '혁명 선언'은 억압받는 계층의 분노를 대변합니다. 조커의 혼돈과 배트맨의 질서 사이의 갈등은 단순히 선과 악의 대립이 아닙니다. 보수와 진보 사이의 긴장입니다. 영화는 '고담시가 필요로 하는 영웅이 아닌, 고담시가 감당할 수 있는 영웅'이라는 결말을 통해, 진정한 사회 변화는 영웅적인 개인이 아니라 시민들의 집단적 의식과 행동에서 오는 것임을 암시합니다. 조커 역의 히스 레저는 치명적으로 멋있습니다. 불과 28세의 나이로 사망한 히스 레저, 그를 다시 볼 수 없는 게 너무나 안타깝습니다.

엄격한 아버지 모델 vs. 자애로운 부모 모델

조지 레이코프와 엘리자베스 웨흘링이 함께 쓴《나는 진보인데 왜 보수의 말에 끌리는가?》(생각정원, 2018)라는 책이 있습니다.《코끼리는 생각하지 마》(와이즈베리, 2015)라는 유명한 책을 통해 '프레임 활용'에 대해 이야기했던 조지 레이코프가, 제자인 엘리자베스 웨흘링과 주고받는 문답 형식으로 된 책입니다. 대화체여서 술술 잘 읽힙니다. 보수와 진보에 관한 두 사람의 이야기를 들어 볼까요.

우리가 세상을 이해하는 방식은 프레임(틀)에 의해 결정됩니다. 프레임은 우리가 정보를 해석하고 판단하는 방식에 큰 영향을 미칩니다. 레이코프는 '국가는 가정'이라는 은유를 사용합니다. '건국의 아버지', '모국母國', '나라의 아들들을 전쟁터에 보낸다' 이런 게 모두 국가를 가정에 비유해서 나온 표현입니다. 인간이 최초로 '권위'라는 것을 경험하는 공간은 가정입니다. 어린아이들은 부모의 권위 아래 성장합니다. 무엇이 옳고 그른지를 처음 배우는 곳이 가정입니다. 공동체 속에서 다른 사람을 어떻게 대해야 하는지도 가정에서 배웁니다. 세상을 어떻게 살아가야 할까 하는 것도 가정에서 보고 듣고 배웁니다. 다행히 '가정의 도덕관이 아이의 기질과도 잘 맞았다면' 가정 모델은 나중에 국가로 확대됩니다. '어떤 것이 좋은 국가이고 좋은 정부인가' 하는 정치적인 입장을 결정하는 데 있어서, 자기가 경험한 가정이 중요한 모델이 되는 것입니다.

레이코프는 가정의 양육 모델을 '엄격한 아버지strict father 모델'과 '자애로운 부모nurturant parent 모델'로 나눕니다. 둘 중 어떤 양육 모델을 지지하느냐가 개인의 정치적 성향을 형성하는 데 중요한 역할을 한다고 설명합니다. 엄격한 아버지 모델을 지지하는 사람은 보수일 가능성이 크고, 자애로운 부모 모델을 지지한다면 진보일 가능성이 크다는 것입니다.

엄격한 아버지 모델에서의 아버지는 한 가정의 수장이면서 도전을 허락하지 않는 권위자입니다. 권위는 질서유지를 위해 꼭 필요합니다. 가정에 아버지의 권위가 필요한 이유는 이 세상이 위험하고 살기 힘든 곳이기 때문입니다. 아버지의 임무는 세상의 모든 악에 맞서 가족을 보호하는 것입니다. 세상이 험난한 곳이니, 먹고살기 위한 경쟁은 당연합니다. 아이가 미래의 경쟁에 잘 대비할 수 있도록, 도덕적으로 엄격하게 교육하고 자제심과 능력을 키우도록 훈육합니다. "인생이 원래 힘든 거야. 살아남으려면 네가 강해져야 해!" 가끔은 무의식

© 생각정원

적으로 혹은 일부러 '가장 강한 자가 살아남는다'라는 '사회적 다윈주의Social Darwinism'의 메시지를 언급하게 됩니다.

부모의 권위에 저항하거나 규칙을 어길 때는 엄격한 원칙에 따라 벌을 주고, 실수를 하면 불러서 혼냅니다. 조건 없는 사랑 같은 건 없습니다. 부모님 말씀을 잘 들어야 사랑받습니다. 부모의 가르침과 사회규범을 잘 따르는 아이가 살아남고 성공할 수 있습니다. 아이가 어른이 되면 마땅히 자기 능력을 입증하고 높은 지위와 부를 얻기 위해 투쟁해야 합니다. 도덕적인 강인함과 자기 절제만 있다면 자수성가할 수 있다고 믿습니다. 강력한 지도자, 질서, 규율, 자기 책임 등의 가치가 강조됩니다. 이쪽이 보수입니다.

　반대 모델이 있습니다. 자애로운 부모 모델입니다. 자애로운 부모 모델에서는 아버지와 어머니가 가정에서 동등한 역할을 합니다. 사랑과 배려, 감정이입이 우선시됩니다. 아이들은 존중받아야 하는 존재입니다. '나는 아이에게 부모인가 학부모인가'라는 질문에서, 부모이기를 택합니다. 세상은 넓고 예상할 수 없는 곳이니, 다양한 것을 많이 보고 경험해야 합니다. 가정과 공동체에서는 타인을 배려하는 법을 배워야 합니다. "다른 사람의 어려움에도 관심을 가져야 해. 서로 도우면서 살아가는 게 중요해"라고 말합니다. 부모에게 질문하는 것도 권장됩니다. 이 가정에서는 자녀의 눈높이에 맞춘 의사소통을 시도합니다. "네 감정을 표현해도 돼"라고 가르칩니다.

　사람이 태어난 이유는 인생을 즐기고 행복하게 살기 위해서입니다. 부모가 아이를 돌보는 목적도 아이가 인생을 충만하고 행복하게 살고, 남을 배려하면서 공동체에 헌신하는 사람으로 자라나게 하기 위한 것입니다. 다른 사람과의 비교를 통해 인정받는 것보다 자신이 가진 잠재력을 다 발휘하는 것을 성공이라고 여깁니다. 그래서 아이들이 자아를 발견하도록 도와주고 싶어 합니다. 어른이 된 아이가 약자를 배려하고 타인의 아픔에 공감하면서 자기 인생도 즐길 줄 알아야 한다고 믿습니다. 이쪽은 진보입니다.

　엄격한 아버지 모델은 자립과 규율을 강조하는 보수적

성향, 양육적 부모 모델은 공동체와 배려를 강조하는 진보적 성향의 아이를 길러 냅니다. 저자들은 이들 두 모델을 토대로 여러 사회적 이슈에 대한 보수와 진보의 태도를 설명합니다. 보수가 복지 제도에 반대하는 이유는, 절제력이 없고 도덕적이지 못해서 빈곤하게 된 사람까지 내 돈으로 편하게 살게 해 주는 일이 복지라고 생각하기 때문입니다. 부자들에게 많은 세금을 물리는 것 역시 '자기 절제를 통해 성공한 사람들에게 내리는 벌'이라는 관점에서 옳지 않다고 봅니다. 총기 규제도 마찬가지입니다. 엄격한 아버지 모델에서는 이 세상이 몹시 위험한 곳인 만큼 가족과 가정을 지키기 위해 자기 책임하에 총기를 소유하는 것이 당연한 권리가 되고, 자애로운 부모 모델에서는 시민이 서로에게 해를 끼칠 위험이 있기 때문에 총기 소지 자체에 반대하게 됩니다.

사회적 다윈주의와 이효리, 그리고 〈킹스맨〉

잠깐 언급된 사회적 다윈주의는 19세기 후반에 등장한 사회 이론입니다. '허버트 스펜서Herbert Spencer'라는 영국 학자가 널리 퍼뜨렸습니다. 스펜서는 다윈과 같은 시대를 산 사람이고 당대에 대단한 인기를 누린 대중 철학자입니다. '진화evolution'라는 단어도 스펜서가 먼저 쓴 것을 다윈이 나중에 따라 썼습니다. 그는 다윈이 생물 진화의 원리로 제시한 '자연 선택natural selection'을 '적자생존survival of the fittest'이라는 개

넘으로 바꿉니다. 자연선택이란 '자연이 여러 변이를 지닌 생물 가운데 특정한 개체를 선택한다'라는 뜻이고, 적자생존이란 '주어진 환경에 가장 잘 적응한 생물이 살아남는다'라는 뜻입니다. 비슷한 말이지요. 자연을 주체로 하면 자연선택이고, 생물을 주체로 하면 적자생존입니다.

스펜서는 이 적자생존의 원리를 인간 사회에 적용합니다. 생물 세계에서 가장 잘 적응한 녀석이 살아남는 것처럼 인간 사회에서도 가장 잘 적응한 자가 살아남는다는 것. 단, 스펜서에게 '가장 잘 적응한 자'는 '가장 우월한 자'입니다. 스펜서는 적자생존의 원리가 사회에서도 발현되면 인간 사회가 끝없이 진보하는 것은 물론, 부적응자가 자연스럽게 도태하고 우월한 인간만 남는 행복한 미래가 열릴 거라고 생각했습니다. 우월한 자가 열등한 자를 지배한다는 '우승열패', 강한 자가 약한 자를 먹이로 삼는다는 '약육강식' 등이 스펜서의 세계에서 당연해집니다.

스펜서식 적자생존에서의 '적자'는 부자와 권력자, 성공한 사람들입니다. 이 사람들은 유전적으로 우수하다는 것입니다. 가난하고 약한 사람들은 열등하다고 여겼습니다. 스펜서는 사회를 자연과 비슷한 상태로 놔두어야 한다고도 믿었습니다. 자연 상태에서 적자가 살아남아 진화하는 것처럼, 사회도 인위적인 개입을 하지 않고 그대로 둘 때 가장 빨리 진보한다는 것입니다. 그래서 빈곤층을 돕는 정부 정책에 반대합니다. 약한 자들은 사회에서 도태되어야 한다고 생각했기 때문입니다. 이 이론은 당연히 부자와 정치인들에게 폭발적 인기를 얻습니다. "우리가 부자이고 권력자인 건, 우리가 너희보다 우수하기 때문이야"라고 거리낌 없이 말할 수 있게 되었으니까요. 앤드루 카네기와 존 록펠러 같은 미국의 철강·석유 재벌이 특히 열렬히 환영합니다. 이 사람들은 스펜서 덕분에 미국에서는 존경받는 억만장자, 세계적으로는 적자생존의 살아 있는 모범이 된 것입니다.

　　제국주의자들은 스펜서로부터, 강한 나라가 약한 나라를 지배해야 사회가 진보한다는 결론을 끌어냅니다. 그렇게 침략과 식민 지배에 대한 도덕적인 부담을 덜어 냅니다. 더 우월한 자를 낳아 기르고 나머지를 도태시키는 것이 인류 발전에 이롭다는 '우생학'도, 우월한 인종이 열등한 인종을 지배하여 번성하는 것이 사회 진화의 법칙이라는 '인종주의'도 모두 사회적 다윈주의(사회진화론)의 영향 아래 있습니다. 일본이 큰 죄의식 없이 조선을 침략할 수 있었던 것도 바다 건너 동아시아까지 넘어온 이 이론 덕분이었습니다. 조선의 지식인들마저 사회진화론에 젖어 들어서 일본의 지배를 역사의 필연이라고 생각했습니다. 이완용이나 이광수가 그래서 별다른 죄책감 없이 나라를 팔아먹고 일제에 부역한 것입니다. '침략당한 우리 쪽에 문제가 있었던 거지'라고 말하는 요즘 사람들도 이런 사고방식의 영향 아래 있습니다. 흔히 쓰이는 '낙오자'라는 표현도 이런

JTBC 예능 프로그램 〈한끼줍쇼〉 42회차에 출연한 이효리. ⓒ JTBC

영향입니다. 낙오자라니, 어디에서 떨어졌길래요? 이쯤에서 우리가 곱씹어 볼 만한 가수 이효리의 멋진 말이 있지요. "뭘 훌륭한 사람이 돼, 그냥 아무나 돼."

사회적 다윈주의는 진화론 오독의 대표적인 사례입니다. 다윈이 생각한 적자는 가장 강한 자가 아닙니다. '주어진 환경에 가장 적합한 자'입니다. 사회적 다윈주의는 생물학적 진화가 사다리를 밟고 '위로' 올라가는 과정, 즉 진보와 같다고 여겼습니다. 그러나 정작 다윈이 묘사한 진화의 모습은 '위로 올라가는 사다리'가 아니라 '여러 방향으로 넓게 가지를 뻗은 나무'입니다. 진화에서의 자연선택은 특정한 목표를 향해 '진보'

하는 과정이 아니라 무작위적이고 맹목적인 과정입니다.

지금은 사회적 다윈주의에 대해 과학적으로도, 윤리적으로도 문제가 많다는 비판과 공감대가 있습니다. 역사적으로 나쁜 짓들을 정당화하는 데 이 이론이 널리 쓰였기 때문입니다. 아직도 사회적 다윈주의에 미련이 남았다면 끝판왕 격인 아돌프 히틀러를 생각해 보는 게 좋겠습니다. 열정적인 진화론 숭배자이면서 신비주의자에 사회적 다윈주의자였던 그는 유대인들을 '제거되어야 할 불필요한 종족'이라며 학살했습니다. 유대인 학살이 자연선택의 과정에 지나지 않는다고 믿었고, 대중도 그렇게 설득했습니다. 인종의 순수성을 확보하겠다면서 인종 청소라는 범죄를 자행합니다. 그는 더 고등한 종족이 진화가 덜된 하등한 종족을 얼마든지 억압하거나 지배할 수 있다고 믿었던 사람입니다. 실제로 히틀러는 저서를 통해 '삶이란 진화론의 원리와 마찬가지로 다른 사람을 지배하고자 하는 투쟁의 과정일 뿐'이라고 말합니다. 최종적으로 제2차 세계대전에서 패했을 때조차 그는, 더 강한 자가 살아남는 것임을 깨끗하게 인정하여 패배를 받아들였습니다. 수없이 많은 역사적 민폐를 목격하고도 아직까지 사회적 다윈주의나 사회진화론을 신봉하는 것은 위험합니다. 적어도 우리는 그런 보수가 되어서는 안 됩니다.

IMDb 7.7&로튼 토마토 관객점수 84점. "매너가, 사람을, 만든다Manners, Maketh, Man"라는 대사로 유명한 영화 〈킹

스맨: 시크릿 에이전트Kingsman: The Secret Service〉(2014). 사회
진화론 같은 것을 007풍 B급 오락 영화로 신나게 까 보자고 작
정하면 〈킹스맨〉이 됩니다. 장래 희망이 스파이로 바뀌는 영화
입니다.

　　영국의 한 과학자가 주장한 '가이아 이론Gaia theory'이
란 것이 있습니다. 지구를 (생물과 무생물이 상호작용하며 스스로
진화하고 변화해 가는) 하나의 '생명체'로 보는 이론입니다. 가이
아 이론은 태풍이나 지진, 산불 같은 자연재해도 생명체인 지
구의 자체적인 정화 작용으로 봅니다. 영화 〈킹스맨〉에는 '지
구를 몹시 사랑하는 학살자' 발렌타인이 등장합니다. 히틀러
같은 놈입니다. 그는 지구가 골병이 들어가는 원인을 너무 많

아진 바이러스(인구)에서 찾습니다. 숙주인 지구가 죽기 전에 자신이 나서서 바이러스(인구)를 없애기로 합니다. '바이러스가 스스로 개체수를 조절하도록 만들면 그건 자연선택'이라는 진화론적 사고가 이 범죄의 당위성을 뒷받침합니다. 전 세계 지도층을 설득하고, 설득된 권력자와 자본가들이 발렌타인에게 줄을 섭니다. 발렌타인은 RFIDRadio Frequency Identification에 기반한 칩을 스마트폰에 심습니다. 인간이 서로를 죽이도록 만듭니다. 인류의 파멸을 내려다보며 마지막 축제를 즐기려던 그 순간, 킹스맨이 발렌타인의 앞을 가로막습니다. 죄 없는 시민들 대신, 권력자와 자본가들의 머리가 아름다운 폭죽으로 터져 나갑니다.

"어느 다른 사람보다 우월하다고 해서 고귀해지는 건 아무것도 없다. 진정한 고귀함은 과거의 너 자신보다 더 우월해지는 데 있다." 주인공 에그시가 귀족계급과의 경쟁에서 이겨 킹스맨 요원으로 선발된 것, 자신들만 살려고 했던 각국 지배층들의 머리가 한꺼번에 시원하게 터져 버리는 장면 등은 이 영화의 명확한 주제의식을 보여 줍니다. 〈킹스맨〉은 알고 보면 너무나도 진보적인 영화였던 것입니다.

조너선 하이트가 설명하는 보수와 진보

《바른 마음》(웅진지식하우스, 2014)을 쓴 조너선 하이트 Jonathan Haidt는 뉴욕대학교의 교수입니다. 하이트의 설명은

이렇습니다. 도덕적 판단을 내릴 때 우리는 마음속에 내재된 6가지의 주요 '도덕적 기반moral foundations'을 이용합니다. 보수 성향의 사람들은 모든 도덕적 기반을 고루 중요하게 생각하되 충성/배신, 권위/전복, 신성/타락 기반을 상대적으로 더 강조하는 경향이 있습니다. 소속집단에 대한 충성심을 중요하게 생각하고, 사회질서와 전통을 존중하며, 순수함과 고귀함을 추구한다는 것입니다. "반 친구들이랑 사이좋게 놀아. 선생님 말씀 잘 듣고. 사고 치지 말고" 같은 것입니다. 반면 진보 성향의 사람들은 일반적으로 배려/피해, 공정성/부정, 자유/억압 기반을 더 강조합니다. 타인의 고통에 공감하고, 사회적 약자를 보호하며, 개인의 자유를 중시하는 경향이 강합니다. "개똥이 챙겨서 같이 놀아. 그네도 너 혼자만 타려고 하지 말고. 놀고 싶은 만큼 놀다 와" 같은 것입니다.

잠깐 딴 길로 새 볼까요. 2008년, 독일 막스플랑크 연구소의 존-딜런 하인즈 박사 연구팀은 인간의 자유의지에 대한 근본적인 질문을 던지는 흥미로운 연구 결과를 발표합니다. 연구팀은 실험 참가자들에게 두 개의 버튼 중 하나를 자유롭게 선택하도록 요청했습니다. 그리고 기능적자기공명영상fMRI과 전기뇌파도EEG를 통해 실험 참가자들의 뇌 활동을 실시간으로 관찰했습니다. 참가자들은 자기가 결정을 내린 시점을 기억하도록 요청받습니다. 그런데 놀랍게도 참가자들이 '그래, 결정했어'라고 마음먹은 순간보다 7~10초 전에 이미 뇌의 특정 부위가 활성화되었고, 덕분에 연구팀은 참가자가 어떤 버튼을 누를지를 거의 정확하게 예측할 수 있었습니다. 이 실험 결과는 '인간의 의사결정이 무의식적인 수준에서 먼저 이루어진다'라는 증거로 해석됩니다. '자유의지라는 게 환상일 수 있다'라는 주장의 근거로도 널리 사용되고 있습니다.

하이트도 비슷한 이야기를 합니다. 하이트는 인간의 도덕적판단(무엇이 옳고 무엇이 그른가에 대한 판단)이 감정(코끼리)과 이성(기수)으로 구성된다고 설명합니다. 대부분의 판단은 감정(코끼리)에 의해 먼저 이루어지고, 이성(기수)은 나중에 그것을 정당화하는 역할만 수행한다는 것입니다. '직관이 먼저고 추론이 다음이다.' 진보와 보수가 서로를 쉽게 이해하지 못하는 이유가 이것 때문이랍니다. '이건 좀 아니잖아'를 직관적으로 판단하는 기준이 서로 너무 다르다는 거지요. 하이트에 따르면 보수의 역할은 기존의 가치와 시스템을 유지하고, 급격한 변화로 인한 혼란을 방지하는 것입니다. 진보의 역할은 새로운 문제를 발견하고, 변화를 통해 사회적 불평등을 개선하는 것입니다. 그러니 서로의 '도덕적 기반'이 다르다는 점을 이해하기만 하면, 보수와 진보가 서로를 적으로만 보지 않고 협력할 수도 있을 것이라고 말합니다.

결국, 상대와 사이좋게 잘 지내려면 (이성 격인 기수 말고) 감성의 코끼리에게 말을 걸어야 합니다. 배우자가 교통사고를 내서 새로 산 차 헤드라이트가 박살이 났더라도 "어디 다친 데 없어? 몸은 괜찮아?"라고 물어야 하는 이유가 여기에 있습니다. '어쩌다 이런 사고를 내게 되었는지' 같은 걸 먼저 물어봐서는 안 됩니다.

인간은 이기적인 존재인가 이성적인 존재인가

봉수 이기적일 수밖에 없어요, 인간은. 자기 것을 먼저 챙기고 싶어 하는 건 인간의 본능입니다.

진봉 에이, 그게 다가 아니죠. 사람은 합리적인 행동을 해요. 이타적인 행동도 하고요.

봉수 누군가를 사랑하는 자기 모습에 빠지는 것처럼, 누굴 돕는 것도 사실 자기만족 때문일걸요. "나는 착한 사람이거든?" 하는 거죠.

진봉 남을 위해 무조건적으로 헌신하는 사람들도 많아요. 희생하기도 하고요. 가족을 위해서는 더 그렇고요.

봉수 그건 가까운 사람들이니까요. 전혀 관계없는 사람을 위해서 진심으로 희생할 사람은 없어요.

진봉 인간에게 이기적인 면이 존재하는 건 맞죠. 하지만 인간은 사회적 동물이라고 하잖아요. 다른 사람이 아프면 내 마음이 아프고, 옆 사람이 행복하면 나도 좋고요. 엄청난 재산을 사회에 기부하는 분들도 많고.

봉수 진봉 씨 MBTI는 'F'지요? 난 'T'라서 남 일에 맘 아프고 그런 건 잘 모르겠고요. 기부하면 자기 이미지가 좋아지잖아. 그것도 다 자기만족이라니까요. 뭐가 또 좋은 게 있겠죠, 우리 모르게.

진봉 교통사고를 보면 뭐든 해 보려고 사람들이 막 뛰어가요. 불나면 이웃집 문 두드리고요. 할머니, 할아버지 부축해서 횡단보도를 건너요. 자기가 좀 위험해도 남을 돕잖아요.

봉수 그건 드문 일이죠. 드무니까 뉴스에 나오고. 일시적인 감정에 휩쓸려서 그럴 수는 있는데, 대부분은 자기 몸을 먼저 챙겨요. 현실을 있는 그대로 봅시다.

진봉 드물게라도 그런 사람들이 있다는 게, 사람이 이타적일 수 있는 증거라니까요. 공감 능력이란 걸 왜 그렇게 무시해요. 누가 힘들어하면 도와주고 싶고 그렇지 않아요?

봉수 진봉 씨가 F라서 그렇다니까요. 남을 도와주면 그 사람이 고맙다고 하잖아요. 잘하면 뉴스에도 나오고, 내가 막 괜찮은 사람 된 거 같고.

진봉 그렇게 비관적으로만 보지 말아요. 본능적으로야 그렇겠지만 인간은 충분히 이타적인 선택을 할 능력이 됩니다.

봉수 인간이 이기심을 뛰어넘어요? 코로나 때 사람들 마스크 사재기하는 거 안 봤어요? 환상을 버려요. 순진하시기는. 나는 사람들이 결정적인 순간에 이기심을 드러내는 경우가 훨씬 많다고 생각해요. 그게 더 본성에 가까우니까.

진봉 잠깐 동안의 위기 상황을 놓고 그렇게 말씀하시면 안 되죠. 그 시기에 얼마나 많은 사람들이 서로 돕는지는 못 보셨어요? 모든 걸 이기심으로 돌리면 인류의 위대한 진보를 설명할 수 없어요. 예술, 과학, 철학…. 모두 단순한 이기심을 넘어선 인간 이성의 승리입니다.

나는 보수입니다. 나는 인간과 인간성에 대해 부정적이거나 다소 비관적입니다. 인간은 착하다? 인간은 이성적이다? 회의적입니다. 인간은 열정과 욕망에 좌우되고, 폭력 앞에 나약합니다. 불완전하고 이기적이지요. 인간에게 본능이 있는 이상 완벽한 사회라는 건 존재할 수 없어요. 인간의 이성에는 한계가 있기 때문에, 지금보다 조금 나은 걸 찾아낼 수 있을지는 몰라도 완전한 것을 만들어 내는 건 불가능합니다. 그래서 가정과 교회와 학교의 역할이 중요하지요. 전통적인 문화, 제도, 교육 같은 것으로 인간을 좀 더 도덕적이고 책임감 있는 존재로 만들어야 해요. 특히 종교는 사람들에게 도덕적인 기준이 어떤 건지를 제시해 줍니다. 인간이 자기 본성을 초월할 수 있도록 도와주기도 하고요.

나는 인간 사회가 권위와 질서에 의해서 유지된다고 생각합니다. 불완전한 인간을 적절히 제어하기 위해서 정부의 권위도, 법의 권위도, 아버지의 권위도 존중받아야 해요. 집단에 대한 충성심, 책임감을 바탕으로 한 자율, 이런 것들이 중요하고요. 공동체의 질서를 훼손하는 사람이 있다면 공권력과 법의 힘을 빌려서 알아들을 만큼 응징해야 한다고 믿습니다. 모두 이기적인 존재인 만큼 내가 이익을 볼 때 누군가 손해 보는 일이 생기겠지만, 인간이 서로 다른 존재로 서로 다른 환경에서 태어난 이상 '사람과 사람 사이의 완벽한 평등은 불가능하다'라는 건 받아들여야 해요. 나는 전통과 질서를 유지하고 발전시켜 온 보수의 역사적 성취를 믿습니다. 헌법과 자유를 최고의 가치로 여기고, 시장경제를 통해 개인의 자유와 번영을 이끌어 낸 자랑스러운 역사. 이것이 보수의 성취입니다.

나는 진보입니다. 인간과 인간성에 대해 긍정적이고 낙관적입니다. 인간은 본질적으로 선하고, 어떤 환경에 놓였는지에 따라 충분히 이타적일 수 있다고 생각합니다. 인간은 타인의 고통에 공감할 줄 아는 존재이지요. 재난, 전쟁, 조난, 사고 등에서 인간은 결코 자기 자신만을 돌보지 않습니다. 서로의 감정을 이해하고 도우려는 본성을 갖고 있어요. 혼자서 살아갈 수도 없고요. 사람은 사람 사이에 섞여서 성장하기 때문에, 삶의 질이 모두 일정 수준 이상은 되어야 사회가 건강해집니다. 인간에게 본능만 있는 게 아니에요. 이성적으로 사고하는 능력이 있습니다. 데카르트가 그랬잖아요. "나는 생각한

2부 보수와 진보가 세상을 보는 법

다, 고로, 존재한다. Cogito, ergo, sum." 그래서 동물들에게는 안 되는 것들이 인간에게는 되는 거예요.

인간은 환경을 바꿀 수 있습니다. 함께 머리를 맞대면 전쟁 대신 평화를 선택할 수 있고, 독재자를 몰아내고 민주국가를 세울 수 있고, 더 정의로운 사회를 만들 수 있고, 인간의 삶 전반을 함께 나아지게 할 수 있어요. 자기 개성과 정체성을 마음껏 표현할 권리도 있지요. 성별, 성적 지향, 인종, 종교 등 다양한 배경을 가진 사람들이 차별받지 않고 동등한 권리를 보장받아야 한다고 나는 믿습니다. 불평등과 편견, 약자를 위해 싸운 이타와 투쟁의 역사, 그래서 생긴 세상의 모든 변화. 이것이 내가 사랑하는 진보의 모습입니다.

인간의 이기적인 본성, 〈기생충〉

감독 봉준호, 칸 영화제 황금종려상, IMDb 8.5&로튼 토마토 관객점수 90점. 영화 〈기생충〉(2019)은 단순히 빈부격차를 다루는 것을 넘어, 인간의 심리와 이기적인 본성을 탁월하게 그려 낸 영화입니다. 누구나 착하게 살고 싶지만 실제 사람의 밑바닥을 들여다보면 착하지 않은 구석이 꽤 많지요. 내가 알고 있는 나, 가족이나 친구가 아는 나, 가깝지 않은 사람이 아는 나. 모두 나이기는 한데, 셋이 완전히 다른 사람일 수 있습니다. 보통은 내가 아는 내가 그중 제일 나쁜 사람입니다.

가난한 현실이 인간의 생존 본능을 깨웁니다. 기택(송

강호) 가족은 가난에서 벗어나려는 목적으로, 거짓말과 위선을 총동원하여 다른 가난한 사람들을 모두 희생시킨 후에, 박 사장네 집에 자리를 잡습니다. 박 사장(이선균) 가족은 자신들의 안락함과 편리를 위해 하인들을 부리며 하층계급을 '냄새나는 존재'로 비하합니다. 기택 가족과 지하실에 숨어 사는 문광 가족은 제한된 자원을 두고 격렬하게 싸웁니다. 같은 하층계급 안에서 이기심과 이기심이 만나 충돌합니다. 기택 가족은 박 사장네 집을 점령하고 자신들만의 축제를 벌입니다. 욕망에 취해 도덕적인 경계를 넘어 버립니다. 결국 비극적인 결말을 맞습니다. 기택이 박 사장을 찔러 죽입니다. 계급에 대한 분노와 이기적인 욕망이 힘을 합친 결과입니다.

영화는 모든 인간이 이기적인 본성을 갖고 있다는 메시지를 전합니다. 그리고 인간의 이기심이 단순히 개인의 문제가 아니라 사회구조의 산물인 것도 선명하게 보여 줍니다. 웃으며 보기 시작했다가 갈수록 웃음기가 사라지는 영화입니다. 자본주의의 구조적 문제와 불평등을 비판하는 동시에 모든 인간이 가진 보편적인 이기심을 보여 주는 봉준호. 내 안의 이기심을 돌아보게 하고 내가 사는 세상도 함께 돌아보게 하는 봉준호. 보수도 진보도 모두 고개를 끄덕이게 하면서 양쪽 다 불편하게 만드는 봉준호. 봉준호는 대단히 대단합니다.

안정이 우선인가 변화가 우선인가

봉수 이 나무도 자기 자리에서 묵묵히 자기 할 일을 하죠. 이런 게 사회를 지키는 힘일 거예요.

진봉 계절에 따라서 변하죠, 나무는. 사시사철 그대로면 죽은 거고요.

봉수 세상이 자꾸 변화하기 때문에 오히려 안정이 더 중요해요. 이런 세상에서 살아남으려면 안정된 바탕이 있어야 해요.

진봉 물론 안정 중요하죠. 그런데 변화가 없으면 당연히 발전도 없어요.

봉수 갑자기 변하면 사람들이 힘들어해요. 부작용도 많고요. 안정 속의 작은 변화. 말부터가 자연스럽고 좋잖아요.

진봉 옛날 사람은 못 누렸는데 지금 우리가 누리고 있는 모든 거, 이거

전부 기존의 틀을 깨고 얻은 거잖아요.

봉수 알아요. 그런데 모든 변화가 긍정적인 건 아니라니까. 급진적인 변화는 항상 재앙으로 끝났어요. 꼭 필요한 것만 바꾸자고요. 불안해요. 세상 시끄럽고.

진봉 그렇게 안정만 찾으면 사람들이 새로운 시도를 안 합니다. 스마트폰은 왜 바꾸는데요, 그냥 주야장천 쓰던 거 쓰시지. 사회도 마찬가지예요. 변화를 받아들여야 살아남을 수 있어요.

봉수 여기서 스마트폰 얘기가 왜 나와요? 모두 안전하다고 느낄 수 있는 사회가 더 건강한 사회 아니냐, 그런 말이에요. 변화를 추구하는 건 좋지만, 혼란을 만들진 말자고요.

진봉 혼란요? 요즘 젊은이들, 혼란을 넘어 절망 중이에요. 곧 폭발할 것 같지 않아요? 안정만 고집해서는 해결이 안 될걸요.

봉수 젊은이들이 막 폭발하고 그래서는 안 돼요. 천천히 해야지. 기다릴 줄도 좀 알아야 하고요.

진봉 프랑스혁명도 그렇고, 우리나라의 민주화도 그렇고…. 변화를 너무 오래 미루면 결국 더 큰 혼란이 온다는 걸 역사가 보여 주잖아요.

봉수 이제는 단계적인 변화가 중요하죠. 천천히 준비해서 차근차근 고쳐 나가는 게 오히려 장기적으로 더 바람직할걸요.

진봉 한시가 급한, 단기간에 급격한 변화가 필요한 문제들이 있는 거예요. 작은 변화에 만족하다가 한 방에 골로 가는 수가 있습니다.

현재의 상태가 좋아서 미래도 지금과 같기를 바라는 사람이 보수, 현재의 상태가 불만족스러워서 미래엔 바뀌기를 기대하는 사람이 진보입니다. 현재가 좋은 사람에게 '변화'는 나빠지는 겁니다. 현재가 나쁜 사람이라면 '변화'는 좋아지는 것입니다. 보수는 '안정' 중심의 세계관이고, 진보는 '변화' 중심의 세계관입니다. 보수는 방어적이고 진보는 공격적입니다. 보수는 위험한 자극에 민감하게 반응하고, 진보는 새로운 정보에 예민하게 반응합니다. 보수는 실수가 적지만 다소 소극적이고, 진보는 용감하되 조금 서툽니다.

나는 보수입니다. 나는 현재의 정치, 경제, 사회질서를 되도록 있는 그대로 유지하는 게 가치 있는 일이라고 생각합니다. 급작스러운 변화에 대한 본능적인 공포가 좀 있습니다. 마땅히 유지되어야 할 질서가 파괴되면 사회에 혼란이 발생하니까요. 사회는 수많은 요소가 서로 유기적으로 연결되어 있는 복합체입니다. 전통이나 관행이 이렇게 만들어진 데에는 다 그럴 만한 이유가 있는 겁니다. 오랜 시간 시행착오를 거치면서 만들어진 것들이라면 우리가 존중해야지요. 이걸 인위적으로 뒤바꾸면 부작용이 따를 수밖에 없다고 생각해요. 서로 다른 사람들이 모여 사는 이상, 나는 어느 정도의 부조리도 불가피하다고 생각합니다. 공동체에 부족한 부분이 보이면 천천히 하나씩 보완해 나가자는 쪽이에요. 나는 힘과 권위, 위계질서를 존중해요. 내가 국가 안보를 중요하게 여기는 것도 아마 안정을 추구하는 내 성향 때문이겠지요.

돌발적인 사회 변화나 검증받지 않은 혁신 같은 건 믿지 않습니다. 위험하고 불확실한 건 피할 수 있으면 최대한 피하고 싶어요. 추상적인 이론이나 논쟁도 싫습니다. 내가 보기에, 인간 사회에 유토피아 같은 건 없어요. 그럴듯해 보이는 이론과 주장, 그것에 근거한 계획, 그런 거 다 별로입니다. 복잡다단한 우리 현실을 제대로 반영할 수 없다고 생각해요. 결국엔 악몽으로 끝날 거라고 봅니다. 꼭 필요한 경우에만 조금씩, 과거의 경험에 기반하여 현재의 상태를 천천히 바꿔 가는 것이 자연스럽고 부작용도 적다는 얘기입니다.

나는 진보입니다. '고인 물은 썩는다'라고 생각합니다. 개혁, 혁신, 변화 이런 것들이 진보의 키워드라고 하지요. 사회가 끊임없이 변화하고 발전한다면, 제도도 늘 거기에 맞게 유연해져야 한다고 생각합니다. 더 공평하고 정의로운 사회를 만들어 가는 과정에서 변화는 필수적입니다. 변화가 불확실성을 동반할 수 있겠지만, 결과적으로는 사회를 긍정적인 방향으로 나아가게 한다고 믿어요. 기존의 전통이나 규범은 어떤 사람의 자유를 제한하거나 특정 집단에 굉장히 불평등하게 작용합니다. 제도가 문제라면 바꾸고, 관행이 문제라면 없애야지요. 불평등이나 차별은 상당 부분 기존의 제도나 관행 때문에 생깁니다.

인종, 성별, 성적 지향, 종교 등과 관련된 차별은 그냥 멀뚱멀뚱 지켜보고 현상을 유지하는 것으로는 절대 해결되지 않아요. 인종차별 철폐, 여성의 투표권 획득, 성소수자 권리 인정, 이런 것들이 모두 변화를 꿈꾸던 사람들의 노력으로 얻어진 것입니다. 뒤처진 사람이 없는지, 지금 소외되고 그늘에 있는 사람은 누구인지 늘 살펴야 해요. 철수네 집이 좀 가난해도, 영희가 공부를 좀 못하더라도 다 함께 살아갈 수 있어야 한다고 믿습니다. 한 사람의 열 걸음보다 열 사람의 한 걸음이죠. 그걸 위해서라면 얼마간의 불확실성과 위험을 감수하고 변화를 시도해 볼 가치가 충분하다고 생각합니다.

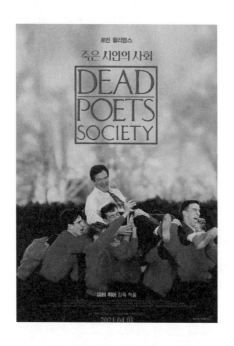

변화를 추구하는 용기, 〈죽은 시인의 사회〉

IMDb 8.1&로튼 토마토 관객점수 92점의 〈죽은 시인의 사회Dead Poets Society〉(1989). 1959년 미국의 보수적인 명문 사립학교 웰튼 아카데미. 전통, 명예, 규율, 성취를 강조하며 엄격한 교육을 하는 학교. 아이비리그 합격생을 많이 배출하는, 이른바 명문 학교입니다. 이 학교의 네 가지 교훈은 '전통, 명예, 규율, 최고'입니다. 학생들은 부모와 학교의 높은 기대 아래 자유와 개성을 억압당한 채로 살아갑니다. 새로 부임한 영문학 교사 존 키팅(로빈 윌리엄스)이 기존의 권위적이고 획일적인 교육 방식을 거부하고, 시를 통해 자유로운 사고와 창의력을 길러 주는 독특한 수업을 합니다. 학생들에게 '카르페 디엠

Carpe diem', 현재를 즐기라고 말합니다. 그의 영향 아래에서 자신을 찾아 나서는 학생들이 생깁니다. 하지만 보수적인 학교의 분위기 때문에 키팅의 교육 방식이 반발에 부딪힙니다. 웰튼의 교장 놀런은 키팅과는 전혀 다른 생각을 하고 있습니다.

키팅　저는 학생들이 스스로 생각하는 방법을 가르치고 싶습니다. 그것이 올바른 교육이라고 생각합니다.

놀런　그 또래 학생에게 말이오? 그건 불가능한 일이오. 지금 학생들에게 필요한 것은 전통과 규율이오. 전통과 규율 말이오! 학생들을 대학에 합격시킬 궁리나 해요. 그럼 다른 일도 저절로 해결될 테니까.

　　학생들은 비밀리에 '죽은 시인의 사회'라는 시 낭송 동아리를 만듭니다. 밤마다 모여서 자유롭게 시를 낭송하고 토론을 벌입니다. 억눌려 있던 감정과 욕망을 마음껏 표출합니다. 자신이 무엇을 사랑하고, 어떤 일을 하고 싶어 하는지에 대해 눈뜨기 시작합니다. 하지만 이 모임은 곧 학교 당국에 발각됩니다. 동아리 멤버 중 닐이라는 학생은 연극에 출연하며 여태 몰랐던 자기 모습을 찾지만, 반대하는 아버지와의 갈등 끝에 스스로 생을 마감합니다. 닐의 죽음이 학교와 학생들에게 큰 충격을 줍니다. 키팅은 이 비극을 빚어낸 원흉으로 몰려 학교를 떠나게 됩니다. 키팅이 교실을 떠나려는 순간, 토드를 비롯한 몇몇 학생들이 책상 위에 올라가 "오 캡틴! 마이 캡틴!Oh Captain! My Captain!"을 외치며 그에 대한 존경과 지지와 사랑을 표현합니다.

배우 에단 호크가 패션 잡지《GQ style Germany》와 가진 인터뷰에서 한 말이 참 인상적입니다. "열여덟 살 때 〈죽은 시인의 사회〉를 찍었는데 이 영화의 의미는 명확해요. '네가 옳다고 생각하는 일을 해라. 하지만 그것을 위해 목숨까지 버리면 안 된다' 입니다." 닐의 죽음은 사회적 억압이 자유와 개성을 억눌러서 발생한 비극입니다. 기존의 체제와 권위가 변화를 받아들이기를 거부하여, 한 학생의 죽음이라는 파멸적인 결과를 초래한 것입니다. 이 영화는 굳어 버린 질서에 도전하려면 얼마나 많은 용기가 필요한지, 그 용기에 어떤 혼란과 희생이 따라올 수 있는지를 보여 줍니다. 아무리 간절하게 꿈꾸는 변화라도 절대 쉽게 얻을 수 있는 게 아니라는 것을 알려 줍니다.

키팅은 결국 학생들에게 이런 말을 하고 싶었던 겁니다. 전통과 권위를 맹목적으로 따르지 말라고. 비판적인 사고를 통해 자신만의 가치관을 가져야 한다고. 너를 둘러싼 기대와 관습에서 벗어나서 너만의 꿈을 꾸라고, 삶의 의미를 찾아가는 여정에는 때로 두려움을 넘어서는 용기가 필요하다고. 기존의 질서가 너를 억압하면 네가 그 억압에 맞서고 저항해야 한다고. 그게 곧 변화와 진보의 원동력이라고. 시와 아름다움과 낭만과 사랑 같은 것이 인생의 목표여야 한다고.

시장인가 국가인가

어떤 경기든 공정하려면 심판이 필요합니다. 국가가 그 역할을 해야죠.

시장이 기회의 장으로 남으려면 국가는 관중이어야 해요, 심판이 아니라.

봉수 이 식당, 코로나 때 문 닫을 뻔했다던데 요즘 잘되나 봐요. 시장이란 게 이런 거죠. 소비자가 원하는 걸 제공하면 살아남는 거.

진봉 그래요? 저는 좀 다르게 봤는데. 소상공인 지원 정책 없었으면 그때 버티기 힘들었을걸요?

봉수 경쟁력 없는 가게들도 그것 때문에 버텼죠. 좀 더 망했어야 하는 건데.

진봉 작은 가게 다 망하게 두고 대기업 프랜차이즈만 남기고 싶으신 건 아니죠?

봉수 구멍가게 대신 편의점에 가는 건 소비자들 선택이에요. 사람들이 원하니까 잘되는 거지.

진봉 소비자의 선택도 대부분 자본의 힘으로 만들어져요.

봉수   시장의 힘을 믿으세요. 자본주의잖아요. 보이지 않는 손이 모든 걸 잘 조절할 겁니다.

진봉   시장이나 경쟁에만 맡겨선 안 돼요. 그 보이지 않는 손이 누군가의 목을 조릅니다.

봉수   개인도 자유롭게 경쟁하고, 기업도 자유롭게 경쟁하고. 국가는 최소한의 역할만 하면 된다고 봐요.

진봉   그 자유로운 경쟁이라는 것이 약자를 계속 짓밟는다니까요? 나서야 할 일에는 나서야지요.

봉수   최저임금도 그렇고 영업시간 제한도 그렇고. 나라가 나서서 맘에 안 드는 게 아주 많잖아요.

진봉   생계유지가 가능한 정도의 임금은 기본적인 인권 문제예요. 영업시간 제한은 잘한 일이죠. 코로나 시국에.

봉수   공기업들 봐요. 얼마나 개판이에요? 철밥통이라 노력도 안 하고 개선도 안 하고. 시장에서 다 경쟁시켜야 돼.

진봉   그러다 전기 요금, 수도 요금 100만 원씩 내는 세상이 와요. 지금도 민자고속도로의 통행료 어마어마하잖아요.

봉수   완전히 민영화가 된 건 아니지만 SRT 보세요. 경쟁이 생기니까 KTX도 따라서 좋아지고 그렇잖아요.

진봉   민영화 논의보다 교육, 의료, 주거 같은 기본적인 서비스부터 국가가 좀 해결을 해야지요.

봉수   시장은 언제나 기회의 장이에요. 국가는 관중이어야 합니다. 심판할 생각 하면 안 되고.

2부 보수와 진보가 세상을 보는 법

진봉　　어떤 경기든 심판이 필요해요. 경기를 공정하게 해야죠.

　　나는 보수입니다. 시장경제를 옹호합니다. 개인의 선택과 책임을 중요하게 생각합니다. 시장이야말로 개인들이 자유롭게 선택하고 경쟁해서 자기 삶을 개척할 수 있는 최적의 무대입니다. 공산주의를 택한 국가들이 모두 망하고 자본주의를 택한 국가들이 모두 흥했습니다. 시장 덕분입니다. 수요와 공급의 법칙에 따라서 자원이 가장 효율적으로 배분되는 곳이 시장입니다. 정부의 통제나 간섭이 곧 퇴보인 겁니다. 정부 개입이 오히려 시장의 효율성을 떨어뜨린다, 그 말입니다. 시장이 완벽하지 않다는 건 인정하지만 국가가 개입하면 더 크게 망할 수 있습니다. 긁어 부스럼. 정부의 실패가 시장의 실패보다 더 심각한 위험을 불러올 수 있어요. 시장은 국가보다 훨씬 복잡한 곳입니다. 국가가 이 복잡다단한 시장을 완벽하게 파악하기란 불가능에 가깝죠. 국가 주도로 만들어진 정책들이 자꾸 헛다리를 짚는 것도 그래서 그렇고요. 그냥 시장의 자유를 최대한으로 보장하는 게 경제성장입니다. 쉬워요. 아이폰 보세요. 기업가 정신이나 경쟁이 활발해질수록 기업이 혁신하고, 생산성이 향상되고, 경제가 발전하지요.

　　국가가 과도하게 개입하면 성장 동력을 약화시켜요. 기업의 창의적인 활동도 잘 안 됩니다. 나는 사유재산권을 강력히 옹호하는 사람입니다. 국가는 개인의 재산을 존중해야 해요. 세금이나 규제 같은 것으로 개인의 재산에 과도하게 개입하면 안 된다고요. 사유재산권이 잘 보장돼야 개인이 경제활동에 적극적으로 참여합니다. 과도한 국가 개입은 도덕적 해이를 불러옵니다. 지나친 복지정책 같은 것, 자기 행동에 책임을 지지 않고 자기 삶을 나라에 의존하게 할 가능성이 아주 크다고 생각해요.

나는 진보입니다. 시장경제의 효율성은 인정합니다. 하지만 자유시장은 본질적으로 불공정합니다. 인간 사회의 불평등은 구조적인 문제입니다. 시장의 힘만으로 절대 해결할 수 없습니다. 무한 경쟁은 당연히 대기업과 이미 부유한 계층에게 유리하게 작동합니다. 대부분의 국가에서 부유층이 비정상적으로 높은 소득을 얻고 있지요. 시장이 만들어 낸 불평등은 갈수록 심각해집니다. 빈부격차가 심각한 수준으로 벌어지는 게 어느 나라에서든 지금 큰 문제고요. 자본과 기회가 누구에게는 너무 많고 누구에게는 너무 적어요. 가능한 한 모든 사람에게 동등한 기회가 주어져야 하는 게 맞잖아요. 이런 불평등이 계속되면 기회의 불균형이 고착될 거고, 갈등은 지금보다 더 심해질 겁니다. 정부가 개입을 해서 위로 올라갈 수 있는 사다리를 좀 놓아 주고, 소득 불평등을 줄이고, 소외 계층 문제도 해결해야 한다고 생각합니다. 의료나 교육 서비스 같은 건 국가책임이 아주 중요하다고 봐요. 사회 안전망을 잘 구축해서 노인,

장애인, 저소득층을 보호해야 하고요. 아무리 시골 마을이라도 사람이 사는 곳이면 도로 깔고 다리 놓고 치안 유지도 해야죠. 이런 건 그냥 시장에만 맡겨 놓아서는 절대 해결이 안 될걸요.

　　모든 국민이 기본적인 삶의 수준은 유지할 수 있도록 해 줘야 해요. 자유로운, 실제로는 고삐가 풀린 경제활동이 사람들에게 나쁜 영향을 미칩니다. 독과점이나 환경오염 같은 게 모두 그 고삐가 풀린 경제활동의 결과물이에요. 시장이 실패해서 경제위기가 발생하는 경우에도 국가가 개입해서 빨리 안정시키는 게 당연합니다. 시장은 본질적으로 개인주의적이고 경쟁적이에요. 장기적인 문제들을 해결하고 지속 가능한 발전을 만들고 싶으면 국가가 일을 열심히 해야 합니다.

혁신의 가치 + 시장경제의 장점 = 〈머니볼〉

IMDb 7.6&로튼 토마토 관객점수 86점. 〈머니볼 Moneyball〉(2011)은 실화 기반의 영화입니다. 2002년 메이저리그 야구팀 '오클랜드 애슬레틱스'의 단장, 빌리 빈(브래드 피트)이 주인공입니다. 2001년 시즌 종료 후, 애슬레틱스는 우수한 선수들이 고액 연봉을 제시한 다른 팀으로 이적하면서 큰 전력손실을 입습니다. 빌리 빈은 제한된 예산으로 경쟁력 있는 팀을 꾸려야 하는 상황에 직면합니다. 빌리는 예일대 경제학과 졸업생 피터 브랜드(조나 힐)와 함께 기존 스카우트 방식을 전면적으로 바꿉니다. 기존 시스템은 선수의 스타성과 외형적 능력에

초점을 맞췄지만, 빌리는 데이터와 통계를 기반으로 가성비(가격 대비 성능의 비율)가 높은 선수들을 발굴하는 데만 집중했습니다. '세이버메트릭스Sabermetrics'라는 통계학적 분석 기법을 도입하고 선수들의 경기 기여도를 세세하게 측정합니다. 이런 접근법은 한 번도, 누구도 시도해 본 적이 없는, 당시의 전통적인 관행에 정면으로 반하는 혁신적인 시도였습니다. 스카우터와 감독은 빌리의 방식에 반발합니다. 갈등을 겪습니다. 외부의 비판과 내부의 반대 속에서도 빌리는 이 새로운 전략을 고수하며 팀을 재구성합니다. 초반에는 다소 부진한 성적을 기록하지만 빌리의 전략이 점차 효과를 보이면서, 오클랜드 애슬레틱스는 연속 20경기 승리라는 메이저리그 신기록을 세웁니다.

비록 월드시리즈 우승에는 실패했어도 그들의 데이터 기반 전략은 전 세계 야구계에 혁명적인 변화를 가져옵니다. 빌리 빈은 보스턴 레드삭스로부터 메이저리그 역사상 최고 연봉을 제안받습니다. 하지만 쿨하게 거절하고 애슬레틱스에 남습니다. 보스턴 레드삭스는 빌리 빈의 시스템만을 채택해 2004년 월드시리즈에서 우승을 차지합니다.

기존의 관습에 얽매이지 않고 급격한 변화를 추진하기 때문에 강한 저항을 받지만, 빌리는 자신의 신념을 끝까지 굽히지 않습니다. 결과적으로 팀을 성공으로 이끕니다. 저평가된 선수들에게는 그동안 그들에게 없었던 기회를 제공합니다. 모두 진보 쪽에서 바람직하게 여기는 태도입니다. 한편, 시작하는 시점에서 많은 걸 갖고 있지 않더라도, 수중에 가진 종잣돈이 남들보다 좀 적더라도, 기존의 틀을 깨는 창의적인 생각 하나가 있다면 얼마든지 빌리처럼 성공할 수 있다는, 홈런 한 방의 메시지가 영화에 담겨 있습니다. 시장경제의 효율성, 부인할 수 없는 자본주의 시스템의 강점, 보수가 소중히 여기는 가치들입니다. 그리고 보수, 진보보다 중요한 것. 브래드 피트는 잘생겼고, 영화 참 재미있습니다.

성장인가 분배인가

봉수 성장 없는 분배는 가능하지 않아요. 파이를 먼저 키워야죠.

진봉 그 커진 파이가 소수에게만 돌아간다면요?

봉수 성장은 모두에게 기회를 주잖아요. 일자리도 늘어나고 소득도 늘어나고.

진봉 중소기업이나 서민의 삶은 전혀 아니올시다입니다.

봉수 좀 기다려야지요. 장기적으로는 모두 좋아질 거예요.

진봉 얼마나 장기요? 장기를 팔 지경인 사람들이 있어요.

봉수 성급한 분배는 늘 악영향을 끼칩니다.

진봉 그럼 이런 불평등을 보고도 그냥 방치해야 한다는 말씀이세요?

봉수 아니요. 성장이 선행되어야 한다고요. 나눌 것이 있어야 나누죠.

진봉 당장 죽고 싶을 만큼 힘든 사람들이 있는데요?

봉수	단기적인 고통은 좀 감수해야 한다고 생각해요.
진봉	그 단기적인 고통을 감당하기가 정말 어려운 사람들은 어떡해요? 포기해야 하나요?
봉수	극단적으로 말하지 말아요. 더 많이 성장하면 더 효과적인 복지를 할 수 있어요.
진봉	성장의 과실이 공평하게 분배되지 않는 게 항상 문제라는 이야깁니다.
봉수	그건 분배 시스템의 문제지, 성장의 문제가 아니에요.
진봉	제 말이요. 분배 시스템을 개선해야 한다고요.
봉수	분배에 집중하면 경제가 자꾸 위축되죠. 투자도 줄어들고.
진봉	그건 일종의 협박이잖아요. 정부가 나서서 바로잡아야죠.
봉수	성장이 총과 칼이에요. 총칼도 없이 싸울 수는 없어요.
진봉	분배는 방패지요. 방패 없으면 몸에 구멍이 숭숭.
봉수	국가 간 경쟁에서 우리가 뒤처지면 결국 모두가 고통받을 텐데요?
진봉	그 경쟁에서 이기겠다고 국민 상당수를 희생양으로 삼으면 안 되지요.
봉수	단기적으로 희생하면 장기적으로 번영한다니까요.
진봉	그 과정에서 소외된 사람들은 돌이킬 수 없는 수렁에 빠진다고요.
봉수	안타깝지만 어쩔 수 없는 부분도 있는 거죠, 세상일이란 게.
진봉	한 사람 한 사람의 삶이 모두 소중하다는 생각을 좀⋯.

봉수   감정에 호소하지 말아요. 이런 건 냉철하게 합시다.

진봉   인간에 대한 연민이 없는 세상이란 도대체 어떤 세상입니까?

봉수   연민만으로 문제를 해결할 수가 없어요.

진봉   맞습니다. 대안이 있어야죠.

봉수   분배 때문에 성장의 동력을 잃지 않을까가 나는 늘 걱정입니다.

진봉   공정한 분배가 장기적인 성장을 위한 가장 확실한 대안이에요.

　　　나는 보수입니다. 보수가 성장을 분배보다 중요하게 생각하는 건 지속 가능한 미래를 위해서입니다. 성장이 기회를 만듭니다. 분배도 중요한 과제이지만, 나눌 것이 충분하지 않으면 절대 불평등이나 빈곤을 해결할 수 없습니다. 빵이 없는데 뭘 나누나요? 파이를 키우는 게 먼저입니다. 경제성장의 원동력은 역시 투자입니다. 세금이 낮고 규제가 줄어들면 그만큼 기업이 돈을 벌 수 있는 기회가 많아집니다. 기업들은 돈을 벌기 위해서 설비투자, 기술 개발 등 활발한 투자 활동을 하겠죠. 투자를 통해서 경제가 성장하면 안정적이고 좋은 일자리가 늘어나겠죠. 좋은 일자리가 늘어나면 소득이 늘어날 거고, 소득이 늘어나면 소비가 확대될 거고, 소비가 확대되면 세수가 증가할 거고, 세수가 증가하면 더 많은 복지 예산을 확보할 수 있겠죠. 이런 게 선순환입니다.

　　　성장은 우리나라 경쟁력과도 관련이 있어요. 우리가 성장을 우선하지 않으면 다른 나라들에 뒤처질 수밖에 없잖아요. 성장에 집중하는 건 후손들에게 더 나은 세상을 물려주겠다는 보수의 책임감이기도 해요. 성장이 없는 분배는 지속 가능하지 않습니다. 성장이 분배의 전제 조건입니다. 더 큰 성장을 해야 더 촘촘한 사회적 안전망, 더 큰 복지를 할 수 있어요. 한정된 자원을 지금 나누는 데 집중할 거냐, 아니면 그걸 투자해서 더 풍요로운 미래를 만들어 갈 거냐. 보수라면 당연히 미래에 투자해야지요. 더 크고 강한 경제, 더 많은 기회, 더 빛나는 번영. 이게 보수가 분배보다 성장을 중요하게 여기는 이유입니다.

나는 진보입니다. 성장과 자유가 액셀러레이터를 밟고 미친 듯이 질주하면, 분배와 평등이라는 브레이크로 그 폭주를 막아야 합니다. 단순히 어떤 정책 방향을 선택하느냐 하는 문제가 아닙니다. 정의롭고 지속 가능한 사회를 위한 '가치' 문제입니다. 경제성장은 분명히 필요하지만, 그 열매가 지금처럼 일부에게만 집중되면 대다수가 소외된 상태로 남을 겁니다. 규제가 강하지 않다는 건 기업의 힘이 그만큼 강해진다는 거죠. 부익부 빈익빈 현상은 더욱 심해질 것이고, 사회적 약자는 더 늘어날 겁니다. 부자와 대기업이 세금을 덜 내니까, 세금으로 하는 복지가 좋아지려야 좋아질 방법이 없습니다. 경제성장은 '모든' 국민의 삶의 질이 좋아지는 쪽으로 가야 해요. 성장의 과실이 공정하게 분배되어야 한다는 말입니다.

대다수 저소득층의 소비 위축이 경제에는 오히려 더 큰 문제입니다. 소득 불평등을 줄여 주면 내수가 활성화될 거고, 내수가 활성화되면 경제성장에 긍정적인 영향을 미치겠죠. 분배는 모두가 존엄한 삶을 살 수 있도록 보장하는 아주 기본적인 장치입니다. 우리가 가장 취약한 사람들의 목소리를 외면한 채로 더 많은 부를 쌓는 데만 몰두하면, 성장은 과연 누구를 위한 것인가요? 누군가 배고픔과 가난에 계속 시달리는 한, 우리는 결코 바람직한 성장에 도달할 수 없어요. 성장도 중요하지만 '성장 잠재력'이 훨씬 더 중요한 겁니다. 역사를 통해 배웠듯, 불평등이 심화되면 사회가 불안정해집니다. 갈등과 불만이 쌓이고 쌓여서 어떤 임계점을 넘으면 세상이 뒤집힙니다. 분배로 이런 사회적 갈등을 줄여 줘야죠. 모든 구성원이 같은 꿈을 꾸고, 같은 기회를 누릴 수 있는 환경을 만드는 것. 이것이 분배가 중요한 이유입니다. 함께하는 성장이 진짜 성장이니까요.

더 나은 미래를 위한 희생, 〈설국열차〉

IMDb 7.1&로튼 토마토 관객점수 72점의 〈설국열차 Snowpiercer〉(2013). 지구온난화가 진행되며 환경이 파괴됩니다. 지구의 온도를 되찾길 바라는 마음으로 CW7이라는 냉각 물질을 발포합니다. 이로 인해 지구에 거대한 한파가 닥치고 새로운 빙하기가 열립니다. 지구 위 모든 생명체들이 멸종하는 길로 들어섭니다. 끝없이 궤도를 달릴 수밖에 없는 운명의 열

차에 탄 사람들이 인류 최후의 생존자입니다. 기차가 달린 지 17년. 열차 안의 사람들은 크게 두 부류로 나뉩니다. 초밥, 스테이크를 먹는 머리칸 사람들과 단백질블록(양갱)만 배급받아 먹는 꼬리칸 사람들. 자원의 한계. 불평등한 분배. 꼬리칸에 탄 사람들은, 머리칸 사람들이 부(물과 음식)와 권력(총알)을 쥐고 베푸는 자비에 의존할 수밖에 없습니다. 머리칸 사람들은 자신들의 필요에 의해 재능 있는 꼬리칸 사람(바이올리니스트)을 데려가거나 아이들을 빼앗기도 합니다. 꼬리칸의 희생과 노동이 열차의 안정과 균형을 위해 꼭 필요하다고 주장합니다. 꼬리칸 사람들이 참지 못하고 폭발할 때면, 무거운 형벌을 내린 후 일장 연설을 합니다. "정해진 자리에서 벗어나면 안 된다. 내가 있는 곳은 머리칸. 너희가 있을 곳은 꼬리칸. 발이 머리의 자리를 탐내면 성스러운 질서가 흔들린다. 너희들은 너희들의 자리를 지켜라." 열차 바깥보다 안쪽이 더 차갑습니다.

머리칸의 지배자들은, 멈추지 않는 엔진과 기차를 만들고 그걸 계속 돌아가게 하는 윌포드를 숭배하고 우상화합니다. 이전에 지배 체제에 반란을 일으켰던 7명은 열차를 탈출했다가 얼마 못 가 얼어 죽었습니다. 그 현장은 기차 속 학생들에게 산교육의 장이 됩니다. "엔진이 멈추면 모두 죽는다"라는 말. 이 '멈추지 않는 엔진'이 열차 안의 다른 모든 가치보다 우선합니다. 다 얼어 죽는 것보다는 이런 불공평하고 부당한 체제에서라도 살아 있는 편이 낫지 않겠느냐. 우리가 많이 들어 본 말입니다. "경제가 중요하다. 성장의 엔진이 멈추면 우리 모두 죽는다."

열차 칸과 칸 사이의 문을 열어 제일 앞에 있는 '엔진'을 차지함으로써 혁명을 완성하려고 하는 커티스(크리스 에반스). 구습이나 새로운 독재자 같은 건 다 집어치우고 '진짜 문'을 열어서 새로운 세계인 '열차 밖'으로 나가자고 제안하는 남궁민수(송강호). 이 영화의 결말은 어떻게 될까요?

보수와 진보의 아름다운 존중, 〈두 교황〉

IMDb 7.6&로튼 토마토 관객점수 88점의 〈두 교황 The Two Popes〉(2019). 보수와 진보가 서로 잘 투닥거리고 아름답게 화해하는 방법을 친절하게 가르쳐 주는 작품입니다. 보수 성향의 베네딕토 16세와 진보 성향의 프란치스코 1세가 주인공입니다. 이 두 사람은 2005년 콘클라베(가톨릭의 수장인 교황을 선출하는 추기경들의 모임과 선거)에서 '누가 교황이 될 것이냐'를 놓고 겨룬 경쟁자였습니다. 베네딕토 16세가 2005년의 선거에서 이깁니다. 그런데 교황이 된 베네딕토 16세는 2013년, 교황직에서 자진 사임합니다. 그리고 지난날의 경쟁자였던 프란치스코에게 자신의 뒤를 이어 달라고 설득합니다. 현직 교황인 베네딕토 16세의 자진 사임 결정은 교회 역사상 유례가 없는 일이었습니다. 베네딕토 16세는 보수, 프란치스코는 진보. 서로의 의견 차이를 좁히는 과정이 절대 쉽지 않습니다. 그럼에도 불구하고 둘은 함께하는 시간 동안 가까워지며, 결국에는 서로를 이해하고 존경하게 됩니다. 대화로 러닝타임을 다 채우는 영화인데도 지루하지 않습니다. 두 교황이 주고받는 대화 속에서 보수와 진보의 가치관이 서로 충돌하고 조화를 이루는 모습이 참 볼만합니다. 이 영화의 시나리오작가는 "가장 전통을 중시한 교황이, 가장 전통적이지 않은 선택을, 그것도 신념이 다른 개혁파에게 권력을 넘기는 선택을 한 이유가 무엇이었을까"가 궁금했다고 합니다.

보수(베네딕토 16세) "진리는 변하지 않아요. 변화는 타협입니다." 교회의 전통과 교리, 규율을 중시하는 교황입니다. 신앙과 교회가 변질되는 것을 막기 위해 변화에 극도로 신중한 태도를 보입니다. 교회의 근본적인 가르침만큼은 영원히 유지되어야 한다고 믿습니다.

진보(프란치스코) "하나님은 변화를 두려워하지 않으십니다. 교회가 더 이상 이 세상의 일부가 되지 못한다면 교회는 박물관이 될 뿐입니다." 변화와 개혁을 받아들여야 한다고 믿는 교황입니다. 사회 문제에 대한 교회의 역할을 강조합니다. 가난한 사람들과 소외된 사람들에게 더 관심

보수(베네딕토 16세)	을 기울이고, 교회가 사회정의를 실천하는 데 앞장서야 한다고 주장합니다.

보수(베네딕토 16세) "우리가 기준을 낮춘다면, 교회의 가르침은 무너질 것이오." 교회 외부의 세속적인 가치들이 교회 안으로 들어오는 것을 경계하고 교회의 순수성을 지키려 합니다. 오랜 전통을 수호하여 교회의 권위를 유지하려는 입장입니다.

진보(프란치스코) "하지만 우리가 너무 멀리 떨어져 있으면, 사람들은 우리를 찾을 수 없을 것입니다." 다양한 사람들과의 소통과 공감을 중시합니다. 다른 종교와 문화에 대한 이해를 강조합니다. 교회가 더욱 개방적이고 포용적인 모습을 보여야 한다고 주장합니다.

영화는 두 교황이 한자리에서 피자를 먹으며 축구 경기를 보는 모습으로 마무리됩니다. 잘 만들어진 휴먼 드라마입니다. 종교적인 색채는 옅고 감각적인 연출이 돋보입니다. 가톨릭이 아니더라도 흥미롭게 볼 수 있습니다. 다 보고 나서는 영화 속 프란치스코의 대사가 마음에 남습니다. "장벽이 아닌 다리를 지어라." "누구의 잘못도 아니라면 모두의 잘못이다." 마치 우리에게 주는 교훈처럼, 신념이 다른 두 사람이 함께 공유하게 되는 가치가 있습니다. 우리가 신이 아니고 한낱 인간이라는 것. 교황조차도 끊임없이 의심하고 고뇌하는 인간이라는 것. 우리도 늘 흔들릴 수밖에 없는 인간이기 때문에, 행여 살아가며 갈등이 좀 생긴다고 해도 서로를 향해 높은 장벽까지 쳐서는 안될 거라는 마음. 우리는 서로가 서로에게 환경일 수밖에 없다는 깨달음….

혐오와
배척이 아닌

화합과
연대를 위해

부유함과 가난함 그리고
죽음

통계청이 금융감독원 및 한국은행과 함께 실시한 2024년 가계 금융복지조사 결과에 따르면, 2024년 3월 말 기준 한국 가구의 평균 자산은 5억 4022만 원입니다. 부채 평균이 9128만 원이어서, 순자산은 4억 4894만 원으로 집계됐습니다. 참고로 자산 중 부동산 가격은 공시지가가 아니라 실거래가를 기준으로 한 것이고, 쓰여 있는 대로 개인이 아닌 가구당 통계입니다.

자산에서 부채를 빼고 남은 것이 순자산입니다. 5억짜리 집이 자산의 전부인데 은행 빚이 2억이라면 그 가구의 순자산은 3억 원입니다. 우리나라 전체 가구의 56.9퍼센트가 3억 원 미만의 순자산을 갖고 있습니다. 전체 순자산의 44.4퍼센트를 상위 10퍼센트 가구가 보유하고 있습니다. 통계를 볼 때는 항상 '평균의 함정'도 함께 생각해야 합니다. 군대가 줄지

2024년 가계금융복지조사 결과

가구의 자산 ⊖ 가구의 부채 ⊜ 순자산

가구의 자산

자산 **54,022** (+2.5%)

금융자산	실물자산
13,378 (+6.3%)	40,644 (+1.3%)

가구의 부채

부채 **9,128** (-0.6%)

금융부채	임대보증금
6,637 (-0.8%)	2,491 (-0.1%)

순자산

43,540 → 44,894 (+3.1%)

2023년 → 2024년

가구의 소득 ⊖ 가구의 비소비지출 ⊜ 처분가능소득

가구의 소득

소득 **7,185** (+6.3%)

- 근로소득 4,637 (+5.6%)
- 사업소득 1,272 (+5.5%)
- 재산소득 559 (+28.1%)
- 공적이전소득 613 (-1.9%)
- 사적이전소득 105 (-1.0%)

가구의 비소비지출

비소비지출 **1,321** (+3.2%)

- 세금 430 (+3.3%)
- 공적연금·사회보험료 440 (+1.6%)
- 가구간이전지출 145 (+3.1%)
- 비영리단체이전지출 46 (+6.3%)
- 이자비용 260 (+5.3%)

처분가능소득

5,482 → 5,864 (+7.0%)

2022년 → 2023년

※ 자산·부채·순자산은 3월 말 기준, 소득·지출은 연간 기준임

출처: 통계청 (단위: 만 원, %, 전년 대비)

어 강을 건너는데 "저기 보이는 강물의 깊이가 160센티미터다. 우리 장병들의 평균 신장은 175센티미터다. 자, 힘차게 건너자" 이러면 절반이 죽어 버리는 것, 이것이 평균의 함정입니다. 평균 순자산은 4억 4894만 원이지만 평균을 계산할 때는 삼성그룹 이재용 씨의 재산도 포함하기 때문에, 모든 가구를 한 줄로 세웠을 때 정확히 가운데 있는 가구의 순자산, 즉 중앙값은 2억 4000만 원입니다. 순자산 9억 원을 갖고 있다면 상위 10퍼센트입니다. 29억 원 이상이면 상위 1퍼센트입니다(대략 23만 가구가 이 1퍼센트에 해당합니다). 상위 0.1퍼센트 안에 들려

3부 혐오와 배척이 아닌 화합과 연대를 위해

면 순자산 76억 원이 넘어가야 합니다. 0.01퍼센트가 되려면? 150억 원 넘게 있어야 합니다. 각종 인식 조사를 통해, 우리나라 국민들이 '적어도 이 정도는 되어야 부자'라고 생각하는 순자산의 기준은 45~50억 원 선인 것으로 알려져 있습니다.

숫자는 마치 수영복과 같아서, 뭔가 많이 보여 주는 것 같지만 가장 중요한 것은 보여 주지 않습니다. 언론에서 잘 알려 주지 않는 하위 10퍼센트 순자산 기준선은 1300만 원 정도이고, 하위 20퍼센트 기준선은 5000만 원 언저리입니다. 이 통계를 보고 느껴지실 텐데 우리나라, 생각보다 부자 나라 아닙니다.

1970년대의 봉수 씨

봉수 씨의 유치원 시절. 육사 출신으로 나라를 지키는 군인이었던 봉수 씨의 아버지는 청와대 경호실에서 일했습니다. 친척들은 어린 봉수 씨에게 늘 '네 아버지는 아주 높은 사람'이라고 했습니다. 열심히 공부해서 꼭 아버지처럼 훌륭한 사람이 되어야 한다고도 했습니다. 봉수 씨는 3형제 중 장남입니다. 양옥으로 된 종로구 계동 봉수 씨네 이층집. 대문을 들어서면 돌로 된 계단이 먼저 있고, 20여 개에 이르는 계단을 다 올라서야 잔디 깔린 정원과 함께 집의 전체적인 모습을 볼 수 있었습니다. 봉수 씨의 어린 시절 사진에는 높이가 거의 10미터에 육박하는 정원의 배나무가 늘 함께 찍혀 있습니다. 봉수 씨 어

머니는 이화여대를 나왔고 이화는 배의 꽃입니다. 어머니가 이
화를 보려고 직접 배나무를 골라 심었다고 했습니다. 배나무
옆에 놓여 있던 어린이용 그네. 연탄 말고 보일러를 때는 집에
서만 가능했던 거실의 넓은 창. 집의 외벽을 뒤덮은 새하얀 대
리석. 정원에서 가끔씩 열리던 어른들의 파티. 마당에서 아버
지와 즐기던 배드민턴. 이런 것들이 봉수 씨의 기억 속에 또렷
하게 남아 있습니다.

정원을 둘러싼 높은 담장엔 도둑이 담을 넘는 것을 막
기 위한 쇠창살이 있었습니다. 담장의 높이만으로도 도둑이
뛰어넘을 수는 없었을 텐데, 이웃에 사는 와이샤쓰 회사 회장
님 댁에도, 무슨 백화점 사장님 댁에도 담장에 다 그런 쇠창살
이 있었습니다. 그래도 늘 동네의 어떤 집은 도둑을 맞았습니
다. 봉수 씨네 집에는 자가용 자동차도 있었습니다. 처음에는

세단이었다가 곧 지프차(지금의 SUV)로 바뀌었습니다. '세단은 돈 많은 사람이 타고 권력자는 지프차를 탄다'라는 말을 아버지가 어디선가 듣고 오셔서 그리된 것인데, 아버지는 그 후로도 오랫동안 '깜장 지프차'만을 고집했습니다. 서울O 3887, 자라면서 자동차가 계속 바뀌는데도 뒷자리 3887이 바뀌지 않는 것이 봉수 씨에게는 몹시 신기했습니다. 집 전화번호도 평생 3887, 자동차번호도 평생 3887. 우리 아버지의 힘이 이 정도인가. 그런 아버지를 둔 봉수 씨의 생활은 또래 아이들과 조금 달랐습니다.

아침이면 일찍 일어나 생선과 고기반찬이 있는 상에서 아버지와 함께 식사했습니다. 노란색 가방을 메고 노란색 스쿨버스를 타고 학교에 갔다가, 다시 그 노란색 버스를 타고 집에 돌아왔습니다. 방과 후에는 피아노도 배우고 태권도도 배웠습니다. 부모님이 영어교육을 중요하게 생각했기 때문에 헨리라는 원어민 선생님에게 1 대 1로 영어도 배웠습니다. 1970년대인데도 봉수 씨의 일상은 그렇게 다채롭고 풍성한 경험들로 채워졌습니다. 나중에 어른이 되고 아버지도 된 봉수 씨는 아들을 앞에 두고 이렇게 말합니다. "어이~ 아들. 아버지가 이만큼 살아 보니까, 줄 중에 최고는 탯줄이다, 야." 그리고 이렇게 덧붙입니다. "돈은 이불 같은 거야. 위대해. 돈이 모든 걸 해결해 주는 건 아니야. 모든 고통을 없애 주는 것도 아니야. 그래도 나쁜 것들이 보이지 않게 덮어는 준다. 그게 어디냐."

1970년대의 진봉 씨

진봉 씨의 어린 시절. 학교 선생님이었던 진봉 씨의 아버지는 8남매의 장남이었습니다. 10여 명의 종을 거느리고 나름 양반 행세를 하던 진봉 씨 할아버지는 일제 치하에서 슬슬 몰락의 기미를 보이다 해방과 한국전쟁을 거치며 완전히 망해버렸다고 했습니다. 진봉 씨의 아버지는 가출을 감행합니다. 진봉 씨의 할머니, 그러니까 진봉 씨 아버지의 어머니는 큰아들의 가출을 말리지 못하고 먼발치에서 배웅했다고 했습니다. 진봉 씨의 아버지는 연필도 팔고 양말도 팔고 막노동판 막일도 해 가며 가까스로 학업을 마쳤고, 1960년대 중반에 기적적으로 교사가 되었습니다. 하지만 아래로 일곱 동생에 당신 아버지의 빚까지 떠안고 있었기 때문에 늘 가난해야 했습니다.

진봉 씨의 아버지가 발령받은 지방 소도시의 좁고 후줄근한 셋방. 정사각형 방 하나에 엄마, 아버지, 진봉 씨와 진봉 씨의 여동생까지 넷이 붙어살았습니다. 진봉 씨가 자다 오줌이 마려우면 여동생을 넘고 엄마를 넘고 아버지를 넘어 방문 열고 밖으로 나가, 뒷마당까지 가로질러 변소(화장실)에 갔습니다. 볼일 보고 들어올 때 문가에 바로 누워 자면 좋았을 텐데 그럴 만한 여유 공간이 없으니 다시 역순으로 아버지, 엄마, 여동생을 차례대로 넘어 원래 자리에 누워야 했습니다. 그래서 진봉 씨는 어지간하면 저녁에 물을 안 마시거나 새벽 오줌을 참았습니다. 나중엔 엄마가 방 한구석에 준비해 둔 요강에 볼일을 봤

습니다. 양은으로 된 빈 요강에 첫 오줌을 누면 총소리처럼 '따다다다~' 하는 재미있는 소리가 났습니다. 단칸 셋방을 계속 옮겨 다니던 것, 부엌이나 변소를 몇 가구가 같이 쓰던 것, 겨울이 정말 추웠던 것, 새벽잠을 쫓으며 엄마가 연탄불을 갈던 것, 연탄가스를 마시고 온 가족이 실려 갔던 것, 홍수가 나서 자고 있는 방에까지 흙탕물이 밀려들어 온 것, 자주 배가 고팠던 것, 엄마가 연탄 꾸러 쌀 꾸러 다니시던 것, 우리 먹을 것도 없는데 엄마가 밥상 차려 대접하곤 하던 손님들이 나중에 알고 보니 빚받으러 온 분들이었던 것, 집에서 뱀이 나오고 천장에서 쥐들이 뛰어다니던 것, 이런 가난의 기억.

가끔 아침에 큰길까지 나가 보면 노란색 가방을 어깨에 메고 가는 (나중에 알고 보니 유치원에 가는 거였던) 애들이 진봉 씨의 눈에 띄었는데, 그 아이들이 어디에 뭐 하러 가는 거냐고 엄마에게 묻지는 않았습니다. 그걸 물으면 왠지 엄마 마음을 아프게 할 것 같았습니다. 그리고 2000원. 진봉 씨는 40여 년이 지난 지금까지도 돈 2000원을 기억합니다. 국민학교 때 담임선생님이 다 같이 수영장 가는 돈을 가져오라길래 엄마에게 말했습니다. 엄마가 돈이 없다고, 수영장 가지 말라고 했습니다. 돈을 걷는 날, 진봉 씨는 결국 2000원을 내지 못했습니다. 공부는 제법 하는 아이가 빠지겠다고 하니 걱정이 된 선생님은 재미있을 텐데 왜 안 가려고 하느냐, 혹시 물이 무서운 거냐 물으셨지만 "엄마가 가지 말래요"를 반복해야 했습니다. "선생님이 어머니 설득해 줄까, 진봉아?" 계속 계속 물어 와서 결국엔 "우리 엄마가 돈 없으니까 못 간대요!"라고 말하고, 바닥에 주저앉아 엉엉 울었습니다. 부끄러웠습니다. 그냥 그렇게, 일상 자체가 지독하게 검소하면서 치열했습니다.

아침 밥상에 밥과 김치, 저녁 밥상에 밥과 된장국과 김치. 가끔은 고구마나 감자로 아침 점심 저녁 세 끼를 모두 해결하기도 했습니다. 헌 옷을 친척들에게서 물려받아 입었고 책과 학용품도 다른 사람이 쓰던 걸 받아 썼습니다. 어려운 집안 형편을 잘 알고 있었기 때문에 진봉 씨는 어린 시절 단 한 번도 부모님께 돈을 달라고 하지 않았고, 이걸 하고 싶다, 저걸 갖고 싶다는 말도 하지 않았습니다. 저녁이 되면 낮에 뭐 하고 놀았는지 이야기하거나 부모님의 대화를 몰래 엿듣거나 아버지가 학교에서 구해다 준 책들을 읽으며 시간을 보냈습니다.

엄마는 "왜 내일이 자꾸 올까" 말했습니다. 아버지는 선잠이 든 진봉 씨 머리맡에서 "우리 진봉이는 꼭 판검사가 될 거야" 말했습니다. 진봉 씨 역시 '이걸 벗어나려면 공부를 잘하는 것 말고는 진짜 답이 없겠다' 생각했습니다. 매일 고단했고 부족함이 많았어도, 진봉 씨는 가족 간의 유대, 부모님의 소망, 스스로의 성실함을 바탕으로 어느 정도는 바르게, 좋은 사람으로 성장합니다. 나중에 어른이 되고 아버지도 된 진봉 씨는 큰 딸을 앞에 두고 이렇게 말합니다. "아빠는 그래도 어떻게든 빚어져서 수저라도 됐으니까 다행인데 할아버지, 할머니는 그냥 흙이었던 거야."

2020년대 흙수저 여대생이 바라본 청춘

(○○대학교 대나무숲)

대학에만 들어가면 고생은 끝일 거라고, 참고 견디는 것도 옛일이 될 거라고 생각했어. 무엇보다 내 빛나는 젊음을, 최고의 순간을 즐기게 될 거라고 믿었지. 하지만 금방 깨달았어. 자본주의사회에서 젊음을 만끽할 수 있으려면 그나마 돈과 시간의 여유가 있어야 한다는 걸. 학기 중에는 이대나 홍대 앞에서 쇼핑하거나 문화생활을 즐기는 것, 방학이 되면 해외여행이나 어학연수를 떠나는 것, '대학을 졸업하면 무슨 일을 해야하나' 고민하는 것, 모두 최소한 매일매일 통장 잔고를 걱정하지 않아도 되는 이들의 몫이지. 대학생이 되었는데 당장 다음

달 방값은 어떻게 하나, 생활비는 괜찮을까 고민하느라 졸업이고 자시고 생각해 볼 겨를이 없을 줄은 상상도 못 했어. 기성세대 어른들은 참고 견디면, 이것저것 기웃거리다 보면 좋은 날이, 기회가 올 거라고 말하지. 그런데 나는 그런 도전도 아무나 하는 게 아니라 여유 있는 사람이 하는 거라고 생각해. 나처럼 개미 같이 살면 개미 신세를 못 면하는 거야. 얇아지는 지갑처럼 내 꿈도 얇아지는 것 같아 슬프지만 '현명하고 현실적인 계획'이라고 자기합리화하곤 해. 중고딩 때는 결코 평범하게 살지 않을 거라고 다짐했지만, 막상 대학생이 되고 보니 남들이나 중산층처럼 제발 평범하게라도 살 수 있었으면 좋겠다는 바람이 간절해. (중략)

　　가난이 쪽팔리는 건 아니지만 그렇다고 자랑할 만한 것도 아니잖아? 그저 그런가 보다 하고 익숙해지는 거지. 사회는 고등학교와 달라서 나 혼자 열심히 한다고 해서 점수도 오르고 등수도 오르고 하는 게 아니야. 아무리 빡세게 해도 안 되는 건 안 되는 거더라. 애초에 넘는 게 불가능한 벽에 가로막힌 것처럼. 그런데 처음부터 벽 너머에서 태어난 애들이 있어. 나와 그 친구들의 차이를 깨닫는 데 너무 오래 걸린 것 같긴 해. 그래서 내 청춘이 불쌍해. 같은 강의실 내 앞자리에 앉은 애가 해외여행을 떠날 때 나는 롯데리아에서 감튀를 튀겼어. 내 뒷자리에 앉은 애가 남자친구 생일선물로 가방을 사 줄까 지갑을 사 줄까 고민할 때 나는 가스비와 전기요금에 허리띠를 졸라야 했지. 이상하지? 돈을 아무리 열심히 벌고 아껴도 남는 게 없었어. 낭비하고 싶어도 낭비할 돈이 없었다고. 그저 내 청춘만 낭비하고 있다는 생각이 들 때면 그냥 좀 슬펐어. (중략)

이제 나도 졸업을 앞두고 있어. 취업도 준비해야겠지. 잠깐 내 20대 초반을 떠올리면, 참…. 고달프고 애달팠어도 젊음은 그 자체로 반짝이지 않았나 싶네. 그리고 아직 나는 젊은 편이라는 게 얼마나 감사한지. 내 재산이 청춘뿐이라는 게 슬프지만 그래도 고마워. 눈 깜짝할 새에 시간이 흘러도 항상 청춘의 마음가짐으로 인생을 대하고 싶어. 우리 사회 모든 흙수저가 그랬으면 좋겠다. 다들 힘내길…

가난한 젊음이 더 힘들 수밖에 없는 이유

한 아이가 가난한 집안에서 태어납니다. 집안에 제대로 된 어른이 없어서 방향타, 길잡이 노릇을 못 합니다. 자기 딴에는 삶의 경험이라고 하는 말들이 죄다 쓸데없는, 시대에 뒤처진 옛날얘기뿐입니다. 가난한 집의 가장 큰 단점은 생각의 빈곤, 정서적 빈곤입니다. 아이가 그냥 방치된 채로 자랍니다. 케어가 안 됩니다. "봉지에 담아 드릴까요?" 하면 네와 아니오 중에 하나만 고르면 될 것을, 아이가 뻔히 보는 앞에서 "그럼 이걸 손으로 들고 가요?" 하는 사람이 있습니다. 자기보다 만만하다 싶으면 아무 이유 없이 상대를 공격하는 부모도 있습니다. 가난하다는 이유로 필요 이상으로 남의 눈치를 보며 비굴하게

구는 부모도 있습니다. 이런 생각의 빈곤, 가치관의 빈곤은 돈으로 어떻게 해결할 수도 없습니다. 이런 종류의 빈곤함이 가난을 더 비극적으로 만듭니다.

　　매너, 불문율, 질서 같은 걸 모르고 자라는 이 아이는 청년이 되면서 누군가의 미움을 받습니다. 매너, 불문율, 질서를 당연하게 여기는 사람들은 그런 것들을 모르고 못 배우고 자란 사람을 이해하지 못합니다. 따지고 보면 이해해 줘야 할 의무도 없습니다. 마음이 가난하고 생각이 빈곤한 부모는 늘 날이 서 있어서, 남을 깎아내리고 공격할 줄은 알아도 남이 진심으로 잘되는 걸 원하지 않습니다. 다른 사람이 잘되기를 바라지도 않지만, 남이 잘되기를 빌어 주는 마음조차도 없습니다. 자기 자식이라고 해서 별반 다르지 않습니다. 그런 부모, 그런 어른을 겪고 자라면서 이 청년도 점차 그런 사람이 돼 갑니다. 주변에 어른이 있더라도 이렇게 생각이 빈곤하고 가치관이 천박한 사람들뿐이라면, 과연 이 젊은이가 살면서 겪는 실수, 시행착오는 얼마나 될까요? 결국 겪지 않아도 될 실수, 피할 수 있는 실수를 피하느냐 피하지 못하느냐에 따라 삶의 방향이 바뀌는 일이 생깁니다. 나이는 숫자일 뿐, 나이 들었다고 다 현명한 건 아닙니다. 젊은 양아치가 나이 들면 늙은 양아치가 됩니다. 다른 사람을 케어하는 건 고사하고 자기 앞가림도 간신히 할까 말까 하는 어른이 세상에 아주 많습니다. 조력자가 될 사람이 있느냐 없느냐, 멘토나 롤 모델이 될 사람이 가까운 곳에 있느냐 없느냐. 이것에 따라 한 아이의 생각, 가치관, 행동이 달라질 수 있고 인생이 달라질 수 있습니다.

똑같이 돈이 없는 가정이라도 어떻게든 자녀가 번 돈은 지켜 주려는 부모들이 있습니다. 이 경우 애초에 자녀에게 돈을 받지 않으려고 합니다. 자녀가 돈을 주더라도 자녀를 위해 따로 모아 둡니다. 생활비가 모자라도 자녀에게 손을 내밀지 않고, 불가피하게 자녀로부터 돈을 빌린 경우라면 어떻게든 빨리 갚으려고 합니다. 돈을 갚을 수 없게 된 경우라면 미안함을 먼저 언급하고 부족한 돈으로나마 꼭 돌려줍니다.

정반대의 경우가 있습니다. 처음엔 자녀가 집안 살림에 자발적으로 돈을 보탭니다. 반대의 부모는 이걸 당연한 일로 여기고 점점 노골적으로 집착합니다. 자녀의 수입은 물론 사소한 지출 내역까지 모두 알고 싶어 합니다. 자녀가 개인 생활에 지출하는 돈을 본인들이 아까워합니다. 자녀가 대학생일 경우 국가장학금 생활비대출을 요구하기도 합니다. 자녀에게 빌린 돈을 갚지 않는 건 너무나 당연한 일이 됩니다. 외식을 하거나 장을 볼 때도 모두 자녀가 결제하도록 합니다. 이런 태도가 그냥 죽을 때까지 갑니다.

빈부와 선악은 과연 같이 가는가

강해질 기회가 없었을 뿐, 약자가 반드시 선한 것은 아니다.
선한 것은 약자를 도우려는 사람들이다.

_메크 셀워Mech Selwer

어떤 갑부에게 아들 둘이 있었는데, 대학 들어가자마자 편의점 알바를 시작으로 음식점 서빙이니 뭐니 각종 서비스업 알바 몇 종류를 정해 줬답니다. 대학 다니는 동안 그거 다 해 보지 않으면 사업체 물려받는 건 고사하고 들어와 일할 생각도 하지 말라 하셨대요. "그렇죠. 어렸을 때 고생해 보고, 돈 귀한 거 아는 것도 중요하죠." 장단을 맞춰 드렸더니 아니, 그래서 시키는 거 아니라고, 앞으로 다루게 될 '을'들이 동정할 여지가 있거나 착한 사람들이 아니라는 걸 확실히 알게 하려고 시키는 거라고.

먼저 부자가 나쁠 확률이 높다는 연구 결과를 하나 볼까요? 1842년 발표된 찰스 디킨스의 소설《크리스마스캐럴》의 주인공인 에비니저 스크루지 영감은, 마음씨가 고약하고 돈밖에 모르는 천하의 구두쇠입니다. 이 작품이 유명해지면서 '스크루지'는 지독한 구두쇠를 상징하게 되었습니다. 현실의 부자들은 스크루지처럼 인색할까요, 아니면 반대로 사회적 지위에 맞게 도덕성이 높을까요? 2010년 노르웨이의 아그데르 대학과 덴마크 오르후스대학 공동 연구팀이 전 세계 67개국 4만 6000명을 대상으로 '부와 도덕성'의 상관관계를 분석했습니다. 조사의 규모가 규모인 만큼 상당한 신뢰성을 갖춘 것으로 평가받고 있습니다. 연구팀은 배려심, 공정성, 관대함, 정직함 등의 자질을 1부터 10까지의 척도로 매겨서 응답자들에게 질문하는 방식으로 연구를 진행했습니다. 결과는 다음과 같습니다.

"현실의 부자들은 스크루지 캐릭터와 유사할 확률이 높다. 부자가 더 인색하고 가난한 사람이 더 자애롭다. 가난한 사람이 선행을 베풀면 가난한 상대방은 그 선행에 보답하려 애쓰지만, 부자들은 다른 사람들에게 굳이 신경 쓰지 않는다. 혼자 힘으로도 잘 살아갈 수 있다고 믿기 때문이다. 사회경제적 지위가 낮은 사람이 행동과 태도에서 더 도덕적이다. 가난한 이들이 자선단체에 기부할 가능성이 더 높고, 다른 이들과 협력하는 것을 부자보다 더 중요하게 생각한다. 불평등이 심한 나라의 국민일수록, 불평등이 심하지 않은 나라의 국민들보다 도덕성이 강하다."

이런 결론을 수긍할 수 없는, 부유한 환경에서 자란 우리 봉수 씨의 말도 들어 보겠습니다. "약자는 무조건 선善하고, 강자는 악惡하다? 유식한 말로 '언더도그마 현상'이라고 하던데요. 수지가 주인공이었던 드라마 〈안나〉의 경우를 보세요. 안나가 천하의 나쁜 년임에도 불구하고 가정이 불우하고 가난하다는 이유로 감정이입하는 사람들이 많았습니다. 〈기생충〉은 또 어때요? 온 식구가 들러붙어서 멀쩡한 가정 하나를 파괴하는데 송강호네 가정에 이입해 생각하는 사람이 많았습니다. 부자는 욕심이 많아서 부자가 되었고, 가난한 사람은 욕심이 없어서 가난하게 된 건가요? 부자가 탐욕스러우면 가난한 사람한테는 탐욕이 전혀 없나요? 부자가 내 돈 아까워하듯, 가난한 사람도 자기 돈 아까워합니다. 아까워만 하면 다행이게요? 국가나 사회에서 지원받는 걸 전부 당연하게 여기고 악용까지 하죠. 가난한 사람은 사회적 약자가 맞긴 맞아요. 하지만 그 약자들 곳간을 일부라도 채울 수 있는 건 정상적인 나 같은 사람들의 부 아닌가요? 매년 엄청난 세금을 내는데 왜 나한테는 그저 부자라는 이유만으로 나쁜 놈 프레임이 씌워져야 할까요? '정상적으로' 부자가 된 사람들은 악인이 아닙니다. 그냥 같은 사람이에요. 열심히 노력해서 부자가 된 건데 왜 탐욕이니 뭐니 하는 소리를 들어야 하냐고요. 아버지의 부를 지키고 불린 내 노력도 노력입니다. 부자는 자기 돈 좀 손해 보면 눈에 쌍심지를 켜더라고 끌끌거리는 사람들 보면 더 어이가 없어요. 자기 돈 손해 보면, 가난한 사람이든 부자든 다 아까워하는 게 정상이지요. 안 그래요? 결론은요, 사람 다 똑같습니다. 빈부에 관계없이 또라이들은 일정한 비율로 존재하죠. 돈 많은 사람들은 어쨌든 교양이란 게 있는 척이라도 하는데, 아닌 사람들은 교양이고 뭐고 아예 남의 시선에 신경 쓰질 않아요. 가정교육, 기본 상식, 에티켓, 그런 데서 차이가 많이 나죠. 안 좋은 상황에 내몰릴 때 사람 마음 다 똑같은 건데, 그걸 평시에 세련되게 감

3부 혐오와 배척이 아닌 화합과 연대를 위해

추느냐 아니면 평소에도 감추지 못할 만큼 마음에 여유가 없냐 그냥 그런 거예요."

결론적으로, 빈부와 선악은 '무조건' 같이 가는 게 아닙니다. 선과 악, 개인의 도덕성은 경제적 상황에 따라 완전히 결정되는 것이 아닙니다. 부유한 사람도 선하거나 악할 수 있고, 가난한 사람도 선하거나 악할 수 있습니다. 부자들의 부도 그것 자체로 비난받을 이유가 없습니다. 부자라는 것 때문에 막연히 존중할 필요도 없습니다. 가난한 사람이든 부자든, 존중받을 일을 했을 때 존중하면 됩니다. 가난 속에서도 훌륭한 도덕성을 유지하는 사람, 부유함 속에서 악행을 저지르는 사람이 얼마든지 존재합니다. 한 사람 속에 있는 어떤 본질이 반대의 본질을 완전히 지배하지 못합니다. 빛과 어둠이 나란히 공존합니다. 선과 악도 그렇습니다. 사람의 선함과 악함을 재물이나 학벌, 힘 같은 것으로 판단해서는 안 됩니다.

절대적 가난과 상대적 가난 그리고 죽음

부자의 가장 큰 장점은 뭘까요? 무라카미 하루키 소설 《노르웨이의 숲》의 한 등장인물은 '돈이 없다는 말을 아무 때나, 아무렇게나 할 수 있다는 점'을 꼽습니다. 실제로 가난한 자신에겐 '돈이 없어서 나는 못 해'라고 말하는 게 너무나 어려운 일이라는 겁니다. 부자인 친구가 돈이 없다 말하면 그건 그에게 '지금 돈이 없다'는 뜻이 되지만, 자기가 돈이 없다고 말하면 그건 '정말로 돈이 없다'는 뜻이니까요. 부티 말고 가난한 티는, 이렇게 돈 때문에 모든 것을 주저하는 데서 납니다. 1970년대에 진봉 씨가 겪은 절대적 가난. 2020년대 ○○대학교 흙수저 여대생의 상대적 가난. 거의 두 세대 50년이 흘렀어도 가난은 여전히 가난입니다. 대부분 가난하고 나도 가난한 것, 다른 사람들은 다 괜찮아 보이는데 나는 가난한 것. 둘 다 문제입니다. 어느 것이 어느 것보다 낫다고 하기 어렵습니다. 가난하면 불행합니다. 사람의 영혼을 병들게 합니다. 가난은 단순히 배고픔만을 안겨 주는 것이 아니라, 온갖 모욕과 수치를 안겨 줍니다. 인간으로서의 존엄을 지킬 수 없을 정도입니다.

　　어른들이 흔히 얘기합니다. 우리는 너희들보다 힘들었지만 다 견뎌 냈다, 그러니까 너희들도 견뎌 내라. 이거 전형적인 꼰대 마인드입니다. 내가 힘든 건 내가 힘든 거고 네가 힘든 건 네가 힘든 거지요. 나는 100만큼 힘든 것도 이겨 냈으니 네가 50 정도 힘든 건 별거 아니다? 아닙니다. 내가 지금 10대 맞고 진짜 아파 죽겠는데 옆에 100대 맞는 사람 보고 있으면 좀 덜 아프냐고요. 100을 견뎌 내는 사람이 있는 반면 10도 못 견디는 사람이 있게 마련입니다. 지금 이 순간에도 편의점 하겐다즈 냉장고를 별생각 없이 활짝 여는 사람이 있고, 아무리 취해도 그 근처에 얼씬도 하지 않는 사람이 있습니다. 10억 빚을 갚아 나가며 사는 사람도 있고 1억 빚에 자살하는 사람도 있습니다. 먹을 게 없어서 굶어 죽는 사람이 드물어진 요즘엔 이런 상대적 가난이 더 주목을 받습니다. 네 주식 내 주식 다 같이 떨어지면 서로 괜찮으시냐고 안부를 묻지만, 내 주식만 혼자 떨어지면 한강 생각이 나는 법이니까요.

인구 10만 명당 자살률 25명 선. 여전히 OECD 38개 회원국 중 1위. 한 해에만 1만 3000명~1만 4000명. 어지간한 서울의 '동' 하나 인구가 매년 사라져 갑니다. 대부분의 나라에서는 10대 사망원인 1위가 자살이 아닌 사고입니다. 우리나라는 10대의 사망원인 1위가 줄곧 자살이었고, 20대와 30대의 사망원인 1위도 자살입니다. 자살한 사람들을 연령대별로 놓고 보면 70~80대가 가장 높은 비율을 차지합니다. 우리는 어쩌다 이런 사회가 되었을까요?

수없이 많은 자살의 원인 가운데 아직도 '가난'이 큰 몫을 차지하고 있습니다. 지금 가난하다는 것은 나중에 더 가난해진다는 걸 의미합니다. 내지 못한 공공요금 고지서가 쌓인 방에서 스스로 생을 마감하는 사람들이 아직도 뉴스에 등장합니다. 절대적 가난 속에 있는 사람은 당장의 끼니 걱정을 합니다. 다른 사람이 먹다 남긴 음식이 식당 유리창에 비칠 때 '저걸 좀 싸 달라고 하면 안 될까' 하는 마음이 들고, '일부러 범죄를 저질러서 감옥에 들어가면 밥은 나오겠지' 하는 생각도 합니다. 어떤 사정으로든 일을 하지 못해 가난한 거니까 밖에 나가서 만나는 사람도 없습니다. 만나는 사람이 없으니 조롱하는 사람도 없습니다. 활력도 없고 의욕도 없고 아무것도 못 하겠다는 느낌으로 그냥 삽니다. 기분이 좀 나아질 때가 있다면 역시 조금이라도 돈이 생기는 때입니다. 어떤 시설을 무료나 싼값에 이용할 수 있게 되었다거나, 나라에서 돈이 얼마쯤 들어왔다거나 하는. 잠을 깨우는 카드값 독촉 전화부터 이가 아플 때 치과에 가지 못하는 것, 사랑하는 사람에게 해 줄 수 있는 게 없다는 죄책감, 가까운 사람들한테 돈 얘기를 꺼내야 하는 비루함과 두려움, 이것이 진짜 가난의 실체입니다. 이런 가난의 그림자가 아직도 많은 사람을 뒤덮고 있습니다.

절대적인 가난이 아니더라도, 어떤 사회적 경제적인 높이에서 급격히 추락했을 때, 스스로 죽음을 택하는 사람들이 있습니다. 과거 천민들이야 가난과 멸시가 당연시되다 보니 좀 괴롭더라도 그냥 운명으로 받아들였습니다. 타고난 계급이나 사회를 원망하며 털어낼 수 있었습니다. 겉보기에 계급이 없어진 현대사회에서는 주변의 멸시를 견디기가 어렵습니다. 내가 주저앉거나 실패하면 당연히 '나에게 문제가 있는 거야'라고 생각하게 됩니다. 자존감을 다루는 강의에 사람들이 몰리고 '당신은 당신 자체로 고귀하고 괜찮은 존재다' 말해 주는 힐링 콘텐츠가 주목받는 이유도 여기에 있습니다. 거지와 노숙자들도 똑같이 가난하지만 그들은 가난 때문에 자살하지는 않습니다. 실제로 노숙자들과 만나 이야기를 나눠 보면 자괴감이라든가 사회적 멸시로 인한 괴로움이라든가 그런 마음이 없습니다. 주저앉아 있는 삶이 자기 것이 된 지 오래고, 길거리 생활에 적응하면 감각이 무뎌집니다. 남의 시선 같은 건 신경 쓰이지 않는답니다. 게다가 과자도 나눠 먹고 소주도 한잔 같이 마시고, 소소한 기쁨과 슬픔을 나눌 수 있는 같은 처지의 사람들도 항상 가까이에 있습니다.

자살 및 고독사의 절대다수는 노인 빈곤층이 차지하고 있습니다. 노인들은 무슨 소셜미디어나 커뮤니티, 사회적 낙인 때문에 자살하는 게 아닙니다. 돈도 없고 몸도 아프고 진짜 한계에 내몰려 있는데, 과거와는 달리 공동체와의 연결고리가 모두 끊어진 상태라서 홀로 죽음을 맞습니다. 기본적으로 고립되거나 외로운 사람이 죽습니다. 갯벌에 몸뚱이가 다 파묻혀 목만 내놓고 간신히 깔딱 숨을 쉬고 있을 때 '외로움'이 파도처럼 밀려들면, 그때 사람이 죽습니다. 앞이 보이지 않는 젊은이들도 이런 고립과 외로움 때문에 죽습니다. 이 영화 이제 3분의 2쯤 보았고 결말도 너무 뻔히 보이고 아, 정말 지루하기 짝이 없네. 여기까지만 보고 밖으로 나갈까 아니면 참고 끝까지 볼까. 뒤로 가면 좀 재미있어질까. 이걸 끝까지 보는 게 도대체 무슨 의미가 있나 하는 마음. 일주일 동안 잠을 한숨도 못 자고 일하고 있어서, 이제 더는 버티기가 힘들어서 그만 좀 잠자리에 들고 싶은 것. 그래서 누워 자려고 하면 주변 사람들이 한마디씩 합니다. 그렇게 간절하게 자고 싶은 마음으로 용기 내서 하루만 더 깨어 있어 보라고. 일주일도 안 자고 버텼는데 하루를 더 못 버티겠느냐고.

죽음을 두려워하는 것보다 삶을 두려워하는 게 훨씬 큰 문제입니다. 보통 사람들의 진짜 가난과 소외, 그 해결책에 대해서 말해야 합니다. 우리나라에서 제일 배고픈 사람 딱 한 명 빼고는 누구도 배부른 소리 하지 말고 입 닫고 있어야 한다, 이럴 수는 없지 않겠습니까?

보수와 진보의 가난
: 평등과 복지

일상 속 오감으로 느끼는 부유함과 가난함
어느 택배 기사 이야기

부자 동네는 엘리베이터서 좋은 향수 냄새가 남. 여러 가지로 좋은 냄새 많이 남. 강아지 데리고 산책하는 이쁜 여자들 많음. 친절하고 표정이 밝음. 아저씨, 할배들이 특히 멋있음. 아줌마, 할매들 매너가 좋고 목소리 톤도 밝음. 배드민턴, 자전거 등등 부모들이 애들과 잘 놀아 줌. 흙수저 동네는 뭔가 기본적으로 분노에 억눌려 있음. 흙수저 동네 아저씨, 할배들은 눈빛부터 따껍고 시비 거는 거 같음. 흙수저 동네 아지매, 할매들은 일단 엘베 같이 타면 대놓고 위아래로 스캔함. 부자 동네에서 갑질 하는 인간들은 부자들이 아니라 부자 동네에서 일하는 흙수저 인간들임(경비, 주차관리요원 등). 내가 금수저가 될 수 없는 이유

를 깨닫게 됨. 돈을 떠나서 부모들이 자식에게 물려주는 세계
관 자체가 진짜 달라 보임.

▌ 어느 배달 알바 이야기

도미노피자 배달 알바를 1년 정도 했다. 내가 일했던 지점은 배
달 구역이 상당히 넓었는데, 엄청 못사는 재개발 예정 지역이
랑 고급 아파트 단지가 있었다. 못사는 동네 배달 가면 하나같
이 고객들이 배달하는 사람 무시하고, 반말 찍찍 하고, 왜 이렇
게 늦게 오냐며 생트집을 잡는다. 좋은 아파트나 고급 빌라, 잘
사는 동네에 배달 가면 거의 다 존댓말 써 주고, 빈말이라도 "고
생하시네요" 한마디씩 해 준다. 키우는 아기들도 다르다. 초등
학생으로 보이는 애가 나와서 피자 받을 때 가난한 집은 인사
도 안 함. 그냥 피자 받고 휙 들어가는데, 부자 동네 애들은 피
자를 받으면 "감싸합니당~" 하면서 허리 숙이고 인사함. 가정
교육부터 차이가 나는 게 확연히 보임.

▌ 봉수 씨 이야기

내 주변 잘 배우고 잘 자란 금수저들은 다 매너가 좋고 자기주
장이 약해요. 텃세도 안 부리고 남의 말에 쉽게 수긍하고, 언쟁
도 안 합니다. 사람들이 유독 순하달까? 싫은 소리나 불편한 상
황도 그냥 "네네~" 하고 웃으며 넘깁니다. 짜증 내고 큰소리 낼
일이 생겨도 그냥 "그럴 수 있죠"라며 이해하고 넘어갑니다. 평

생 화내거나 소리칠 일을 별로 겪지 않아서 그런가, 다들 전투력이 형편없어요. 뇌가 청순한 느낌이라고 해야 하나? 사람들이 묘하게 맑고 순수해 보이고 잘 웃습니다. 선 넘는 조언에도 웃으며 "네네~" 할 뿐 불쾌해하지 않고, 누가 뭐 주면 활짝 웃으면서 잘 받고, 아무거나 줘도 잘 먹고, 싫은 티 불쾌한 티를 잘 안 냅니다. 사과도 잘하고 감사 인사도 잘하고. 문만 잡아 줘도 웃으며 감사하다 인사하고. 공감 잘하고 동정심도 많고 잘 웃고 잘 울고…. 감정들이 풍부해서 어린아이 같은 느낌이 들지요. 감정을 억누르고 살 필요가 없는 삶을 살아서일 거예요.

보수가 주목하는 '절대적 가난'의 종말

보수는 과거에 어떤 일이 있었고 현재에 무슨 일이 있든 간에, 각자가 자기 행동과 그에 따른 결과에 책임을 져야 한다고 생각합니다. 인간은 자유의지를 가지고 있어서, 만약 그 사람이 진정으로 가난하기를 원하지 않는다면 가난하지 않을 수 있다고 여깁니다. 보수의 입장에서 가난한 사람은 자신의 잘못된 선택이나 무능력, 혹은 노력 부족으로 그런 상황에 처한 것입니다. 종종 개인의 성향이나 생활 습관이 원인이 되기도 합니다. 잘못된 소비 습관, 과도한 의존성, 불성실한 태도 같은 것들입니다.

'빈부격차가 점점 심해지고 있다. 부자들은 더 부유해지고 가난한 사람은 더 가난해진다. 상위 1퍼센트의 사람들이

이 세상 부의 절반을 소유하고 있다' 등등이 보수와 자본주의를 비판할 때마다 나오는 단골 소재들입니다. 맞습니다. 부자들은 점점 더 부유해지고 있습니다. 하지만 가난한 사람들이 부자들보다 더 빠른 속도로 부유해지고 있습니다. 전 세계적으로 시장, 즉 자본주의가 발전한 곳이라면 문맹률이 줄어들고, 영아 사망률도 줄고, 평균 키가 더 커지고, 기대 수명이 늘어나는 것이 각종 지표로 명확하게 확인됩니다.

1950년대의 우리나라에는 전쟁으로 죽은 사람들이 많았습니다. 1960년대만 해도 5세 미만의 영유아들이 예방주사를 못 맞아서 병에 걸리거나, 잘 먹지 못해서 영양실조로 죽었습니다. 1970년대에는 TV, 세탁기, 냉장고 등을 보기도 힘들었고 사기도 힘들었지만, 지금은 한두 달 월급이면 어지간한 것들을 다 살 수 있는 세상이 되었습니다. 1960~1970년대에 태어난 사람들 상당수가 대학 진학을 포기하고 취업 전선에 뛰어들어야 했지만, 이제는 대학 졸업장 없는 사람 찾기가 더 힘듭니다.

불과 몇십 년만 거슬러 올라가도 온 나라가 전쟁 통이었습니다. 전쟁을 겪은 나라가 불과 70여 년 만에 이만큼 발전하면서 거의 모든 국민들이 절대적빈곤 상태에서 벗어났습니다. 단지 대한민국에 살고 있다는 이유 하나만으로, 어지간하면 조선의 왕보다 좋은 옷을 입고 조선의 세자보다 맛난 음식을 먹습니다. 세계적으로는 중국이 좋은 사례가 됩니다. 덩샤

오핑鄧小平(1904~1997)이 개혁개방을 시작한 1979년 이래, 중국은 완전히 다른 나라가 되었습니다. 1979년으로부터 50년도 채 되지 않았는데 미국과 1 대 1 맞장을 뜰 정도로 성장했습니다. 사람의 물질적인 부에 대한 갈망은 '탐욕'이 아니라 '본성'입니다. '이로움'을 추구하는 것은 배고픔만큼 자연스럽습니다. 중국에 그렇게나 인구가 많은데도, 그 많은 사람들의 삶을 놀랄 만큼 빠른 속도로 좋아지게 할 수 있는 것이 바로 시장의 힘이고 자본주의입니다. 보수가 믿는 것이 그것입니다.

아직도 상대적으로 가난한 사람을 그 가난에서 벗어나도록 돕는 가장 좋은 방법은 무엇일까요? 보수 진보 양쪽 모두, 타고난 운이 나빠서 또는 불우한 환경 때문에 자기 삶을 헤쳐 나갈 수 없는 사람들을 정부가 나서서 도와야 한다고 생각합니다. 다만 보수는 '얼마나 많은 사람이 정부로부터 혜택을 받느냐'가 아니라, '얼마나 적은 사람이 정부의 도움을 필요로 하느냐'로 정책의 성공을 정의합니다. 더 많은 가난한 사람에게 먹을 것을 배급하는 것을 목표로 하는 게 아니라, 먹기 위해 줄 서는 사람의 수를 계속 줄여 가는 것이 보수의 목표입니다.

손에 공돈을 쥐여 주는 방식으로는 사람을 가난에서 벗어나게 할 수 없습니다. 일하지 않아도 계속 무언가를 쉽게 얻게 되면 자기 발로 거기서 빠져나오기가 쉽지 않습니다. 놀고먹는 생활 방식이 굳어 버립니다. 그래서 보수는 빈곤에서 벗어나 '사람이 자립할 수 있도록' 도와야 한다고 말합니다. 어떤 것이든 '목표가 명확한' 지원프로그램이 좋습니다. 부유한 사람들의 기부나 자선사업도 꼭 노동과 연계되도록 해서, 혜택 받는 사람을 자립시켜야 합니다. 정부든 민간단체든 꼭 필요한 지원을 했다면, 그 지원에 대한 대가로 '반드시 일할 것을 요구해야 한다'라는 것이 보수의 생각입니다. 더 이상 도움을 필요로 하지 않는 사람을 만드는 것, 보수는 그것입니다.

진보가 주목하는 '상대적 가난'의 문제

근대 이전의 사람들은 가난을 '신이 자신을 시험하는 것'으로 여겼습니다. 가난한 사람을 돕는 것이 미덕이거나 의무였습니다. 천국으로 가는 열쇠라고 생각했기 때문입니다. 그런데 산업혁명 이후부터 빈곤함이, 개인의 게으름과 무지 탓이 되어 버렸습니다. '네가 스스로 너의 가난을 선택한 것이다.'

사람은 모두 다른 배경에서 태어납니다. 어떤 사람들은 태어날 때부터 불리한 위치에 놓입니다. 출신배경이 삶의 기회를 크게 제한할 수 있습니다. 빈곤한 가정에서 태어난 아이가 좋은 교육을 받는 것은 매우 어려운 일입니다. 상류층이나 중산층 가정의 아이들에 비해 경제적으로, 사회적으로 성공할 기회가 적습니다. 이런 상황에서 아이가 가난에서 벗어나도록 하려면 특별한 기회나 외부의 도움이 필요합니다. 개인의 성취와 실패는 그 사람이 가진 외부적인 자원과 기회의 영향을 받기 때문에, 가난을 단순히 개인의 문제로만 간주하는 것은

3부 혐오와 배척이 아닌 화합과 연대를 위해

현실을 외면하자는 것입니다.

시장경제와 자본주의는 부유한 계층과 가난한 계층의 격차가 커지는 방식으로 작동합니다. 가난한 가정에서 자란 사람은 다음 세대에게 가난을 물려줄 가능성이 높습니다. 그 가정이 놓여 있는 경제적, 문화적 환경 때문입니다. 자본주의 경제 시스템에서 부유한 계층은 계속해서 부를 축적합니다. 일부 선택받은 사람들은 상속, 높은 수준의 교육, 그리고 잘 연결된 네트워크 등을 통해 쉽게 경제적, 사회적 성공을 거둡니다. 가난한 사람들은 경제적 기회에서 소외되거나 비정규직, 저임금 노동 등으로 고립됩니다. 아직 사회안전망이 부족하니 질병, 실업, 노령 같은 갑작스러운 위기에 대비할 방법도 없습니다. 바로 작년까지 멀쩡하던 집이 올해 갑자기 빈곤에 빠지는 경우가 비일비재합니다. 사회적 편견이나 차별도 가난을 만들어 내는 요인입니다.

우리가 흔히 겪는 성별, 출신 지역, 학력 등으로 인한 차별, 이것이 기회를 얻는 데 나쁜 영향을 미칩니다. 현실에서 이런 종류의 불합리한 차별을 경험한 사람들은 자신이 겪는 가난을 개인적인 문제가 아니라 사회적, 구조적 문제로 받아들일 수밖에 없습니다. 이런 문제를 해결하려면 구조적인 개혁이 필요하다고 목청껏 주장할 수밖에 없습니다. 사회가 만들어 낸 가난이라면 사회가 해결해야 한다는 것이 진보의 생각입니다.

보수의 평등과 진보의 평등

여기, 가진 사람이 더 많이 누리고 부족한 사람이 더 열악한 상황에 놓이는 '현실WHAT WE HAVE NOW= REALITY'이 있습니다. 다음 그림에서 왼쪽 위의 'EQUALITY'는 모두에게 같은 상자를 같은 개수로 나눠 주는 기회의 평등 또는 형식적 평등을 뜻합니다. 오른쪽 위의 'EQUITY'는 모두가 야구 경기를 볼 수 있도록, 없어도 되는 사람에겐 상자를 주지 않고 필요한 사람에게 상자를 더 주는, 결과의 평등 또는 실질적 평등입니다. '공평'이라고 말하기도 합니다. 마을 잔치에서 음식을 나눠 먹는데 나이나 건강 상태를 고려하지 않고 똑같은 양을 나눠 주면 'EQUALITY(형식적 평등)'가 되고, 연령대나 몸 상태에 따라 각자에게 필요한 만큼을 제공하면 'EQUITY(실질적 평등)'가 됩니다.

키 차이로 경기를 보고 못 보는 문제를 사회 전체로 확대하면 단순한 문제가 아닙니다. 출신 지역이나 출신 학교의 차이, 피부색의 차이가 문제일 수 있습니다. 빈부격차일 수도 있고 남녀 간의 성별 차이일 수도 있습니다. 건강 상태나 장애, 성적 지향에 따른 차별일 수도 있습니다.

보수=기회의 평등＋결과의 불평등 수용

나태 씨는 공부와 담을 쌓은 아이였습니다. 수업 시간에는 엎드려 자거나 만화책을 봤습니다. 억지로 책상에 앉

3부 혐오와 배척이 아닌 화합과 연대를 위해

아 있으면 다리가 덜덜 떨리고 자꾸 방귀가 나왔습니다. 방귀를 뀌다 보면 똥이 마려웠고 똥 싸고 나면 배가 고팠습니다. 먹고 나면 잠을 잤습니다. 고등학교에 진학해서도 상황은 나아지지 않습니다. 석차는 늘 바닥을 기었습니다. 친구들과 밤늦게까지 놀고 리터급 오토바이도 당겨 보고 연애도 열심히 했습니다. 컴퓨터를 켜면 게임 캐릭터의 능력치 올리는 일에 전력투구했습니다. 인생은 한 번뿐, 현재를 즐기는 것이 중요하니까 내일 놀 것까지 당겨 놀았습니다. 대학 진학은 포기했습니다. 부모님의 권유로 겨우 전문대에 들어가지만 출석은 뜸했고, 학점이 전설적인 선동렬(한국 프로야구 역대 최고로 손꼽히는 투수, 0점대 평균자책점으로 유명하다)의 평균자책점과 비슷해집니다. 결국 2학년을 다 마치지 못하고 자퇴했습니다.

사회에 나온 나태 씨는 여러 아르바이트를 전전합니다. 편의점, 식당, 택배 등 닥치는 대로 일을 했지만, 어느 하나 오래가진 못했습니다. 몸이 고된 일은 하기 싫었고, 머리 쓰는 일은 더 하기 싫었고, 조금이라도 뭐가 마음에 안 들면 그만두었습니다. "난 자유로운 영혼이거든." 스스로를 늘 안심시켰습니다. 가능하면 주 40시간은 음주가무에 할애한다는 원칙을 세우고 잘 지켰습니다. 나이가 들면서 친구들이 하나둘씩 번듯한 직장을 구하거나 결혼을 해서 가정을 꾸리기 시작했습니다. 친구들의 소식을 들을 때마다 불안감을 느꼈지만, 그렇다고 해서 딱히 노력을 하지는 않았습니다. 여전히 술을 마시고 친구

들과 어울려 노는 걸 좋아했습니다.

　친구들이 놀아 주지 않을 땐 주로 온라인 커뮤니티에서 남들 말꼬리를 잡고 놀았습니다. 자기가 다는 댓글에 긁혀서 부들부들하는 애들을 볼 때마다 막 쾌감이 느껴졌습니다. 어느덧 40이 된 나태 씨는 불안정한 생활을 이어 가고 있습니다. 제대로 된 직업이 없어 일용직으로 생활비를 벌고 있고, 경제적으로 넉넉하지 못하다 보니 결혼은 꿈도 꿀 수 없습니다. 그는 부모님 집에 얹혀삽니다. 부모님도 이제 늙고 병들어 더이상 그를 챙겨 줄 여력이 없지만, 나태 씨는 여전히 자유로운 영혼입니다. 좋은 차가 있어야 여자를 꼬시기 쉽다는 친구들 말에 크게 깨달은 바가 있어서, 엊그제는 2500만 원 주고 중고 벤츠 S클래스를 샀습니다. 매달 150만 원 가까이 나갈 유지비는 미래의 자신에게 맡겼습니다.

"인간은 자유롭고 평등하게 태어나지 않는다. 가문과 재산은 말할 필요도 없고 육체적, 도덕적, 지성적 차이도 명백하다. 인간에 대한 질서와 서열은 이미 정립되어 있다. 이에 반하는 평등은 무질서를 뜻한다. 평등의 추구는 인간이 다시 야만의 세상에 내던져지는 것을 의미한다. 그래서 인간이 평등하고 자유롭게 태어난다는 원칙에 동의할 수 없고 반대한다." 19세기 미국의 보수주의 정치가 랜돌프의 말입니다. 보수주의의 원조, 버크의 논리도 이것과 크게 다르지 않습니다.

남들 열심히 공부하는 학창 시절에 탱자탱자 놀고, 사회에 나와 남들 열심히 일할 때 또 탱자탱자 놀고, 그렇게 놀 만큼 다 논 나태 씨가 결과에 불만을 품어서는 안 된다는 것. 사회에 정해진 룰이 있다면 그 룰 안에서는 최선을 다해야 한다는 것. 난 흙수저라서 뭘 해도 안 된다며 부모 탓이나 하는 지질한 자식이 되어서도 안 된다는 것. 이것이 보수의 생각입니다. 보수는 개인의 자율성과 책임을 강조합니다. "어이, 나태 씨. 당신이 한 일에 대해서는 당신이 책임을 져야죠" 하는 것이 보수의 기본적인 사고방식입니다. 나태 씨 같은 사람들 말고, 올바른 생각을 가진 보수주의자들이 시장경제 발전에 기여해서 궁극적인 사회발전을 이룬다는 믿음도 갖고 있습니다.

보수에게 평등은 '기회의 평등'입니다. 출발선을 같거나 비슷하게 하고 그렇게 '동일한 기회'가 주어졌다면, 개인의 능력과 노력 여하에 따라 나중에 나타난 결과가 다르더라도,

그것을 기꺼이 수용해야 한다고 생각합니다. 보수도 모든 사람이 교육, 직업 선택, 사업 기회 등에서 차별 없이 출발할 수 있는 기회를 가지는 것이 중요하다고 생각합니다. 하지만 사람마다 능력, 성향, 목표, 기회를 활용하는 방식이 다 다릅니다. 어떤 선택을 하고 얼마나 노력하느냐에도 개인차가 있습니다. 나태 씨 같은 사람이 우리 주변에 아주 득시글득시글합니다. 결과적으로 내가 성공하고 나태 씨는 실패했다면 그것은 그것대로 인정해야 하는 겁니다. 자유로운 경쟁의 결과로 나와 나태 씨 사이에 불평등이 생기는 것은 지극히 당연합니다. 계층 간의 경제적, 사회적 격차가 시간이 지날수록 커지는 것 역시 자연스럽고 불가피합니다.

보수는 이런 불평등이 나태 씨의 동기를 자극하고, 사회 전체의 발전을 촉진하는 데 긍정적인 역할을 한다고 믿습니다. 노력이나 재능에 따른 차별화된 보상이 있어야 나태 씨에게도 뭔가 성취하려는 동기가 생긴다고 믿습니다. 경제적 불평등을 포함한 다양한 형태의 불평등이 있더라도 그것은 모두 성과를 내지 못한 나태 씨가 받는 '합당한 보상'일 뿐입니다. 그래서 보수는 나태 씨와 나를 평등하게 만들려는 시도나, 내 것을 나태 씨에게 강제로 분배하려는 모든 시도를 불필요하고 해로운 것으로 여깁니다.

결과의 평등을 목표로 삼는 정책(예를 들어 고소득층에 대한 과도한 세금 부과나 보편적인 복지의 확대)이 나태 씨의 성취동기

를 약화시키고, 사회 전체의 생산성까지 저하시킬 위험이 있다고 봅니다. 결과의 평등을 지나치게 강조하면 오히려 열심히 노력한 사람이 손해를 보는 역차별로 이어질 수 있습니다. 보수도 과도한 불평등이 사회를 불안하게 하고 지속적인 성장을 저해할 수 있다는 점은 잘 인지하고 있습니다. 나태 씨가 사회의 불만 세력, 암적인 존재가 되는 것은 보수도 원하지 않습니다. 그래서 '최소한의 사회안전망'을 구축하는 것에 대해서는 기꺼이 받아들이는 자세를 갖고 있습니다.

진보＝조건의 평등＋결과의 평등

성실 씨가 새벽 4시 알람 소리에 눈을 뜹니다. 어둠 속에서 조용히 일어나 작은 원룸을 나섭니다. 아직 잠들어 있는 도시를 가로질러 첫 번째 일터로 향합니다. 두꺼운 패딩을 여미며 자그마한 손수레를 끕니다. 손수레에는 걸레와 청소 도구가 가지런히 정리되어 있습니다. 이 시간은 성실 씨에게 익숙합니다. 새벽의 고요는 그녀에게 특별한 위안이었습니다. 사무실에 도착하자마자 몸을 움직입니다. 출근 시간 한참 전이라 아무도 없는 공간에서 그녀는 창문을 닦고, 책상 위를 정리하고, 쓰레기통을 비우며 바지런히 움직입니다. 바닥을 걸레질할 때는 손목에 힘을 주어 구석구석 닦습니다. 어둠 속에서 천천히 새벽이 밝아 오고 도시의 불빛이 하나둘 켜지기 시작합니다. '나도 이 도시의 아침을 만든다'라는 생각이 들 때면 가끔 자신이 자랑스럽기도 했습니다.

출근할 사람들이 이제 막 잠에서 깨어날 때쯤, 성실 씨는 청소일을 마치고 집으로 돌아가 간단히 아침 식사를 합니다. 다시 근처의 카페로 향합니다. 오후 6시까지 이어질 두 번째 아르바이트 장소입니다. 짬이 날 때면 틈틈이 온라인강의를 들었습니다. 꿈꾸던 대학원 진학을 위해 영어 공부도 게을리하지 않습니다. "성실아, 너 진짜 대단해." 친구 은주가 말했습니다. "이렇게 살면서 어떻게 공부까지 한다니." 성실 씨는 쓴웃음을 짓습니다. "그래도 달라지는 게 없네. 엄마 병원비에, 동

생 학비에…. 달마다 빠듯해." 퇴근 후 집에 돌아온 성실 씨는 책상 앞에 앉습니다. 피곤함에 눈이 감겼지만, 의지로 눈을 비빕니다. '조금만 더 버텨 보자. 언젠가는 좋아질 거야.' 그러나 현실은 항상 꿈과 반대 방향으로 흘렀습니다. 아무리 노력해도 가난의 굴레를 벗어나기 쉽지 않고, 노력은 언제나 현실의 벽에 부딪힙니다. 부모님의 빚, 동생의 교육비, 그리고 갑자기 찾아온 어머니의 병…. 모든 것이 성실 씨의 어깨를 짓누릅니다.

성실 씨는 대학원 진학을 포기합니다. 돈을 좀 더 벌기 위해 밤시간 대리운전을 시작했습니다. 그녀의 하루가 20시간으로 늘어납니다. "성실이 너, 너무 무리하는 거 아니야?" 친구들의 걱정에 괜찮다고 답하며 강한 척했지만, 마음 한구석에는 절망감이 자라고 있습니다. 시간이 흘러 성실 씨의 또래들이 하나둘 결혼하고 가정을 꾸렸습니다. 그녀는 여전히 세 가지 일을 오가며 하루하루를 버티고 있습니다. 꿈꾸던 미래는 점점 더 멀어져 가고, 현실도 점점 더 어두워집니다. 가끔씩 하늘을 올려다보며 한숨을 쉽니다. 자유롭게 날아 보고는 싶지만 발이 여전히 땅속 깊이 박혀 있습니다. 꼼짝할 수가 없습니다.

진보가, 남들 열심히 공부하는 학창 시절에 탱자탱자 놀고 사회에 나와 남들 열심히 일할 때 또 탱자탱자 논 나태 씨 같은 사람들을 도와주려는 게 아닙니다. 타고난 환경이 발목을 잡고 있기 때문에, 같은 출발선에 세워 놓았다고 다 같은 게 아니라는 문제의식이 있는 것입니다. 성실 씨가 남들만큼 혹은 남들보다 많은 노력을 해도 현실이 전혀 나아질 기미를 보이지 않는다면, 그때부터는 성실 씨의 문제가 아니라 사회의 문제라는 것입니다.

진보는 기회의 평등뿐 아니라, 실질적인 평등으로 가기 위한 '조건의 평등'을 중요하게 생각합니다. 불평등이 발생하는 구조적 원인을 찾아내 개선하려고 합니다. 성실 씨가 저무거운 쇳덩어리를 두어 개라도 내려놓을 수 있도록 도와줘야 한다는 것. 빈곤, 건강, 교육 격차 같은 요인이 출발선에서의 평등을 방해하지 않도록 국가가 적극적으로 개입해서 조건을 맞춰 줘야 한다는 뜻입니다. 기본적인 주거, 의료, 교육 등의 서비스를 보장해서 사람들이 최소한의 삶의 질을 유지할 수 있게

하고, 성실 씨의 불평등이 대대로 세습되는 것을 예방할 필요가 있다는 것입니다.

진보는 '불평등은 개인의 능력이나 성과에 따른 자연스러운 결과'라는 보수의 입장에 동의하지 않습니다. 성실 씨가 경쟁력이 없어서 뒤처진 것이라는 주장도 당연하게 받아들이지 않습니다. 그 경쟁력이라는 것이 상당 부분 성실 씨가 어떻게 할 수 없는 운, 선천적인 어떤 것에 좌우되기 때문입니다. 그래서 진보는 조건의 평등만큼이나 '결과의 평등'을 중요하게 생각합니다. 진보에게 있어 '결과의 평등'은 탱자탱자들을 세금으로 구제해 주자는 것이 아니라, 성실 씨 같은 사회적 약자나 취약계층에 대한 적극적인 우대 조치로 '실질적인 평등'을 추구하자는 것입니다. 이 '결과의 평등'에서 핵심이 되는 것이 '정의롭고 공정한 부의 재분배'입니다. 아무리 가난해도, 아무리 능

3부 혐오와 배척이 아닌 화합과 연대를 위해

력이 떨어지는 사람이라도, 국가가 그들의 존엄성을 지켜 줘야한다는 믿음. 인간으로서의 존엄을 지켜 주기 위한 복지. 그것을 책임지는 게 마땅한, 그러라고 있는 국가. 모두 기본적인 생계와 삶의 질은 유지할 수 있도록, 학교의 무상급식처럼 일정 수준의 자원은 모두 충분히 얻을 수 있게 나누자는 것입니다.

진보는 고소득층에 대한 세금 인상, 부유층의 사회적 책임 강화, 공공자원 재분배, 소수자(인종, 성별, 성적 지향, 장애 등) 우대 정책 등을 통해 결과의 평등을 보완하려는 모든 노력을 지지합니다. 그리고 이러한 조치들이 결과적으로 성실 씨 같은 사람을 안정되게 하고, 사회 전체의 안정과 발전을 가져올 것이라고 믿습니다. 이것이 진짜 사회정의를 실현하는 방법이라고 믿습니다. 게다가 우리 헌법의 어딜 뒤져 봐도 '대한민국은 자본주의 국가다'라고 써 놓은 조항은 없습니다.

보편적 복지냐 선별적 복지냐

봉수 국민의 세금은 무한하지 않아요. 모두에게 혜택을 주겠다고 하다 보면 결국 정작 도움이 절실한 이들에게 충분한 지원을 할 수 없게 돼요.

진봉 세금을 효율적으로 쓰는 건 좋은 일이지요. 그런데 '도움이 절실한 사람'은 누가 판단하나요? 추려 내는 행정비용은요? 기준선 때문에 생겨나는 불만은요?

봉수 그렇다고 부자들한테 아동수당 주는 게 맞아요? 재벌 집 손주가 왜 보통 사람들 세금으로 혜택을 받아야 하죠? 그 돈으로 더 많은 저소득층을 돕는 게 합리적이지 않겠어요?

진봉 소득에 따라 다른 대우를 하면 사회가 더 갈라질 뿐이에요. 복지는 모든 국민이 '아, 나도 대한민국 사람이구나'를 느끼게 만드는 장치라고요.

봉수 이상은 그럴싸해요. 하지만 현실은 다릅니다. 예산은 한정적이고, 필요한 곳에 집중해야죠. 선택적 복지만이 답입니다.

진봉 재수 없는 소리 하는 거 같긴 한데 OECD 회원국들을 보면요, 보편적 복지가 강화된 나라일수록 삶의 질이 높아요. 모든 국민이 기본권을 누리는 사회가 더 강하고 안정적이라는 말씀입니다.

봉수 그렇다 치죠. 하지만 그건 선진국 얘기고요. 우리나라 같은 성장 단계에선 그거 비현실적입니다. 보편적 복지는 결국 세금 폭탄으로 돌아와요. 중산층도 서민도 다 견디기 힘들어질걸요?

진봉 세금은 벌금이 아니고 투자 재원이에요. 생각을 바꿔 보세요. 국민이 사회안전망을 믿고 소비하면서 살 수 있으면, 경제는 자연스럽게 성장합니다.

봉수 진봉 씨. 기초생활보장제도 한번 생각해 봐요. 경제적으로 어려운 분들한테 생계비랑 의료비 나라에서 지원하지요? 최소한의 생활을 보장해 드려요. 그거 선별적 복지의 아주 좋은 예잖아요, 효과적이고요.

진봉 예. 기초생활보장제도, 참 좋은 제도입니다. 그런데 그 혜택을 받으려면 가난을 증명해야 해요. 구멍 숭숭 뚫려서 누락되는 사람 많고요. 엄격히 자격을 제한하다 보면 사각지대 생기고요. 선별 과정에 드는 비용도 크고요. 무엇보다 사회적인 낙인이 문제죠. '쟤네 수급자래' 이마에 주홍글씨가 딱 박혀요. 매 순간마다 나의 가난을 증명해야 하는 게 얼마나 비참한 일인지, 한 번이라도 생각해 보신 적 있어요? 무상급식이나 아동수당 같은 보편적인 복지는 그런 거 없잖아요. 아이들이 마음에 상처 안 받고 자라게 할 수 있고요. 설마 아직도 무상급식 싫어하세요?

봉수 비료를 너무 많이 뿌리면 오히려 작물 망쳐요. 지나친 복지는 독이라고요. 이상이 높은 건 좋은데 그래도 발은 땅에 딛어야죠. 세금에 대한 반발이 커지면 그때는 어떻게 할 겁니까? 재정이 다 바닥나면, 그때 가서 하던 복지 하나씩 둘씩 포기하겠다고 할 겁니까?

진봉 우리나라에 지나친 복지 있으면 하나만 알려 주시죠. 포기해야 하는 상황이라면 포기해야죠. 할 수 있는 상황이면 해야 하고요. 어떤 사회를 만들고 싶은지 우리가 선택해야 해요. 각자 알아서 살 건지, 다 같이 함께 살 건지.

봉수 결국 또 이상적인 이야기로 끝나는군요. 진봉 씨 말씀은 항상 그래요. 저도 어지간해서는 신념이 바뀌지 않는 편이니, 진봉 씨를 바꾸려고 애쓰지도 않겠습니다. 저도 안 바뀔 것 같으니까요.

진봉 돈은 많이 벌고 싶고 세금은 적게 내고 싶고. 그게 보통 사람들 심리겠지요. 그래도 내 손해를 조금 감수하는 게 장기적으로 공동체를 유지하는 힘일 거라고 믿는, 저 같은 사람들이 아직은 더 많을 거예요. 정확한 개념까진 모르더라도 '음… 그래도 그래야 하는 것 아니야?' 하는 정도의 막연한 마음이 세상을 움직이는 진짜 힘 아닐까요?

동료 아주머니가 성실 씨에게 전해 준 편지 한 장

"성실 씨, 힘내요. 할 말이 이거밖에 없네요. 끝이 없는 터널 같은 삶인데 분명 터널 끝이 있을 거라고 믿으면서 인생을 헤쳐 나가는 건, 아주 잠깐 힘들고 아주 조금 괴로운 사람들이 할 수 있는 생각이에요. 어떤 사람들에게는, 성실 씨나 나 같은 사람들에게는, 인생은 그냥 끝없이 계속되는 알 수 없는 일들의 연속이에요. 운이 좋았던 사람들 조언만 듣고 끝날 거다, 곧 끝날 거다 이렇게 믿고 사는 거 하나도 도움 안 돼요. 그럼 끝날 리 없는 내 현실이 너무 매일 고통이거든요. 그냥 내 운명이 이렇다는 것을 받아들이고, 이 삶의 순간에 어떻게 조금이라도 행복할지 고민하는 게 나은 것 같아요. 좋아하는 음식들 만들어 먹기도 하고, 늦잠을 자고 싶은 만큼 자 보기도 하고.

성실 씨 삶에서 누릴 수 있는 작은 행복을 찾아보세요. 별거 아닌 것에 신나 하는 이쁜 아이들 보면서 아이들은 참 예쁘구나 하고, 가끔 나같이 늙은 아줌마랑 시간을 나눌 수 있다는 것에도 행복해하고, 그렇게 계속 행복한 것을 찾아봐요. 내가 살다 보니까요, 그런 작은 행복도 어떤 사람에게는 정말 힘들게 찾아오는 진짜 행복이더라고요. 잃어버리고 나서야 그 작은 일들조차 나한테 얼마나 큰 축복이었는지 알았어요. 너무 늦기 전에, 고통 가득한 삶에 그래도 내가 가진 것이 얼마나 많은지 찬찬히 돌아보는 게 좋은 것 같아요. 왜냐면요, 삶은 정말 잔인할 정도로 더 나빠질 수 있어요. 지금이 최악인 것 같아도 더 나빠져요. 내가 살아 보니까 그래요. 아주 장기적으로 고통받다 보면 예전에 힘들던 순간도 사실 별거 아니었단 걸 한참이 지나서야 깨닫게 되더라고요. 분명 돌아보면 주위에 행복한 일들이 있을 거예요. 열심히 찾아봐요, 성실 씨도. 그래야 살 수 있어요."

능력주의와 학벌: 수저, 재능, 노력

운동장에 학생 15명이 있습니다. 저기 강당 안에 몇 개의 의자가 놓여 있는지 알려 주지 않은 상태입니다(실제로는 10개가 있습니다). 선생님이 '먼저 뛰어가는 사람은 의자에 앉을 수 있다'라고 말합니다. 아이들이 뛰기 시작합니다. 10명은 자리에 앉았고 5명은 앉지 못했습니다. 사실 어떤 노력을 해도 5명은 앉을 수 없었습니다. 이런 상황에서 '선생님 말씀을 듣고 열심히 뛰어온 10명은 앉았다'라며, 의자에 앉지 못한 5명의 안이한 태도와 노력 부족을 따져 보는 것이 보수의 세계관입니다. 반면 '애초에 15명이 있는데 의자가 10개밖에 없으면 5명은 절대로 앉을 수 없었던 것 아니냐'라며 최소한 다리에 장애가 있는 학생과 배탈로 고생하던 학생, 두 사람 자리라도 마련하라고 요구하는 것이 진보의 세계관입니다.

능력주의와 드라마 〈SKY 캐슬〉

'능력주의能力主義, meritocracy'라는 것이 있습니다. '개인의 노력과 능력에 비례해 보상을 해 주는 사회시스템'이라는 의미입니다. 능력이 더 뛰어나고 노력을 더 많이 한 사람에게 더 많은 보상이 주어지는 것, 능력과 노력이 부족한 사람에게 더 적은 몫이 주어지는 것. 그 결과로 나타나는 불평등은 정당한 것. 이것이 '능력주의'입니다. 능력주의는 개인의 자유로운 선택과 그 결과에 대한 책임을 강조하는 보수주의 이념과 일맥상통합니다.

우리나라에서는 정치인 이준석이 가장 열광적인 능력주의 지지자입니다. 그는 중학생 시절을 회상하며 "오직 공부로 서열이 매겨진 무한 경쟁, 그것이 바로 완벽하게 공정한 경쟁"이라고 말한 바 있습니다. "미국에서 제일 중요한 가치는 자유입니다. 이것을 이해하는 것이 매우 중요합니다. 모두가 자유로운 세상은 정글이죠. 또한 정글에는 나름의 법칙이 있습니다. 약육강식입니다. 강자가 다 먹는 세상이죠. 미국은 이런 정글의 법칙, 약육강식의 원리를 최소화하려는 노력을 별로 하지 않아요. 어떤 시험제도를 만들어도, 어떤 룰을 만들어도 말입니다. 최소한의 생활을 보장하는 것 이상의 격차는 불가피하다고 보는 것이죠. 교육이나 창업에서도 철저하게 자유의 원칙이 지켜집니다. 그것이 자연의 섭리라고 보는 것이죠. (…) 저는 한국이 경제적으로 다시 도약해 선진국으로 가야 한다고 생각하기 때문에 미국식 자유의 가치를 사회 전반에 받아들이는 것을 심각하게 고민해 봐야 한다고 생각합니다"라고 말한 적도 있습니다(이 대목에서 우리는 앞서 다룬 바 있는 사회적 다원주의를 다시 한번 읽고 올 필요가 있습니다).

여러 비판에 대해 이준석은 엘리트주의자라는 비판도, 능력주의 신봉자라는 비판도 다 끌어안고 가겠다고 말합니다. 능력주의의 문제점과 과도한 경쟁이 초래하는 부작용은 본인도 잘 알고 있다는 것입니다. 다만 현재 사회시스템에서 능력주의보다 더 나은 대안이 없고 이를 비판하는 사람들도 명확한 대안을 제시하지 못하고 있기 때문에 능력주의에 기반한 정책을 짜는 것이 더 바람직하다고 일관되게 주장합니다.

앞서 살펴본 대로, 보수는 '기회의 평등'을 강조합니다. 능력주의는 '모든 사람에게 동등한 기회가 주어지고 그 결과는 개인의 능력에 따라 결정된다'라는 이상적인 이미지를 가지고 있습니다. 모든 사람이 출신배경에 상관없이 능력으로만 평가받는다면 지금까지의 어떤 사회보다 공정한 사회를 실현할 수 있을 거라는 희망을 담고 있습니다. 보수는 보상과 처벌이 명확히 구분되는 것을 선호합니다. 보수의 입장에서는 공부를 잘하는 아이가 좋은 대학에 들어가는 게 맞고, 능력이 뛰어난 사람이 더 높은 지위와 보상을 받는 게 맞습니다. 공부 잘하고 능력 있는 사람들이 더 큰 성과를 내고, 그 성과가 사회 전체의 번영으로 이어질 거라고 믿기 때문입니다. 능력에 따라 사회적 지위가 결정되는 것은 보수에게 바람직한 질서입니다. 신분제 사회에서 능력주의 사회로의 변화 역시 보수의 시각에서 매우 자연스럽고 올바른 사회 진화의 과정입니다.

대부분의 우리나라 사람들도 '능력만 있으면 동등한 기회, 적어도 공정한 성공의 기회를 얻을 수 있다'라는 능력주의 원칙에 열렬한 환호를 보냈습니다. 바꿀 수 없는 부모와 배경 말고, 노력이 더해진 능력만으로 평가받는 사회가 되면 정말 좋겠다는 생각 때문이었습니다. 교육과 시험이 능력주의의 핵심이자 성공의 열쇠가 되었습니다. 특히 우리나라에서 능력주의는 양반 자제들이 앉아 겨루던 과거 시험에서부터, (앞서 살펴본 바 있는) 사회진화론, '억울하면 출세하라'라는 입신출세주의, 최소 학력에 대한 제한 없이 겨루던 사법, 행정, 외무 3대 고등고시, 스카이SKY로 대표되는 학벌주의를 거치며 완벽하게 자리를 잡습니다. '공부 잘해서 좋은 대학 들어가면 인생이 바뀐다'라는 생각은 이제 사회 전체의 믿음으로까지 굳어 버렸습니다. 여기, 2018년 말부터 2019년 초까지 방영되며 온 나라를 들썩이게 한 〈SKY 캐슬〉(2018~2019)이 있습니다. '능력주의'를 정면으로 다룬 최고의 드라마입니다.

물고 태어난 수저가 학벌을 결정한다

이 드라마가 방영되면서 상류층의 학벌 욕망, 대학입시를 위한 사교육열풍이 다시 주목받았습니다. 못 본 척 외면했거나 장막에 가려져 보지 못했던 진짜 현실이 어떤 것인지를 적나라하게 보여 줬습니다. 한국 사회는 학벌주의와 능력주의가 놀라울 만큼 단단히 묶여 있습니다. 대학입시를 준비하는 과정에서의 불평등이나 좋은 대학에 가지 못한 사람들에게 생기는 차별은 외면하고, '학력 또는 학벌이야말로 능력에 따른 공정한 결과'라는 걸 다들 인정하며 받아들이는 분위기입니다.

"금수저요? 일단 초반에 기회가 있고 아예 없고의 차이가 넘사벽으로 크죠. 저는 1에서 100보다, 0에서 1이 훨씬 힘들다고 보거든요." 이른바 '금수저론'에 대한 설득력 있는 정의를 볼까요? 내 부모가 내 자식의 삶까지 책임질 수 있으면 일단 다이아수저입니다. 내 부모가 내 삶까지 책임져 줄 수 있으면 금수저, 내가 부모 부양까지는 하지 않아도 된다면 은수저, 내가 내 자식과 부모를 모두 부양해야 하면 흙수저입니다. 우리나라에 본격적인 산업화가 진행되고 두 세대, 60년쯤이 지났습니다. 할아버지 세대에 100미터 달리기였던 것들이 이제 거의 모두 이어달리기로 바뀌었습니다. 조부모가 부모에게, 부모가 나에게, 내가 내 자식에게 바통을 넘겨줍니다. 부모에게서 자녀에게로 바통이 전달되면 한동안은 부모와 자녀가 함께 달립니다. 완벽하게 선수교체가 일어난 다음에는, 자녀들이 이제 자신의 자녀들에게 바통을 넘겨주기 위한 경주에 몰입합니다.

　　새로운 주자가 앞으로 갈 수도 뒤처질 수도 있지만, 어쨌든 새 주자는 '자기 능력과 상관없이' 경주가 시작되는 때의 출발선을 부모로부터 물려받습니다. 막대한 부와 특권을 물려받은 사람들은 인생을 이지Easy 모드로 시작합니다. 이들에게 다가오는 미래는 너무나 안전하고, 빈곤층으로 삶을 마무리하는 시나리오는 불가능에 가깝습니다. 누군가에게 인생은 이렇게 게임이 되고 누군가에게 인생은 언제나 투쟁이 됩니다. 안타깝게도, 사회 안에서 어느 위치에 서게 되느냐를 결정하는 가장 중요한 요인 중 하나가 '이어달리기에서 부모로부터 바통을 넘겨받는 지점이 어디인가'가 되었습니다. 이 출발점은 당연히 도착점에 영향을 미칩니다. 부모가 성공적으로 바통을 넘겨주기만 한다면, 그 자녀의 삶은 (능력이 아니라) 상속에 의해 반 이상 결정됩니다. 드라마 〈SKY 캐슬〉은 이렇게 말합니다. '개인의 성공과 훌륭한 가문은 분리될 수 없다.' '자녀 교육은 여성(어머니)의 몫이다.' '한국 사회에서의 교육은 시험을 잘 보게 하는 것이다.'

　　가장 공정한 것 같아 보이던 능력은 날이 갈수록 혼자 힘으로 갖추기 어려운 것이 되었습니다. 높은 수준의 사교육과 문화적 혜택을 받으며 자란 아이들이 또다시 'SKY 캐슬'의 주인이 됩니다. 드라마에서처럼 능력은 3대에 걸쳐 세습되고,

캐슬의 자녀들은 부모의 뒤를 이어 피라미드의 꼭대기에 오릅니다. 드라마 속 '예서'가 자퇴하고 수능을 보더라도 이미 기울어진 운동장이 평평해지지는 않습니다. '입학할 때 4~5등급이면 수능에서도 거의 4~5등급'이라는 게 고3을 맡고 있는 교사들 사이의 정설입니다. 고등학교 입학 전에 이미 대부분의 아이들이 맞게 될 결론이 정해져 있다는 무시무시한 이야기입니다. 캐슬 바깥에 있는 대다수 학생들은 이렇게 소외됩니다. 돈 많고 학벌 좋은 부모를 만나지 못한 나의 불운을 원망할 수밖에 없다면, 그 불운까지 이겨낼 만큼 네가 더 노력해야 한다는 것이 언제나 우리의 결론이라면, 우리는 우리 교육의 어디에서 공정함을 찾을 수 있을까요?

학벌에 대한 주위의 다양한 의견들

별거 아니라고 하지 말아요

학벌 안 중요하다고요? 건너가 본 사람과 못 가 본 사람의 차이예요. 가져 본 사람과 못 가져 본 사람의 차이이기도 하고요. 본인은 경험해 봤으니까 학벌 그거 별거 아니라고 생각할 수도 있겠지만, 경험을 못 한 사람은 집착하고 매달릴 수밖에 없어요. 그런데다 이미 가진 사람이 '가져 보니까 이거 별거 아냐' 하면 그에 따른 반동은 필연적일 수밖에 없죠. 지금 누구 약 올리나, 하게 된다고요. 좋든 싫든 부정을 하든 말든 그 결과가 지금 대한민국을 지배하는데요. 소고기 한번 먹어 보고 싶어 죽겠는 애 앞에서 '소고기 그거 내가 먹어 봤는데 별거 아냐' 인간적으로 그러지는 말자고요.

▌ 채워질 수 없는 결핍

학벌은 나이 먹고 채워질 수 있는 종류의 결핍이 아니에요. 열등감입니다. 내가 사업으로 돈을 참 많이 벌었는데요. 아무리 돈을 많이 벌고 부자가 되어도 어린 시절 제도권 교육 내에서 철저히 무시당했던 열등감이 극복이 안 됩니다. 그래서 어떻게든 '공부 잘해 봐야 별거 없다' '공부 못했던 내가 지금 더 잘산다' 그렇게 정신 승리를 했죠. 공부 잘해서 소속집단에서 인정받은 친구들, 그니까 중고등학교 때부터 꾸준히 공부를 잘해서 어른들에게 칭찬받고 유치한 우월감 같은 걸 느꼈던 애들, 사업해서 성공한 지금 내 인생이랑 바꿀 거냐고 물어보면 바꾼다고 잘 안 합니다. 자기 삶에 만족하거든요. 사실 대부분 돈도 만족스러울 만큼 벌고요. 바꾸자는 애가 있기는 있었는데 내가 "야, 그럼 중학교 때부터 바꾸는 거야"라고 했더니 그런 조건이라면 싫대요. 다른 사람들에게 인정받으면서 높은 수준의 만족을 얻어 온 애들이라, 몇몇은 재산 차이에 현타를 느끼기도 하겠지만 대부분 제 인생에 만족하고 잘들 삽니다. 공부 못했던 나는 나이가 들어도 계속 그 친구들이 어떻게 사나 궁금했는데, 정작 걔네들은 나를 신경 쓰지 않았더라고요. 하긴 뭐, 1등이었던 자기 하나 빼고 1등 아니었던 299명 중 한 명을 어떻게 다 신경 쓰겠어요. 그러니까 언제나 진리는, 자기 삶에 만족하고 타인의 삶에 지나치게 신경을 쓰지 말아야 한다는 것 같습니다.

▌명문대와 지잡대

명문대를 나왔다는 건 인성과는 별개로 성실하거나 똑똑하다는 증명이 됩니다. 학벌이 별로인 경우에는 본인이 성실하거나 똑똑하다는 걸 계속 증명하면서 살아야 해요. 엄마들이 흔히 자기 애가 머리는 좋은데 노력을 안 한다고 하지만, 그거 착각입니다. 노력해야 된다는 것까지를 알고 실천해야 진짜 머리가 좋은 거예요. 그리고 공부를 잘하는 것과 제정신인 건 또 별개죠. 서울대 법대 나온 사람이 얼마나 엉망진창일 수 있는지 우리 모두 실시간으로 보고 듣고 경험했잖아요. 그런데 사실 제가 대기업 인사 담당자인 입장에서 보면, 어떤 목표가 주어졌을 때 얼마나 집중해서 달성해 낼지 또는 달성해 본 경험이 있는지 없는지를 가장 싸게 알 수 있는 게 학벌입니다. 자기가 좋아하는 것에 집중하는 건 집중이 아니에요. 해야 하는 일, 주어진 일에 집중하는 걸 집중력이라고 하죠. 그리고 그 '열심히'라는 거, 그거는 제가 보기에 유전적인 거예요. 저는 '열심히'라는 것 자체를 잘할 수 있는 유전자가 따로 있다고 봐요. 아 그리고, 지잡대(수도권 이외의 대학들을 '지방에 있는 잡스러운 대학'으로 비하하여 부르는 말) 말씀하셨죠? 솔직히 기업 입장에서는 잘 안 뽑게 되죠. 사실 왜 있는지 모르겠는 대학이랑, 왜 대학 가는지 모르겠는 학생들이 만나 이뤄 낸 환상의 콜라보가 지잡대죠. 파주 영어마을 입장권이나 지잡대 졸업장이나 뭐 그게 그거예요. 놀이동산 같은 거예요, 그거는.

▌ 학벌과 인성은 완전히 별개

서울대, 카이스트KAIST, 연대, 고대, 뭐 좋죠. 다 좋은데 그냥 시험에 재능 있는 애들일 뿐입니다. 수능에 최적화된 사람인 거지, 인격적으로나 사회적으로 완성된 사람들은 아니고요. 평지풍파를 좀 겪어 봤어야 다른 사람들 삶도 이해하고 그럴 텐데, 애들이 큰 실패를 경험해 본 적이 없으니까 인생 쓴맛도 잘 모르고요. 공동체의식, 리더십, 인간성, 이런 게 수능 성적이랑 무슨 상관이 있겠어요? 책을 읽고 객관식 문제에 답하는 건 행동을 취하고 그에 따르는 책임을 지는 것과 전~혀 다른 문제다, 이 말씀이죠. 빈부와 선악 사이에 아무 연관이 없는 것처럼, 성적도 사람 좋고 나쁜 거랑 아무 상관이 없어요.

노력인가 재능인가, 아니면 노력까지도 유전인가

여기, '노력'에 대해 신랄하게 비판하는 글이 하나 있습니다. 유명 온라인 커뮤니티에서 크게 화제가 된 글입니다. 메시지와 뉘앙스를 최대한 살리는 선에서 재가공해 소개합니다.

내가 노력 문제에 대해서라면 리포트도 쓸 수 있지만 여기서는 심플하게 설명할게. 사람은 자유의지가 거의 없는 존재고, 우리가 노력으로 변화를 이끌어 낼 수 있는 부분은 매우 적어. 출생 때부터 수저와 유전자 사이에는 엄청난 격차가 존재해하는데 대부분 이게 얼마나 치명적인지 잘 몰라. 예를 들어 볼게. 금수저 집안, 세련된 외모, 뛰어난 두뇌를 가진 사람과 흙수저 집안, 못생긴 외모, 아쉬운 아이큐를 가진 사람. 이게 노력으로 극복되는 문제일까? 여기서 사람들이 간과하는 부분이 있는데, 바로 '운'이라는 요소야. '운칠기삼'이라는 말이 있듯이, 인생에서 운적인 부분도 큰 비중을 차지해. 결국 '수저+유전자+운' 대 '노력'의 대결이란 말씀. 우리는 흔히 전자는 내가 어떻게 할 수 없지만 후자는 충분히 컨트롤할 수 있다고 여기지. 하지만 이마저도 틀렸는데 그 이유는 이따가 설명할게. 아무튼 어느 쪽 비중이 더 클 것 같아? 압도적으로 전자겠지. (중략)

'노력'은 우리가 하고 싶다고 언제 어디서든 얼마든지 할 수 있는 그런 게 아냐. 이게 가능하다면 개나 소나 다 고시 붙겠지. 실제로는 노력 자체도 재능 중 하나인 거야. 다양한 연구 결과에 의하면 노력에 필요한 성격, 의지, 끈기, 집중력 등등 이런 건 대부분 타고난 거라고 하잖아. 특히 중요한 게 뭐냐, 재능이 없는 분야에서는 노력도 하기 싫다 이거야. 외모로 따지면 잘생기고 예쁜 애들이 더 잘 꾸미는 거랑 비슷하지. '노력충'들 논리대로라면 못생긴 애들이 더 외모를 가꿔야 하지만 실제로 그러냐고. 본판이 못난 놈들은 그냥 후줄근하게 다니지, 포기하고. 공부도 마찬가지야. 공부에 흥미가 있고 공부가 재밌고 어느 정도 재능 있는 애들이 더 늦게까지 공부하고 노력해. 재능도, 흥미도, 관심도 없는 애들은 노력해도 티가 안 나니까 결국 안 하게 돼. 나만 해도 남들은 금방 진도 빼는 거를 한두 시간씩 붙잡고 있으면 속에서 열불이 나. 골백번도 포기하고 싶고. 그러니까 재능이 없으면 노력이라도 해야 하는 게 아니라, 애초에 재능 있는 애들이 신나게 하는 게 노력인 거야.

예체능만 해도 재능이 반 이상인데 공부는 얼마든지 노력으로 된다는 발상 자체가 우스운 일이지. 공부야말로 선천적인 재능이 없으면 아무리 노력해도 안 되는 분야라고. 우리나라가 저출산 1위, 자살률 1위 찍는 데는, 어렸을 때부터 적성 무시하고 공부만 시키고 무작정 노력 노오력 하는 탓도 크다고 봐. 공부 말고 다른 적성 찾아가려고 하면 '성공한 소수의 경우'만 보고 합리화하지 말래. 정작 공부도 마찬가지란 걸 모르고. 누구는 K리그 입단했고 누구는 프리미어리그 진출했고 이런 소리 하는 거랑, 누구는 스카이 갔네 누구는 의대를 갔네 하는

3부 혐오와 배척이 아닌 화합과 연대를 위해

소리가 그냥 똑같아요. 다 너랑 아무 상관이 없어. 왜 축구로는 안 되는데 공부로는 된다고 생각하는 거야. 재능도 없으면서 공부만 파다가 청춘 날린 녀석들 내가 한두 명 본 게 아님. 그놈들 공부 때려치우고 진작 사회에 나왔으면 훨씬 잘살았을 애들인데 서른 넘어서도 9급 시험 매달리고 있는 거 보면…. 근데 문제는 그마저도 못 붙는다는 거. 내가 좀 살아 보니까, 메타인지가 좋아서 자기 주제, 자기 장단점 빨리 파악하고 그 길로 나간 애들이 결국 잘살더라. 재능은 없는데 눈만 높아서 노력만 하면 결국 될 거라고 믿는 애들은 하나같이 망하는 거고.

이런 날 선 글에는 당연히 어마어마한 논쟁이 뒤따릅니다. 본문 속의 단어 하나에 꽂혀 벽에 대고 소리소리 지르는 글들 말고, 생각해 볼 만한 몇 가지 댓글들을 아래 소개합니다.

▌ 공부가 전혀 고통스럽지 않을 수도

서울대 교수 강연 들었는데 그분도 저 내용과 비슷한 말 했음. 사람이 중요한 일이라고 해서 모두 열심히 하지는 않는다고. 이유가 뭐냐면, 사람은 고통스러운 걸 오래 지속할 수 없다고 함. 그러면 고등학교 다닐 때 그걸 오래 지속하는 사람은 어떤 사람일까? 공부가 어렵고 힘들지 않은 사람이라고 함. 오히려 공부를 즐기는 사람도 있다고. 그럼 다른 사람들은 왜 공부해야 한다는 걸 알면서도 계속 미루고 안 하는 걸까? 그 행위가 고통스럽기 때문임. 전 메가스터디 회장 손주은 강사도 말했잖아. 공부는 타고난 게 팔 할이라고. 근데 사람들이 재능의 차이를 인정 안 하고 노력으로 의지로 뭐든 할 수 있다고 하니까 재능 없는 애들도 공부하겠다고 와서 몇 년을 돈, 시간 낭비하다 떠나간다고. 재능을 인정 안 하니까 이런 사회적 비극이 일어난다고. 자기가 30년 넘게 강사 생활하면서 쌓은 빅데이터라고 하잖아. 의지로만 노력할 수 있다는 건 사실 허상 같음.

█ 같은 부모 아래서 나타나는 차이

다 유전 맞아요. 형제간 차이 운운하시는 분. 유전이라는 건 부모가 공부를 잘하면 아이도 잘한다는 게 아니에요. 그냥 좋은 유전자를 물려받은 자식이 잘한다는 얘기죠. 형제간의 차이도 물려받은 유전자 차이라고 봐야죠. 형제간에 외모 차이 나는 거랑 똑같아요. 이 아이가 저 아이보다 얼굴, 몸매 예쁜 건 바로 인정하면서 뇌가 예쁜 건 그럴 리 없어! 노력하면 돼! 하고, 애써 뇌 예쁜 것만 부정하려고 하지 맙시다들.

█ 어중간한 재능의 비극

일반인들 사이에서는 아주 뛰어나지만 진짜들 사이에서는 돋보이지 않는 재능…. 이게 진짜 비극이야. 요즘 세상은 천재가 너무 쉽게 자신을 드러낼 수 있어서, 어중간한 재능을 가진 사람이 절망하는 것도 너무나 쉬워졌음. 그러니 엄청난 재능을 바라는 건 너무 욕심 같고. 나보다 재능 있는 다른 사람들을 보며 질투하지 않는, 그래서 괴롭지 않은 무던한 마음을 나한테 좀 줬으면 하는 바람은 있다.

▌ 그래도 이 정도는 해 볼 만하지 않나요?

A. 재능 O+노력 O=원톱 인생.

B. 재능 O+노력 X=톱급은 안 되지만 그래도 재능 빨로 먹고살 정도는 됨.

C. 재능 X+노력 O=인생의 저점을 올려줌.

D. 재능 X+노력 X=인생 시궁창 그 자체.

재능도 있고 노력도 하는 A는 우리 경쟁 상대가 아니니까 일단 뺍시다. 재능도 없고 노력도 안 하는 D도 뺍시다. 그럼 남는 건 재능 있고 노력은 안 하는 B랑 재능 없고 노력하는 C, 이건데…. C에게 재능이 좀 없다 치더라도 B랑은 한번 붙어 볼 만하지 않겠습니까?

▌ 우리가 몰라서 그러는 게 아니에요

공부도 유전이고 타고나는 재능이라는 것에 동의하지만 그럼 뭘 시켜야 할까요? 제 자식이지만 어릴 때부터 '게으름이 사람으로 태어나면 얘겠구나' 싶었어요. 특별하게 재능을 보이는 아이는 그나마 행운이지만 대부분 비슷하게 잘하는 게 없는 애들도 많아요. 직업이 학생이니까 공부를 하는 거 아닌가요? 부모들도 일찍부터 알아요. 모르는데도 시키는 부모 많지 않아요. 알지만 선택지를 모르고 방향을 모르니까 보통만 되어도 좋겠다고 시키는 거예요. 못해도 그 노력을 좀 인정해 주세요. 부모도 학생도 주제를 잘 알고 있지만 노력하는 거라는 걸 제발 알아주시길. 성취도 없는 노력이 얼마나 힘든지…. 그들이 몰라서 그 길을 가는 게 아니에요. 알아도, 알지만 최선을 다해 보는 거예요. 사람이 노력한 것은, 열심히 살았던 것은, 눈에 보이지 않겠지만 마음속에 남는다고 생각해요. 같이 지내 온 사람들의 마음속에도요.

능력주의 맹신의 위험성

학생들은 교육과 시험을 통해 원하는 자격을 얻고자 하지만(능력적 요인) 충분한 교육을 받을 수 있는 기회, 양질의 교육 환경은 계층에 따라 불평등하게 분배되고 있는 것(비능력적 요인)이 오늘날 한국 사회의 불편한 현실입니다. 학벌이라는 것도 그렇습니다. 한 스텝이 다음 스텝에 영향을 미치는 것은 맞지만, 그것이 낙인처럼 남아서 다음 스텝의 모든 노력을 폄하하는 잣대가 되어서는 안 됩니다. 명문대 나온 사람들의 노력은 '그 대학 졸업장 자체로는 인정받을 만하다' 정도로 해석해야 합니다. 딱 거기까지입니다.

일본의 유명 영화배우 기타노 다케시는 자신의 책에서 이렇게 말한 바 있습니다. "노력하면 뭐든 이루어진다고 자식을 위하는 척하면서 부모의 체면을 차리는 말을 하지 말고, 어린 시절부터 제대로 가르쳐야 한다. 인간은 평등하지 않다. 재능이 없는 아이에게는 그런 재능이 없다고, 아무리 노력해도 안 되는 것은 안 된다고 부모가 가르쳐 주어야 한다. 그런 말을 하면 아이가 위축되지 않느냐고? 위축되지만 않으면 운동신경 둔한 녀석이 올림픽 나가서 금메달 딸 수 있나? (…) 아이의 마음이 상처 입는 걸 두려워해서는 안 된다. 상처 입고 힘들어하다 포기하면 되는 거라고 나는 생각한다. 원하는 것을 손에 넣으려면 노력해야 하지만, 아무리 노력해도 안 되는 거라면 포기할 수밖에 없다. 그것이 현실이라는 것을 아이의 골수에 새겨 주도록 하라."

예전에 미국 국무부 장관을 했던 콘돌리자 라이스의 말도 들어 볼까요. "인생에서 내가 아무리 노력해도 불가능한 일, 어렵지만 나의 노력으로 성취 가능한 일을 구분할 수 있는 능력이 중요하다. 어렵지만 노력으로 성취 가능해 보이는 가장 높은 목표를 설정하고 도전해라." 영화감독 류승완은 이렇게 말합니다. "자기가 할 수 있는 것들이 있는 것 같아요. 제가 그 고민에 대한 답을 서서히 얻고 있는 것 같은데. 하고 싶은 것과 해야 하는 것, 할 수 있는 것. 이 세 가지의 간극이 힘들었었거든요. 그런데 지금은 제가 할 수 있는 것을 좀 찾은 것 같아요. 그리고 해야 할 것이 무엇인가도. 그 대신 하고 싶은 것에 대한 욕망은 많이 없어졌어요."

신이 인간에게 할 수 있는 가장 큰 저주가 작은 능력과 큰 꿈을 주는 것이라는 말이 있지요. '헬스장에서 운동하는 뚱뚱이랑 독서실에서 공부하는 꼴등, 이 둘은 진짜 욕하면 안 된다'라는 말도 있습니다. 항상 문제가 되는 것은 '노력도 타고나는 거다'라는 게 아니라, 노력만능주의가 저성과자들을 패배자로 낙인찍고 '노력하지 않았기 때문'이라고 비난할 여지를 준다는 것입니다. 개인에게 닥친 문제를 구조적으로 들여다보지 않고 오직 개인의 노력 부족으로 치부해 버리는 것이 항상 문제입니다.

부모가 되면서 자신만의 꿈을 잃어버리고 삶의 목표가 자식이 되어 버린 부모. 자기가 못했던 걸 자식이 대신 이뤄 주길 바라는 부모도 여전히 우리 사회의 큰 문제입니다. 현실에서는 운, 환경, 출신배경 등 개인의 노력만으로는 통제할 수 없는 요소들이 성공에 큰 영향을 미칩니다. 능력주의를 맹신하는 사회는 개인에게 너무 높은 기대치를 부여합니다. 실패가 곧 개인의 무능력과 나태함으로 귀결됩니다. 이런 인식은 개인에게 엄청난 심리적 압박감을 주고, 불안을 불러일으킵니다. '나는 충분히 노력하고 있는가?' '나는 충분히 능력이 있는가?' 같은 질문들이 쉴 새 없이 사람을 괴롭힙니다. 끊임없이 친구들과 나를 비교하게 되고, 개인의 자존감에도 자꾸 조건이 달립니다. 성공하지 못하면, 즉 사회가 정해 놓은 기준선에 도달하지 못하면 스스로를 가치 없는 존재라고 여기는 것입니다.

3부 혐오와 배척이 아닌 화합과 연대를 위해

전구들이 밝기로 경쟁해야 한다면 승자는 단 하나입니다. 하지만 모두가 가장 밝은 전구가 될 필요는 없습니다. 세상에는 작고 은은한 전구도 필요하기 때문입니다. 노력으로 안되는 게 없다고 말하는 건 사회가 가하는 일종의 폭력입니다. 사람에 따라서는 아무리 노력해도 안 되는 게 있습니다. 노래방의 민족임에도 불구하고 평생 음치로 살다 음치로 죽는 사람이 부지기수입니다. 아무리 음치라도 노래방에서 열등감 느끼지 않고 노래할 수 있게 해 주는 것이 사회의 역할입니다. 우리 공동체도 이제는 그 정도쯤 해 줄 만한 충분한 능력이 됩니다.

모든 일은 그냥 흘러갑니다. 뼈 빠지게 노력한다고 다 얻고 열심히 논다고 다 망하고, 그런 거 아닙니다. 다만, 지금 심적으로 고통받고 있다고 해서 그 고통이 곧 내가 노력하고 있는 걸 증명해 준다고 착각해서는 안 됩니다. 혹시 내가 지금 정류장이 아닌 곳에서 영원히 오지 않을 버스를 기다리는 건 아닌지, 수시로 주변을 돌아봐야 합니다. 말이 안 되는 결심이나 목표를 세워 놓고 쓸데없는 노력을 쏟아부어서도 안 됩니다. 이를테면 제가 매년 세우는 '올해부터는 잘생기지 말아야지' 같은 결심. 이런 건 영원히 성취가 불가능한 겁니다. 덧붙여, 좌절하고 고통스러운 사람의 마음에 위로가 될 만한 따뜻한 목소리 하나를 아래 전합니다.

인생은 연극임을 깨닫는 순간 자신의 배역을 기꺼이 받아들이는 사람은 자신을 남과 비교하지 않는다. 사람들은 저마다 맡은 배역이 다르기 때문이다. 연극에 참여하는 사람은 저마다 자기가 맡은 배역에 충실할 때 최고의 기쁨을 누린다. 남이 왕자 역을 맡든 공주 역을 맡든 그저 자신이 맡은 역을 척척 연기해 낼 때 큰 보람과 즐거움을 느낄 수 있다. 하지만 맡은 배역을 거부하고 남의 배역만 넘보고 있으면 어떤 배역이라도 고통스럽다. 우리가 이 땅에 태어난 것은 나름대로 맡은 배역이 있기 때문이다. 주어진 배역을 받아들이지 못하면 방황할 수밖에 없다. 하지만 배역을 겸허하게, 감사히 받아들이면 남과 비교하지 않고 언제나 열심히 연기할 수 있다.

_김상운, 《마음을 비우면 얻어지는 것들》(21세기북스, 2012)

보수와 진보의 교육 정책

보수의 교육 정책은 학생의 자율성보다 교권(교사의 권리와 권위)을 중시합니다. 시험과 경쟁에 호의적입니다. 각종의 학력평가를 통해 학생들의 수준을 제대로 파악해야 학력 향상 방안을 세울 수 있다고 주장합니다. 국가개입의 최소화를 중시하는 만큼, 평준화보다 다양한 교육을 선택할 권리를 존중해야 한다고도 생각합니다. 자사고(자율형사립고), 특목고(특수목적고)를 유지하거나 확대해야 한다는 입장입니다. 진보의 교육 정책은 학생의 자율성과 경쟁 해소를 중요하게 생각합니다. 학력평가나 평가결과 공개는 과도한 경쟁을 부추기기 때문에, 최소화

해야 한다고 생각합니다. '교육 불평등'은 국가가 적극적으로 개입하여 해소해야 한다고 생각합니다. 무상급식과 저소득층 학생 지원 등이 진보주의 교육 정책의 사례입니다. 체벌 금지, 두발 규제 금지, 소수자 권리 보장 등이 포함된 학생인권조례의 경우, 보수는 (학생 인권을 강조하면서 교사들이 적절한 지도를 하기 어려워졌다는 이유에서) 폐지 또는 보완하는 것을, 진보는 유지 또는 개선하는 것을 주장합니다.

LGBTQ가 대체 무엇이길래

엘지비티큐. LGBTQ는 레즈비언Lesbian, 게이Gay, 바이섹슈얼Bisexual, 트랜스젠더Transgender, 퀴어Queer 또는 퀘스처닝Questioning의 줄임말입니다. 처음에는 LGBT로 불리다가 Q가 더해지면서 확장된 용어입니다. 레즈비언과 게이는 자신과 같은 성별에 끌리는 성향을 가진 동성애자, 바이섹슈얼은 양성애자입니다. 트랜스젠더는 신체적으로는 남성 또는 여성의 몸으로 태어났지만, 타고난 자신의 성과 반대되는 성을 가졌다고 믿는 사람입니다. 마지막 Q는 본인의 성정체성을 명확히 할 수 없는 사람을 말합니다.

미국 설문조사기관인 공공종교조사기관Public Religion Research Institute, PRRI이 2023년 미국인 6616명을 대상으로 벌인 조사에서, 20대에 해당하는 미국 Z세대(1997~2004년 출생)

*자신의 성정체성이 LGBTQ라고 밝힌 Z세대의 절반은 스스로 양성애자라고 밝혔다.

Z세대	28%
밀레니얼 세대	16%
X세대	7%
베이비붐 세대	4%
침묵 세대	3%

자료: 공공종교조사기관(PRRI.)

대상 : 미국인 6,616명 | 조사기간 : 2023년 8월 21일 ~ 9월 15일 | 오차 범위 : +/- 1.5%

의 무려 28퍼센트가 자신을 LGBTQ로 인식한다고 답했습니다. 미국 젊은이의 거의 3분의 1이 자신을 성소수자라고 답한 것입니다. 같은 조사에서 '인간의 성별은 남성과 여성 두 가지로만 나뉜다'라고 생각하는 Z세대의 비율은 고작 57퍼센트에 불과합니다.

또 1945년 이전에 출생한 이른바 침묵 세대는 3퍼센트, 1946~1964년에 출생한 베이비붐 세대는 4퍼센트, 1965~1980년 출생한 X세대는 7퍼센트, 1981~1996년 출생한 밀레니얼 세대는 16퍼센트가 자신이 LGBTQ에 속한다고 답했습니다.

캐나다 공립학교는 'SOGI 123Sexual Orientation and Gender Identity(성적 지향과 성정체성)'라는 커리큘럼을 도입하고 있습니다. 2016년에 브리티시컬럼비아주에서 처음 시작되어 캐나다 전역으로 빠르게 확산됐습니다. LGBTQ 정체성을 가

진 아이들이 학교에서 겪게 될지 모르는 유무형의 폭력이나 차별을 막아야 한다는 취지에서 시작되었습니다. 목표는 '모든 성적 지향과 성정체성을 가진 학생들이 안전하게 다닐 수 있는 학교를 만드는 것'입니다. 이 커리큘럼은 아이들에게 동성애를 자연스러운 것으로 소개하고 성정체성은 가변적인 것이라고 가르칩니다. 아이들에게 "소년인 사람이 있어요. 소녀인 사람이 있죠. 조금씩은 양쪽 다인 사람이 있고, 둘 다 아닌 사람도 있어요"라고 말해 줍니다. 당연히 건너편에는 'SOGI 123'에 반대하는 학부모의 목소리가 있습니다. "아이들에게 이렇게 가르쳐도 된다고 누가 결정한 거죠? 어린 소녀와 여성을 만드는 아름다운 자질이 비난받고 있어요. 소년을 소년답게 만드는 자질을 빼앗기고 있습니다. 젊은 남성을 강한 보호자로 여기는

2020년 9월 폴란드 성소수자 청정지대
'LGBT-Ideology-free' zones
자료: atlasnienawisci.pl, OSM, GADM

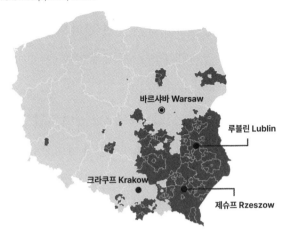

것이 지금은 아주 나쁜 일이 됐어요. 세상이 정말 이상해져 가고 있네요."

　폴란드에 있는 'LGBT-Ideology-free zones'도 한번 볼까요? 이른바 '성소수자 청정지대'입니다. 2023년을 기준으로 폴란드 영토의 40퍼센트쯤을 차지하고 있습니다. 각 지방자치단체의 결의로, 이들 지역에서는 성소수자를 상대로 영업 거부, 식당에서의 서빙 거부, 숙박과 서비스 거부 등을 자유롭게 할 수 있습니다. 성소수자들의 시위나 퀴어 축제 등은 불법으로 간주됩니다. 위반하면 체포됩니다. 제2차 세계대전 당시 나치 독일의 '유덴프라이Judenfrei(유대인이 없는 'Free of Jews')'와 비슷합니다. '유덴프라이'는 홀로코스트 동안 유대인이 완전히 없어진 지역을 지칭하기 위해 나치가 만든 용어입니다.

동성애에 관한 영화 〈브로크백 마운틴〉

IMDb 7.7&로튼 토마토 관객점수 82점. 성소수자의 삶, 그중에서도 동성애에 관한 딱 한 편의 영화를 꼽아야 한다면 단연 제이크 질렌할과 히스 레저 주연의 〈브로크백 마운틴 Brokeback Mountain〉(2005)입니다.

영화 속 배경이 되는 와이오밍은 미국 남부, 보수의 근거지 중 하나입니다. 기독교적 세계관과 남성중심 질서로 대표되는 곳입니다. 눈부신 만년설로 뒤덮인 8월의 브로크백 마운틴. 양 떼 방목장에서 여름 한철 함께 일하게 된 두 청년 '에니스(히스 레저)'와 '잭(제이크 질렌할)'은 오랜 친구처럼 서로에게 마음을 터놓는 사이가 됩니다. 그들의 우정은 '친구 이상'으로 발전하지만 두 사람은 낯선 감정의 실체가 무엇인지 알지 못한 채 다시 만날 기약이 없는 각자의 삶으로 돌아갑니다. 그러다 우연히 4년 만에 다시 만난 에니스와 잭, 서로의 마음을 확인한 두 사람은 1년에 한두 번씩 브로크백에서 만나 함께 지내기로 합니다. 20년 세월 동안 짧은 만남과 긴 그리움을 반복한 두 카우보이의 슬프고 아름다운 사랑 이야기입니다. "그냥 하룻밤 지낸 것뿐이야. 난 동성애자가 아니야." "미안해, 괜찮아." 처음 두 사람의 관계는 이렇게 시작되었지만….

잭   너에게 난 잠깐 만나는 친구일 뿐이지만 난 20년 동안 널 그리워했어! 나도 너랑 끝내는 법을 알았으면 좋겠어!

© 유니버설픽쳐스코리아

에니스   내가 이러고 사는 건 다 너 때문이야! 너 아니면 난 아무것도 아니
고, 내가 있을 곳도 없어!

이렇게 되어 버립니다. 보수의 입장에서 〈브로크백 마
운틴〉은 몹시 불편한 영화입니다. 아무리 예술에서의 표현의
자유를 존중한다 하더라도 영화가 가진 사회적인 영향력을 생
각한다면 동성애를 군이 이렇게까지 미화해야 하나 싶은 마음
이 듭니다. 가정이 있는 두 남자의 불륜이고, 게이 카우보이 이
야기일 뿐입니다. "남자들이 성정체성을 감추고 (혹은 감추기 위
해) 각기 아무 죄 없는 여자들과 결혼한 다음, 1년에 한두 번씩

만나서 정사를 나눈다. 못 만나면 그리워한다. 그러다 한쪽이 먼저 죽었다, 끝." 주인공들은 가족구성원으로서의 의무와 책임은 외면한 채, 자기 욕망만을 따릅니다. 배우자 몰래 1년에 한두 번 만나 섹스만 하고 헤어지는 것도 '사랑'이라면 누구라도, 누구와도 사랑할 수 있을 겁니다. 내 배우자가 몇 년에 한 번씩이라도 산에 가서 딴 사람이랑 자고 온다면 브로크백 마운틴이고 뭐고 척추를 '브로크'해 버리고 싶어질 겁니다. 이런 건 사랑이 아니라 욕망입니다. 보수에게 이 영화는 전통적인 가치관과 도덕성의 관점에서 혼란스럽고, 결혼이라는 신성한 제도와 가족관을 위협하니 걱정스럽습니다.

진보의 입장에서 〈브로크백 마운틴〉은 억압적인 사회와 편견에 맞서는, 진정성 있는 사랑을 묘사한 걸작입니다. 사랑의 본질에 대해 다시 한번 생각하게 만드는 영화입니다. '이런 사랑도 있다'라는 것을 보여 주는 영화입니다. OST 첫 트랙 "띠링~" 기타 소리만 들어도 가슴이 철렁합니다. 사랑에는 여러 형태가 있을 수 있습니다. 언제나 중요한 것은, 사람과 사람이 서로를 진심으로 아끼고 사랑하는 마음입니다. 진보에게 〈브로크백 마운틴〉의 사랑은, 욕정을 이기지 못한 게이들의 사랑이 아니라 인간 대 인간의 사랑입니다.

이 영화는 한편으로는 고통에 관한 영화입니다. 자기 자신으로 살아가고 싶지만 현실의 벽에 부딪히는 사람, 그런 용기를 내지 못해서 살아가며 점점 피폐해져 가는 사람. 그런

두 사람을 극적으로 표현할 수 있는 도구로 동성애가 쓰였습니다. 죄의식, 가족에 대한 죄책감, 상대에 대한 열망과 염려, 자신의 정체성에 대한 혼란, 감정을 억압당한 채 살아가야 하는 가장, 가부장적 사회가 강요하는 남성성의 굴레, 그로 인한 자기혐오와 두려움을 함께 보여 줍니다. 그래서 자아실현의 가치를 이야기하는 영화이기도 합니다.

보수와 개신교단이 바라보는 동성애

원로 목사 한 분이 제게 하신 말씀이 있습니다. "불과 20~30년 전만 해도 다른 것을 틀렸다고 해서 문제였는데, 이제 틀린 것을 다르다고 해서 문제다." 이것이 동성애를 바라보는 보수 일반의 시각입니다. 틀린 것, 옳지 않은 것. 우리나라에서 동성애자를 비롯한 성소수자에게 가장 비판적인 곳은 개신교 교단입니다. 2019년 말의 한 조사에 따르면 우리나라 개신교도의 58퍼센트가 '동성애는 죄'라고 답했습니다. 비개신교인의 25퍼센트보다 두 배 이상 높은 수치입니다. 동성애의 마지막 '애愛'는 '사랑'이 아니라 '성행위'일 뿐이라는 것이 우리 개신교의 입장입니다.

"여자와 성관계를 하듯이 남자와 성관계를 하지 마라. 그것은 가증스러운 짓이다."_《우리말성경》, 레 18:22

"어떤 남자가 여자와 성관계를 맺듯이 남자와 성관계를 맺었다면 그들

모두 가증한 일을 저지른 것이다. 그들은 죽어야 하며 그들의 죽음의
책임이 그들에게 있다." _《우리말성경》, 레20:13

　　기독교에서는 남성과 여성의 결합을 하나님의 창조질
서로 봅니다. 우리나라 개신교의 관점에서 동성애는 일종의 정
신병이고, 마땅히 이성에게 끌려야 하는 자연법칙을 거스르는
돌연변이입니다. 그렇게 태어난 사람도 일부 있겠지만, 오늘
날에는 동성애가 일종의 유행처럼 되어서 젊은이들의 호기심
을 자극합니다. 동성애를 '선택'하는 젊은이들이 늘어나고 있
습니다. 우려스러운 일입니다. 지구상의 어떤 동물도 자손 없
이 멸종하도록 설계되지 않았으니, 동성애는 자연의 섭리에도
종교적 교리에도 모두 어긋납니다. 사회의 가장 기본적인 구성
단위인 가족, 가정, '정상가족 이데올로기'를 심각하게 위협합
니다. 하나님은 모든 사람을 사랑하지만 죄를 미워하는 분이시
기도 합니다. 죄를 죄라고 말하는 것 또한 교회의 의무입니다.
동성애자들을 미워해서가 아니라, 그들이 죄에서 벗어나 하나
님의 은혜를 받기를 바라는 마음에서 그렇게 말합니다. 동성애
는 창조의 질서에 어긋나는 '가증한 일', 하나님의 뜻에 대한 반
역, 마땅히 무릎 꿇고 회개해야 할 '죄'입니다.

진보 학자와 의사들이 바라보는 동성애

학생   교수님, 동성애는 좋은 건가요, 나쁜 건가요?

교수   한 가지 물어봐도 되겠나? 자네 혈액형은 뭔가?

학생   전 B형입니다.

교수   B형 혈액형은 좋은 건가, 나쁜 건가?

학생   혈액형에 좋고 나쁜 게 어딨나요. 타고나는 건데.

교수   그게 자네 질문에 대한 답이네.

오늘날 대부분의 심리학 및 의학기관은 동성애를 정신병으로 보지 않습니다. 세계보건기구WHO와 미국정신의학회 APA는 이미 수십 년 전에 동성애를 치료나 교정이 필요한 정신질환 목록에서 삭제했습니다. 이후 동성애는 개인의 자연스러운 성정체성의 하나로만 인정될 뿐, 정신의학의 진단명에서 완전히 사라집니다. 진보의 입장에서는 (학자나 의사들이 다 아니라는데) 자신의 편향에 기대어 기어코 상대를 정신병자로 만들고야 말겠다는 불굴의 의지를 가진 사람들이 이 세상에 함께 있을 뿐입니다.

진보가 동성애자나 성소수자에 대해 '헤이트 스피치 hate speech(혐오 발언)'나 차별을 하지 말자고 주장하는 이유는, 그것이 개인이 선택하지 않은 것, 타고난 정체성이기 때문입니다. '동성애자는 (남자는, 경상도 사람은, 장애가 있는 사람은) 옳지 않다'라는 말은 성립할 수 없습니다. 애초에 옳고 그름의 가치 판단 대상이 아닙니다. 스스로 선택한 것들에 대해서라면 얼마든지 비판할 수 있습니다. 종교나 신념, 행동, 말 등은 모두 개인이 선택하는 것입니다. 이런 것들은 비판이 가능합니다. 누구나 다른 사람의 행동이나 신념에 대해 적절한 근거를 들어 비판할 수 있고, 그 비판에 동의하지 않는다면 마찬가지로 적절한 근거를 들어 반론을 펼치면 됩니다. 진보에게 동성애는 '죄'가 아닙니다. 개신교도인 것도 그것 자체로는 죄가 아닙니다. 그러나 동성애와 성소수자를 죄악시하는 개신교의 '혐오와 차별'은 진보의 눈으로 볼 때 모두 '죄'입니다.

동성결혼 합법화 문제

2015년 미국 연방대법원의 이른바 '오버거펠 판결'. 이전에는 수도인 워싱턴과 36개 주에서만 허용됐던 동성결혼이, 이 판결 이후로 미국 전역에서 합법화됩니다. 주 차원에서 남아 있던 동성결혼 금지 조항은 모두 무효화됐습니다. 동성혼 합법화를 이끌어 낸 재판은 2013년 이미 동성혼이 합법화된 메릴랜드주에서 결혼식을 올린 짐 오버거펠과 존 아서 부부가, 자신들이 이주한 오하이오주 정부에도 혼인 관계를 인정해 달라고 소송을 제기하며 시작됐습니다. 불치병에 걸렸던 아서는 소송을 낸 그해에 숨졌지만 오버거펠은 아서의 사망 증명서에 자신을 배우자로 써넣기 위한 법정투쟁을 계속했습니다. 그 결

2015년 6월 26일 오버거펠 판결을 축하하는 시위자들.

과 2015년 6월, '동성결혼은 합헌'이라는 결정이 나옵니다.

당시 미국 연방대법원은 보수 4인 대 진보 4인으로 의견이 갈렸는데, 결정권을 쥔 앤서니 케네디 대법관이 합법화 지지 입장을 내며 아슬아슬하게 통과됐습니다. 판결이 나온 날 미국의 성소수자와 지지 단체는 '사랑이 승리했다Love Wins'라며 환호했고, 일찌감치 동성혼 지지 입장을 표명했던 버락 오바마 당시 대통령은 백악관 외부 조명을 성소수자를 상징하는 무지개색으로 바꿨습니다.

아직도 논쟁이 계속되고는 있지만 동성혼 합법화가 미국에서 다시 뒤집힐 가능성은 아주 낮아 보입니다. 미국은 동성결혼에 대한 찬성 의견이 70~80퍼센트에 달할 정도로 압도적입니다. 보수적인 공화당 지지자만을 대상으로 조사해도 절반 가까이가 찬성입니다. 가까운 일본의 경우 《아사히신문》이 2024년 2월 21일 공개한 여론조사 결과를 보면, '동성혼을 법률로 인정해야 한다'라는 의견이 무려 72퍼센트나 됩니다. 반면 우리나라는 찬성하는 사람 34퍼센트, 반대하는 사람 50퍼센트로, 아직 반대 의견이 상당히 우세합니다. '모르겠다'의 비중은 16퍼센트입니다(한국리서치 '2024 성소수자 인식조사'). 이런 가운데 우리 대법원이 2024년 7월 18일 건강보험 직장가입자의 동성 배우자도 (사실혼 관계의 이성 배우자와 마찬가지로) 피부양자 자격이 있음을 확정하는 판결을 내렸습니다. 이 결정에 따라 국민건강보험공단은 2024년 10월 4일부터 사실혼 관계에 있는 동성부부에 대한 건강보험 피부양자 자격 등록을 공식적으로 허용하기 시작했습니다. 우리의 둑에도 아주 작은 균열이 생겼습니다.

개신교단이 '포괄적 차별금지법'을 반대하는 이유

유엔 인권이사회가 2023년 1월, 우리나라에 '포괄적 차별금지법' 제정을 권고한 바 있습니다. 차별금지법은 성별, 성정체성, 신체 조건, 병력, 외모, 나이, 국가, 민족, 인종, 피부색, 언어, 지역, 종교, 사상, 학력, 사회적 신분 등에서 합리적인 이유가 없는 차별을 금지하는 법률입니다. 우리나라는 지난 2006년 정부 발의를 시작으로 지금까지 모두 8번 비슷한 취지의 법안이 발의되었는데, 매번 철회되거나 임기 만료로 폐기

차별금지법 제정을 반대하는 1인 시위. ©《한겨레》백소아

되었습니다. 아직까지 차별금지를 규정하는 법안이 단 한 번도 국회의 문턱을 넘은 적이 없습니다.

2024년 10월 27일. 개신교계 임의단체인 '한국교회 200만 연합예배 및 큰 기도회 조직위원회'가 서울광장 일대에서 차별금지법 제정과 동성결혼 합법화 반대를 촉구하는 집회를 열었습니다. 당시 국회에 차별금지법에 관한 어떤 움직임도 없었기 때문에 다소 뜬금없어 보였습니다. 집회 조직위는 "창조 질서를 부정하는 성 오염과 생명 경시로 가정과 다음 세대가 위협받고 있다. 가정을 붕괴시키고 역차별을 조장하는 동성혼의 법제화를 반대한다. 포괄적 차별금지법도 제정되어서는 안 된다"라고 주장하면서 "정부는 동성 결합을 사실혼 관계와 같게 취급하려는 국민건강보험공단의 위법한 자격관리 업

무처리지침을 즉각 개정하라"라고 촉구했습니다. 그렇습니다. 이 집회는 2024년 7월의 대법원 판결이 '언젠가는' 차별금지법 제정과 동성결혼 합법화로 이어질 것을 불안해하는 마음 때문에 열린 것입니다. 이 집회 이전에는 보수 개신교단을 대변하는 한국교회언론회가 "차별금지법 제정은 동성애에 대한 다른 의견을 가진 사람들을 역차별한다. 이행강제금을 물리고 인신을 구속하며, 반인권주의자로 낙인찍으려는 무서운 음모가 도사리고 있다"라고 한 바 있습니다.

차별금지법에서 중요한 부분은 '차별행위에 대한 구제조치'입니다. 특정 행위가 차별이라고 판단된다면, 그다음 조치를 어떻게 할 것인지가 중요하다는 얘기입니다. 정의당에서 지난 2020년 발의한 차별금지법안을 보면, 차별을 받은 피해자는 국가인권위원회에 진정을 제기할 수 있고, 국가인권위원회는 차별 구제를 위해 시정권고를 할 수 있습니다. 시정권고를 받은 자가 정당한 사유 없이 권고를 이행하지 않거나 시정명령을 불이행할 경우 3000만 원 이하의 이행강제금을 부과할 수 있습니다. 앞의 이행강제금 얘기는 이 조항 때문에 나온 것입니다. 차별금지법안에 반대하는 한 국회의원의 얘기를 들어볼까요. "법안이 통과되면 역차별 문제가 곧바로 발생합니다. '이런 문제가 있다'라고 얘기하는 것 자체가 혐오 발언으로 규제받을 수 있습니다. 동성애 등에 대한 반대 자체를 못 하도록 금지시키는 것이기 때문에 결국 표현의 자유, 양심의 자유, 종교의 자유, 언론의 자유 등이 근본적으로 제약을 받습니다. 학교가 학생들에게 동성애 옹호 등에 대해 가르친다면, 학부모 입장에선 '우리 자녀들에게 그런 동성애를 가르치면 안 된다'라고 말할 수 있는 권리가 있지 않습니까? 하지만 차별금지법이 통과되면 그런 주장을 하는 학부모도 처벌받게 되는데, 이런 법이 과연 올바른 법인가요?"

그러니까, 하나님 앞에서 명백하게 죄악인 동성애를 눈앞에 두고 "동성애는 죄악입니다"라고 말할(또는 설교할) 자유를 막아서는 안 된다는 것이 주장의 핵심입니다. 이 말을 들은 누군가가 '감정적으로 차별을 느꼈다'라며 고소할 수 있고, 해외에는 이미 수많은 피해 사례들이 있다는 것입니다. 해외의 피해 사례들에 대해서는 2020년 7월 17일 《뉴스앤조이》의 기사 〈노방전도하면 체포? 극단주의자의 반복 행동이 문제〉와 이 시리즈 기사에 대한 각종 반박과 재반박 글들을 찾아보시면 좋겠습니다.

여기서부터는 개신교계의 의견에 본격적으로 반기를 한번 들어 봅시다. "동성애는 죄이고, 동성애자는 싫다" 같은 표현. 우리는 보통 교육을 통해 그렇게 말해야 할 때와 그러지 말아야 할 때를 배웁니다. 상대가 동성애자이고 1 대 1인 상황이라면, 면전에서 "난 네가 동성애자라서 싫다" 얘기하는 건 그저 '좀 무례하네' 정도일 일입니다. 하지만 다수의 집단(개신교회)에서 소수(성소수자)를 대상으로 이렇게 '표현'하는 것은 폭력이 될 수 있습니다. 게다가 그 다수집단이 평소에는 사랑과 포용을 주장해 오던 집단이라면, 단순히 기본적인 교육 문제로 치부하기도 어려워집니다. 많은 사람들이 개신교도의 면전에 대고 "나는 개독이 정말 싫어"라고 말하고 싶은 충동을 참습니다. 사람이 사람에게 그래서는 안 된다고 생각하기 때문입니다. 하지만 만에 하나 이런 기운이 우리 사회에 널리 확산하여 "나는 개독이 싫다. 교회는 존재 자체로 죄악이다"라고 광장에서 외치는 사람의 수가 수백 만에 육박하게 된다면, 그때 교단은 어떤 논리로 이 외침에 대응할 수 있을까요?

성경에는 고작 몇 줄뿐인 '남색'에 대한 경고보다 '탐욕'에 대한 경고가 훨씬 많은데, 왜 우리나라 개신교는 세상의 탐욕에 대해서는 동성애만큼 분노하지 않을까요? 하나님의 섭리를 바탕으로 한 결혼이나 가정에 집중해서, 늦은 결혼과 저출산 문제에 대한 교회의 의견을 제시할 수도 있고, 정부를 상대로 시스템 개선 방향에 대해 권고도 할 수 있을 텐데, 왜 전체 인구의 한 줌도 되지 않는 동성애 문제에 이렇게 집착하고 있을까요? 20년 가까이 구천을 떠돌고 있는 차별금지법 제정이나 동성결혼 합법화가 먼저 올까요, 아니면 남북통일이 먼저 올까요?

종교를 갖고 있지 않은 사람의 눈으로 보았을 때, 대한민국의 '일부' 개신교는 '포용'의 종교이기보다 '배제'의 종교에 가깝습니다. 대한민국 개신교단의 '일부'는 오랜 시간 동안 '타

3부 혐오와 배척이 아닌 화합과 연대를 위해

자에 대한 혐오'를 이어 왔습니다. 일관되게 혐오했던 대상은 북한이었습니다. 한국교회의 뿌리가 서북 지역(평안도)을 중심으로 한 1세대 원로 목사들에게 있다는 것을 고려하면 이런 현상은 어쩌면 당연했다고 할 수 있습니다. 개신교단이 대중문화를 타깃으로 삼기도 했습니다. 1996년 '퇴폐문화 오염자 마이클 잭슨의 방한을 반대한다'라는 개신교단과 시민단체의 반대 운동은 아직까지도 많은 사람들의 기억 속에 생생하게 남아 있습니다. 마이클 잭슨의 공연은 무산 직전 청소년관람금지를 조건으로 겨우 허가됐습니다.

21세기에 들어서니 동성애와 성소수자가 혐오의 대상이 되었습니다. 개신교단이 추앙해 온 미국이나 미국교회와도 전혀 딴판으로 동성애 문제에 우리나라의 교계가 이렇게 집착하는 이유는, '일부' 개신교단이 교인을 한데 결집시키기 가장 쉬운 수단을 여전히 '혐오'라고 믿기 때문입니다. 교단에는 이런 일부의 의견에 반대하는 다른 목소리가 있습니다. 개신교계 원로 중진인 크리스천아카데미 이사장 채수일 목사는 "근본주의자들은 동성애자들을 반대하는 근거를 성경에서 찾는데, 가령 약자에 대한 배려나 원수에 대한 사랑 같은 것을 지키지 않고 왜 꼭 동성애자들을 반대하는 규례만 지키려고 하는지 의문"이라고 말합니다. 개신교단의 신학자 손봉호 서울대 명예교수는 "개인적으로 동성애 자체는 성경에서 옳지 않다고 하기 때문에 옳지 않다고 생각하지만, 동성애자와 성소수자를 차별하는 것에는 반대한다"라고 밝힌 바 있습니다.

　　아이폰을 만드는 세계적인 IT 기업 애플의 CEO 팀 쿡은 2014년 10월 한 경제 주간지 기고문을 통해 커밍아웃했습니다. 그는 "나는 내가 동성애자란 사실이 자랑스러우며, 신이 준 선물 중 하나라고 생각한다"라며 "동성애자로 살면서 소수자에 대해 더 이해할 수 있었고 더 공감을 잘하는 사람이 될 수 있었다"라고 썼습니다. 동성애를 죄라고 믿는 목사님들만큼은 진짜 인간적으로 갤럭시 써야 됩니다.

▌ 사족 1: 어떤 편견도 혐오도 없이, 동성애자 딸의 심장을 무자비하게 타격해 버린 어떤 아빠 이야기

아빠한테 울면서 "아빠…. 나 여자 좋아해요"라고 말했을 때 우리 아빠 첫마디. "그 여자도 너를 좋아해?"

▌ 사족 2: 어떤 엄마의 이야기

나: 수행 써야 해서 물어볼게. 엄마는 동성결혼에 찬성해요, 반대해요?

엄마: 난 반대지.

나: 이유는?

엄마: 결혼은 하는 거 아니야.

나: ….

엄마: 성별은 상관없어. 결혼은 하는 거 아니야.

낙태와 사형에 대하여

낙태에 대하여

'로 대 웨이드 판결Roe v. Wade'은 1973년 미국 연방대법원이 여성의 낙태권을 헌법상의 권리로 보장한 판결입니다. 미국의 헌법 제14조에 명기된 개인의 자유Liberty가 '사생활을 누릴 권리를 보장하며, 이 권리에는 여성이 낙태를 선택할 권리도 포함된다'라고 판단한 것입니다. 미국 역사상 가장 중요한 헌법 해석 중 하나입니다. '로 대 웨이드 판결'이라는 명칭에서, '로'도 사람 이름, '웨이드'도 사람 이름입니다. 당시 '제인 로Jane Roe'라는 가명을 사용한 텍사스주 여성 노마 맥코비가 강간으로 인해 원치 않는 임신을 하게 됩니다. 그런데 텍사스주는 생명을 구하기 위한 경우를 제외하고는 낙태를 법률로 금지하고 있었습니다. 제인 로(맥코비)는 소송을 제기합니다. 소송을 제기한 로가 원고, 피고 격에 해당하는 텍스스주 지방검사장 이름이 '헨리 웨이드Henry Wade'였습니다. 그래서 '로 대 웨이드 판결'입니다. 이 역사적인 판결은 이후 미국에서 '생명권 지지 Pro-Life'냐, '선택권 지지Pro-Choice'냐로 엄청난 논쟁을 불러일으키게 됩니다. 1973년의 이 판결 이래로 최근까지, 미국 전역에서 임신 24주 차까지의 낙태는 합법이었습니다.

　2022년 6월, 대반전이 일어납니다. 보수 우위가 된 연방대법원에서 '로 대 웨이드 판결'을 뒤집어 버립니다. 낙태권을 폐지한 것입니다. 이번에는 대법원이 "낙태권이 헌법에 명시되어 있지 않으며, 역사적으로도 낙태가 폭넓게 허용되지 않았다. 낙태권은 개인의 자유 개념에 포함되지 않는다"라고 했습니다. 임신한 여성의 낙태권을 어느 정도로 보장할 것이냐는 다시 각 주 정부와 의회의 권한이 되었습니다. 그 결과가 다음의 지도입니다. 이제 주별로 서로 달라진 법률에 따라, 낙태권을 보장하는 범위도 다 달라졌습니다.

　미국 연방대법원이 같은 헌법 제14조의 해석을 정반대로 해서 '로 대 웨이드' 판결을 뒤집자마자, 프랑스 마크롱 대통령은 여성의 낙태권을 자국 헌법에 명시하겠다고 국민들에게 약속합니다. 그리고 어우야, 그런 일이 실제로 일어났습니다. 2024년 3월, 프랑스가 세계 최초로 헌법에 '낙태의 자유'를 박아 넣습니다. 프랑스에서는 이미 1975년부터 낙태가 합법이었습니다. 그런데 이번에 헌법 제34조에 '이 법은 여성이 낙

'낙태권 폐지' 판결 이후 미국 지역별 낙태 금지 및 허용 현황

■ 금지(16곳) ■ 조건부 금지(5곳) ■ 법원이 금지 조치 효력 정지(5곳) □ 합법(25곳)

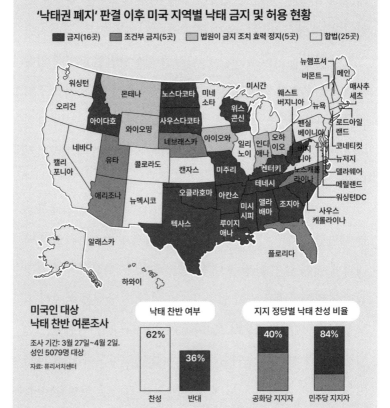

미국인 대상 낙태 찬반 여론조사

조사 기간: 3월 27일~4월 2일.
성인 5079명 대상

자료: 퓨리서치센터

낙태 찬반 여부

62% 찬성
36% 반대

지지 정당별 낙태 찬성 비율

40% 공화당 지지자
84% 민주당 지지자

태를 할 수 있는 자유를 보장한다'라고 '구체적으로' 써넣은 것입니다. 프랑스 여성들은 이제 정권이 바뀌든 말든, 정치적인 상황이 어떻게 달라지든 간에, 나라의 최상위법인 헌법에 의해 낙태권을 보호받게 되었습니다. "어이, 미국 사람들. 여기 우리를 좀 보세요" 하는 프랑스인들의 목소리입니다. 여성의 자기결정권을 옹호하라고 전 세계에 권하는 프랑스의 목소리이기도 합니다.

우리나라는 어떨까요? 지난 2012년 우리 헌법재판소는 재판관 8명(공석 1명)이 참여한 선고에서 4 대 4 의견으로 낙태죄에 대해 합헌 판정을 내린 바 있습니다. 여성의 자기결정권보다 태아의 생명권이 먼저라는 의미였고, 낙태는 여전히 죄로 남았습니다. 그로부터 7년이 흐른 2019년 4월, 이번에는 헌법재판소가 낙태하는 여성과 의료진을 처벌하도록 규정한 형법의 낙태죄 조항이 헌법에 합치하지 않는다고 결정합니다. 간통처럼 낙태도, '처벌할 수 있는 범죄'가 아니라는 뜻입니다. 단, '임신 22주'를 낙태 허용의 상한선으로 판단했습니다. 22주 이후에는 어떤 이유로든 낙태해선 안 된다고 했습니다. 헌법재판소의 '낙태죄 위헌' 결정에 따라 우리는 '임신한 여성의 낙태권을 어떤 기준으로, 어느 범위까지 보장할 것이냐'에 대한 법을 새로 만들어야 합니다. 하지만 2019년 판결 이후 여태까지 지루한 논의만 몇 년째 이어지고 있을 뿐, 법률 제정이 되지 않고 있습니다. 지금 우리나라에서 낙태는 합법도 불법도 아닙니다.

낙태에 관한 의문은 언제나 이런 것입니다. 만약 태아의 삶이 산모의 삶을 희생하도록 예정되어 있다면 어느 쪽의 삶을 선택해야 하는가? 그 선택의 주체는 누구여야 하는가? 태어나지 않은 태아보다 먼저 존재했던 자기의 삶을 소중하게 여기는 여성의 입장은 비난받아 마땅한가? 국가나 사회가 선택을 강요해도 되는가….

낙태를 둘러싼 인간들의 맨얼굴, 〈4개월, 3주… 그리고 2일〉

IMDb 7.9&로튼 토마토 관객점수 86점. 2007년 칸영화제 황금종려상을 받은 〈4개월, 3주… 그리고 2일4 Months, 3 Weeks and 2 Days〉(2007) 낙태에 반대하는가 찬성하는가는 전혀 중요하지 않은 영화입니다. 이동진 영화평론가는 이 영화에 대해 "보는 영화가 아니라 겪는 영화"라는 한줄평과 함께 5점 만점에 4점을 줬습니다.

배경은 1987년 루마니아. 나라의 인구수를 늘리겠다며 차우셰스쿠 독재정권이 법으로 낙태와 피임을 모두 금지시킵니다. 여성들은 섹스를 포기하지 않는 이상 늘 임신의 공포를 안고 살아가야 하는 존재가 되었습니다. 출산하는 기계 취급을 받습니다. 1960년대부터 1980년대까지 약 50만 명의 여성들이 불법 중절 시술을 받다가 사망했다는 보고가 나올 만큼 사회의 부작용이 컸습니다. 주인공 '가비타'는 학생 신분으로

구하기 힘든 돈을 마련해 낙태를 시도하지만, 임신 개월 수를
속인 것이 드러나 시술을 거부당합니다. '가비타'의 친구 '오틸
리아'는 친구를 위해 불법 시술업자와 섹스를 해 줘야 하는 아
이러니한 상황에 놓입니다. 시술 업자에게 몸을 내어 주는 장
면은 보여 주지 않되, 사산한 태아의 모습은 20초 가까이 보여
주는 영화입니다. 영화가 너무 사실적이어서 보는 내내 답답함
이 가슴을 짓누릅니다. 두 번 보라면 절대 볼 수 없는 영화이고,
한 번은 꼭 봐야 하는 영화입니다.

낙태는 반대, 사형은 찬성하는 보수

이제 한번쯤 생각해 볼 것이 있습니다. '낙태와 사형' 문제입니다. 낙태나 사형이나 똑같이 한 인간의 생명을 앗아가는 중차대한 일인데, 한쪽엔 찬성하고 다른 한쪽엔 반대하는 보수와 진보의 이율배반 말입니다.

보수는 기본적으로 낙태든 사형이든, 둘 다 사회의 책임으로 벌어지는 일이 아니라고 생각합니다. 보수는 자유를 항상 책임이나 도덕적가치와 묶어서 생각합니다. 어떤 선택이든 자유롭게 하되, 그 자유에는 반드시 책임이 따른다는 것. 자유가 무분별한 방종으로 흘러서는 안 된다는 것입니다. 낙태를 반대하는 이유도 비슷합니다. 한 여자가 원치 않는 아이를 갖게 된 것은 (그녀를 그렇게 몰고 간 사회적배경이 문제가 아니라) 그 여자의 '실수'입니다. 개인의 '부주의함'으로 일어난 일입니다. 책임을 회피해서는 안 됩니다. 개인의 실수를 태아의 생존과 맞바꿀 수는 없는 것입니다. 보수에게 낙태는 여성의 성적 문란을 조장하고 도덕의 가치, 공동체의 가치를 파괴하는 일이기도 합니다. 생명은 신에 의해 부여되는 신성한 것이며, 수정된 순간부터 생명이 시작됩니다. 태아도 엄연한 생명입니다. 잉태되는 순간부터 인간으로서의 권리를 가집니다. 태아의 생명권을 함부로 짓밟는 행위는 어떤 이유로도 정당화될 수 없습니다.

사형도 마찬가지입니다. 사람의 '악함'은 그 사람 개인의 문제입니다. 눈에는 눈, 이에는 이입니다. 사형선고를 받을 만큼 중대한 범죄를 저지른 사람이라면, 사형을 집행함으로써 사회정의를 실현해야 합니다. 교화 불가능한 범죄자가 있다는 사실을 모두 인정해야 합니다. 그런 사람을 살려 놓는 일에 우리의 피 같은 세금이 들어가는 걸 막아야 합니다. 범죄자 제거를 통해 사회의 안정성을 유지할 수 있습니다. 사형은 범죄 억제를 위한 강력한 수단입니다. 범죄자들이 죽음을 두려워하도록 만들어야 합니다.

이율배반으로 보이지만, 보수의 낙태 반대는 '무고한 생명을 보호해야 한다'라는 원칙에서 출발합니다. 반면, 사형은 '사회질서를 어지럽힌 중범죄자의 생명은 정당하게 박탈될 수 있다'라는 논리에서 출발합니다. 이는 개인의 행위에 따라 생명의 가치를 달리 평가하는 관점과 연결됩니다. 태아는 스스로 선택할 수 없는 무고한 존재지만, 사형수는 자신의 선택과 행위로 인해 중대한 범죄를 저질렀다는 점에서 책임이 다르다고 여기는 것입니다.

낙태는 찬성, 사형은 반대하는 진보

진보는 낙태를 '필요악'으로 인정합니다. 여성에게 자신의 신체와 임신, 출산에 대한 완전한 결정권이 있다고 믿습니다. 이것이 여성의 자기결정권입니다. 여성에게는 자신의 삶과 미래를 스스로 결정할 권리가 있고, 국가는 이러한 권리를 존중하고 보장해야 한다는 것입니다. 그리고 이런 문제에는 사회의 책임이 가장 크다는 생각이 깔려 있습니다. 태아의 생명권을 존중하지만, 여성의 자기결정권과도 균형을 이루어야 합니다. 태아가 여성의 몸에 생존을 의존하고 있는 이상, 임신 유지 여부에 대한 최종결정권은 여성에게 있다는 것입니다. 태아가 독립된 생명으로 간주되기 전까지는 여성의 권리가 우선합니다. 게다가 모든 여성이 임신을 축복으로 받아들이는 게 아닙니다. 원치 않는 임신처럼 감당할 수 없는 상황에 놓이면 여성들은 절망합니다. 그 아이를 낳아 길러야 하는 여성의 현실을 먼저 봐야 합니다. 경제적인 어려움, 사회적인 차별, 건강 문제…. 그 모든 짐을 여성이 혼자 짊어져야 합니다. 국가와 사회가 그들에게 아무것도 해 주지 않으면서 '생명'이라는 숭고한 단어 뒤에 숨어 책임을 회피하면 안 됩니다. 낙태는 단순한 '선택'이 아니라, 절박한 상황에 놓인 여성의 '마지막 선택'일 수 있습니다. 그 선택을 존중해야 합니다.

진보에게 모든 인간은 존엄합니다. 사형은 인간의 존엄성을 근본적으로 침해하는 잔혹하고 비인도적인 형벌입니다. 오판의 가능성도 배제할 수 없습니다. 만약 사형이 집행된 후 무죄임이 밝혀진다면, 그 결과를 되돌릴 방법이 없습니다. 사형제도는 이러한 비극을 초래할 가능성을 늘 내포하고 있습니다. 사형이 범죄 억제에 효과적이라는 주장에도 진보는 동의하지 않습니다. 아무리 흉악한 범죄자라 할지라도 교화될 가능성이 있고, 국가가 이런 가능성을 포기해서는 안 됩니다. 가석

방 없는 종신형 등의 대안을 통해 사회를 보호하면서도 범죄자의 교화 가능성을 열어 두어야 합니다. 무엇보다, 사형수 하나를 죽이는 것 이전에 그런 범죄자를 양산해 낸 사회의 구조적 병폐를 없애는 데 초점을 맞춰야 합니다. 썩은 나뭇가지가 그렇게 썩은 것에는 나무의 책임도 있는 것입니다.

살인과 사형의 차이, 〈데드 맨 워킹〉

IMDb 7.5&로튼 토마토 관객점수 86점. 최고의 배우, 최고의 연기. 피해자 가족들이 이해되면서도 주인공 숀 펜의 눈빛이 마음에 오래 남는 영화 〈데드 맨 워킹Dead Man Walking〉(1995). 이 영화는 사형 역시 살인과 다를 바 없다는 것을 보여 줍니다. 살인을 목격한 사람은 사형제도에 찬성하고, 사형을 목격한 사람은 사형제도에 반대한다는 말이 있습니다. 사형제도 자체에 대해 시종일관 이만큼 중립적인 자세를 견지하는 영화는 없습니다. 숀 펜에 대한 동정심이 커지고 사형제도가 과연 꼭 필요한 것일까 하는 의문이 들 때쯤, 영화는 범죄자인 그의 추악함을 보여 줌으로써 다시 정신이 번쩍 들게 만듭니다. 사형제도에 대해 날카로운 질문을 던지면서 범죄를 털끝만치도 미화하지 않는, 보기 드문 균형감각을 갖춘 영화입니다.

마지막으로, 보수든 진보든 극단적인 상황을 가정하여 서로를 비난하는 일은 없었으면 좋겠습니다. 보수가 '어떤 상황(조건)에서도' 낙태를 금지하자는 것이 아니고, 진보 역시 '태

아의 개월 수와 상관없이' 모든 낙태가 허용되어야 한다는 입장

이 아닙니다.

태극기부대와 빈곤층의
보수성에 대하여

2025년 1월, 윤석열 대통령 탄핵국면. 영국의 일간지《가디언 The Guardian》, 미국의 〈CNN〉과 일간지《뉴욕타임스The New York Times》등 세계 유수의 언론들이 동시에 우리나라의 '태극기부대'를 궁금해하기 시작했습니다. 그리고 공통적인 분석을 쏟아 냈습니다. 순서대로 살펴보겠습니다.

> **탄핵된 한국 대통령의 지지자들이 성조기를 든 이유**
>
> 아래 기사는 2025년 1월, 서울에 살고 있는 프리랜서 저널리스트 '라파엘 라시드Raphael Rashid'가 영국의 일간지《가디언》에 쓴 것입니다. 원제목은 〈Why supporters of South Korea's impeached president Yoon Suk Yeol are flying US flags〉입니다. 영국 국적인 라시드는 외국인들에게 한국 소식

을 전하는 온라인 매체 '코리아 엑스포제Korea Exposé'의 공동 설립자이기도 합니다.

금요일 아침 수사관들이 윤석열 대통령을 체포하기 위해 노력하는 가운데, 그의 지지자들은 대통령 관저 밖에 모여 두 개의 국기를 흔들었습니다. 미국의 성조기와 한국의 태극기입니다. 외부인들의 눈에는 이런 예상치 못한 조합이 당황스러울 수 있습니다. 하지만 윤 대통령 지지자들에게 미국은 동맹 이상의 의미를 지니고 있습니다. 성조기가 상징하는 것은 그들이 위협받고 있다고 믿는, 문화적이고 영적인 질서입니다. 74세의 평인수 씨는 "애국 시민에 의해 경찰의 체포가 제지되어야 하며, 트럼프 대통령이 취임하면 우리나라가 올바른 길로 돌아갈 수 있도록 영향력을 발휘해 주기를 바랍니다"라고 말했습니다. 개신교를 중심으로 한 친윤석열 단체들은 반대파가 북한을 추종한다고 비판하면서 공개적으로 미국을 숭배하고 있습니다. 교회는 그동안 신도들에게 미국이 한국을 일본의 식민 통치로부터 해방시키고 전쟁에서 나라를 지켜줬음을 상기시키며, 미국을 '기독교적 가치가 내재된 민주주의의 신성한 수호자'라고 말해 왔습니다. 최근 몇 년 동안 한국 사회의 변두리에 있던 이들은 특히 부정선거 주장과 관련하여 점점 더 '미국 우파의 논리'를 받아들이고 있습니다. 부정선거 이야기는 2024년 12월 윤 대통령이 계엄을 선포 이후로 심화되었습니다. (…) 집회를 생중계하고 다양한 음모론을 홍보하는 극우 유튜브 채널들을 통해 이런 의혹이 증폭되었습니다. 대통령이 의존하고 있다는 비난을 받아온 이 온라인 생태계는 근거 없는 주장을 퍼뜨리고 지지자들의 사기를 진작시키는 핵심 플랫폼이 되었습니다. 한국과 미국 양쪽 모두에서, 선거의 진실성에 의문을 제기하고, 종교적 가치를 통해 도덕적 권위를 주장하며, 정치적 반대자를 국가의 적으로 묘사하는 유사한 전술이 관찰되고 있습니다. 예상하지 못한 두 나라 사이의 이 연관성은, 윤석열 핵심지지층의 중추를 이루는 한국의 복음주의 개신교가 교세를 키우던 시절까지 거슬러 올라갑니다. 이 교회들 중 상당수는 한국전쟁 이전에 북한에서 박해를 피해 피난 온 기독교인들이, 자신들의 종교적 정체성에 격렬한 반공이데올로기를 더해 설립한 것들입니다. (후략)

같은 달, 미국의 방송사〈CNN〉역시 우리나라 사람들이 성조기를 흔들고 있는 모습을 미국 시청자들이 이해하기 힘들 것이라고 생각하여, '미국의 우파 시위대와 비슷한 생각을 가졌다고 보면 된다'라고 설명했습니다. 선거 부정을 주장하는 깃발, 트럼프 지지자들이 쓰는 빨간 모자를 쓴 것 역시 비슷한 모습이라는 것입니다. "미국 보수주의자들을 따라 하고 있는 겁니다. 윤 대통령 지지시위대의 주장을 요약하면 작년 4월 한국 총선에서 야당이 부정하게 이겼고 '선거를 도둑맞았다'라는 것입니다."

미국《뉴욕타임스》역시 같은 달〈공포와 음모론이 한국의 정치적위기를 부추긴 방식〉이라는 제목의 기사에서 "도널드 트럼프 미국 대통령 당선인의 배후에 '마가Make America Great Again, MAGA'가 있다면 윤 대통령에겐 '태극기부대'가 있다"라고 소개했습니다. 《뉴욕타임스》는 "윤 대통령 지지층은 주로 고령층과 개신교 신자들로 이뤄진 태극기부대로 불린다" 라면서 "이들은 미국과의 동맹을 강조하고 진보 정치인들을 '친북'으로 규정하는 경향이 있다. 그들에게 윤 대통령 수호는 사회 곳곳에 뿌리내린 '종북주의자'들로부터 한국을 지키는 것 과 동의어로 여겨진다"라고 전했습니다. 《뉴욕타임스》와의 인 터뷰에서 제21대 국회의원을 지낸 홍성국 씨는 "윤 대통령의 계엄령은 유튜브 알고리즘 중독이 초래한 세계 최초의 내란"이 라고 평가했고, 자신을 윤 대통령 지지자라고 밝힌 한 70대 남 성은 "나는 더 이상 신문을 읽지도 TV를 보지도 않는다. 유튜 브만이 진실을 말해 준다"라고 말했습니다. 《뉴욕타임스》는 윤 대통령과 지지자들의 주장이 한국 극우 유튜버들의 음모론 과 매우 유사하다고 지적합니다. 유튜브는 선호하는 정보를 더 많이 보여 주는 알고리즘으로 사용자가 믿고 싶은 것만 믿도록 하는 '확증편향'에 빠지게 한다는 지적을 받아 왔는데, 한국의 정치가 이런 함정에 빠져 양극단으로 치달았다는 것입니다.

　　같은 시기에 저도 거리에 나가 집회에 나온 어르신께 직접 여쭤보았습니다. "어르신, 총선은 그렇다 치고요. 윤석 열 대통령이 이긴 대통령선거는 왜 부정선거라고 하시는 건가 요?" "이재명이 대통령선거에서 0.7퍼센트 차이로 아슬아슬 하게 졌잖아. 그런데 민주당이 이의제기를 하지 않았잖아. 이 게 수상하잖아. 나 같으면 표를 전부 다 다시 까 보자고 했을 거야. 그런데 민주당 놈들이 전국 곳곳에서 부정선거를 해 놔서 그거를 그렇게 못 한 거야." "아, 그렇군요. 그런데 성조기는 왜 들 들고나오셨을까요?" "빨갱이들은 미국을 반대하잖아. 우리는 다르다는 거야. 우리는 찬성한다는 거야."

'애국 시민'이 된 어르신들의 심리

태극기와 성조기를 같이 들고나온 '애국 보수' 어르신들께 개신교와 미국은, 앞서 《가디언》에서 언급한 대로 그것 자체로 세상의 '질서'입니다. 개화기에 우리나라에는 수많은 미국인 선교사들이 건너와 하나님의 가르침을 전했습니다. 이들은 (연세대학교와 세브란스병원으로 우리에게 잘 알려진) 신학문을 가르치는 학교와 병원 등을 세워 실제로 우리나라의 근대화에 크게 기여했습니다. 미국은 일본의 압제에서도, 공산주의와의 전쟁에서도 우리나라를 구했습니다. 덕분에 한국전쟁을 실제로 겪은 세대가 반공, 경제발전, 선진국 등의 키워드를 머릿속에 떠올릴 때마다 자연스럽게 가장 먼저 연상되는 나라가 미국이었습니다. 당신들의 평생을 그랬습니다. 개신교와 결합한 세계 최강대국 미국은 그렇게 어르신들에게 '하나님의 나라'가 되어 갔습니다.

하루 한 끼 먹기도 힘들었던 시대를 살다가 하루 세 끼가 가능한 시절이 오니, 그걸 가능하게 만든 대통령은 마음속에 위대한 지도자로 자리를 잡았습니다. 집도 없이 살던 사람들에게 어떤 집이라도 집이 한 채 생기면 그때의 기억이 또 평생 강렬하게 남습니다. 태극기를 손에 든 어르신들의 리즈 시절(왕년의 전성기)은 박정희, 전두환 두 대통령 때입니다. 1940년대생을 기준으로 보면 박정희 정권과 자신의 리즈 시절이 같습니다. 1950년대생은 박정희가 만들어 내는 기적을 실시간으로 목격하며 살았습니다. 그렇게 이 나라는 '박정희 대통령과 내가 함께 이만큼 만들어 놓은 것'이 되었습니다. 김영삼 때는 IMF로 나라가 쫄딱 망했고, 그걸 해결하려 애쓰던 김대중 시절에는 많은 사람들이 직장에서 쫓겨나고 죽어 나갔습니다. 영웅적인 리더는 박정희 대통령 한 사람뿐입니다. 그러니 박정희를 부정하거나 모욕하는 정치 세력이 점점 커져 가는 것을 마음속으로 용납하기가 어렵습니다.

세월의 풍파로 어쩔 수 없는 주름이 늘어난 지금, 어르신들을 잊지 않고 챙긴 일부 개신교회들이 있습니다. 이 교회의 목회자가 어르신들의 도움을 필요로 합니다. 이 나라가 위기에 빠졌다고 말합니다. 그러니 (당연히 진짜라고 믿지만) 혹시 당신이 지금 믿고 있는 것이 가짜뉴스더라도 사실 크게 상관없습니다. "내가 살아온 삶이 가치 있는 것이었다고 말해 주고, 이 나라가 지금 잘못 가고 있는데 그래서 내가 꼭 필요하다고 말해 준다면…" 어르신들의 마음은 이런 것입니다. 어르신들께 이 나라는 아직 '종북빨갱이'들과 싸우는 전면전 상태에 있습니다. 뭘 모르는 대부분의 젊은이들은 아니라고, 그렇지 않

3부 혐오와 배척이 아닌 화합과 연대를 위해

태극기부대 어르신의 리즈 시절을 함께한 박정희 대통령. ⓒ 한국학중앙연구원

다고 합니다. 오히려 뭘 모르는 건 젊은이들입니다. 안타까운
마음으로, 같은 뜻을 가진 사람들이 한곳에 모입니다. 후손들
이 살아갈 이 나라 대한민국을 빨갱이들의 손에 넘겨줄 수 없
습니다. 나라의 혼돈과 무질서를 어떻게든 빨리 바로잡아야 합
니다. 나의 희생으로 그렇게 할 수 있다면 이보다 가치 있는 일
은 없습니다. 미국이 다시 한번 나서 줘야 합니다. 미국이 조금
만 도와주면 우리나라가 더 빨리 안정을 찾을 수 있습니다. 태
극기와 함께 성조기를 소중하게 챙겨 드는 어르신들의 마음은
그런 것입니다.

　　'예수는 구세주'라는 것이 기독교 전체의 근간입니다.
유대인들은 예수가 구세주라는 것을 인정하지 않습니다. 그리
고 이스라엘은 이런 유대인들의 나라입니다. 태극기부대의 집

태극기, 성조기, 이스라엘기를 함께 들고 나온 시위자. ⓒ 평화나무 박종찬

회에는 종종 태극기, 성조기와 함께 이스라엘 국기가 등장합니다. 인지부조화(기존에 가지고 있던 믿음과 반대되는 새로운 정보를 접했을 때 받는 정신적 스트레스)가 생길 법한 일이지만 이것은 기독교 근본주의, '복음주의'의 영향 아래에서 벌어지는 현상입니다. 복음주의자들은 《창세기》 12장 3절을 문자 그대로 해석하여 '이스라엘을 편드는 사람은 하나님께서 복을 주시고, 그 반대의 경우는 저주를 받는다'라고 믿습니다. 이런 복음주의 신앙은 '천년왕국은 이스라엘을 중심으로 한다. 이스라엘에 대적하는 것은 하나님에게 대적하는 것이다'라는 믿음으로 이어집니다. 그래서 '국가'로서의 이스라엘이라기보다, 우리도 천년왕국의 도래를 기다리고 있다는 것을 하나님께 보여드릴 목적으로, 우리도 하나님의 나라임을 알리려는 뜻에서 이스라엘 국기를 함께 듭니다.

어르신들뿐 아니라 젊은이들도, 아니 그 누구라도 '확증편향'에 빠지면 간단한 분별을 하기 어렵고 간단한 균형도 잡기 힘들어집니다. 어떻게든 내가 '믿고 싶은' 것을 재확인시켜 줄 증거를 찾아내고야 만다, 하는 마음이 확증편향입니다. 확증편향의 크기는 딱 그 사람이 가진 두려움의 크기만큼입니다. 반대쪽의 이야기가 맞을 경우 자신이 엄청난 위험에 빠지기 때문에 지극히 상식적인 반대 논리도 거부하게 됩니다. 확증편향은 다른 쉬운 말로 하면 '아몰라 증후군'입니다. 보고 싶은 것만 보고 듣고 싶은 것만 듣고 다른 생각, 다른 의견들에는 '아, 몰라. 어쩔 건데~' 눈을 감고 귀를 막습니다.

우리나라 개신교에 전광훈 등 극우 보수를 대표하는 목사들만 있는 것이 아닙니다. 우리나라 종교계의 거두로 가장 존경받는 김수환 스테파노 추기경은 영락교회의 한경직 목사, 조계종 종정이었던 청담 스님과 함께 우리나라의 민주화를 이끌었습니다. 문익환 목사는 1970~1980년대 민주화운동의 상징적인 인물입니다. 평생 학생운동을 적극 지원한 것은 물론, 남북 간 합의를 이끌어 내는 데도 크게 기여했습니다. 반면, 한국 조계종의 거두로 불리는 성철 스님은 5·18 직후 종정이 되었지만 현실 사회에 닥치는 위험을 못 본 척 외면했다는 평을 받습니다. 모든 집단에 어두운 면과 밝은 면이 있습니다. 더군다나 개신교는 천주교와 달리 (스타벅스나 빽다방처럼) 수많은 교단별 프랜차이즈 형태라서, 전체 교단의 뜻을 하나로 모으는 게 거의 불가능합니다.

마지막으로 가짜뉴스 문제. 가짜뉴스에 휘둘리는 사람의 문제가 아닙니다. 확증편향에 사로잡힌 사람들을 상대로 가짜뉴스를 생산하고 전파하는 자들이 문제입니다. 무식한 사람이 신념을 가지면 나쁜 의도를 갖고 생산된 가짜뉴스를 여기저기 퍼 나르게 됩니다. 어디서 들은 가짜뉴스가 썩 그럴싸해 보이고 이걸 남들은 아직 모를 거 같다는 생각이 들 때, 여러 게시판과 카카오톡에 가짜뉴스로 불을 지릅니다. 나만의 멍청함, 오리지널리티를 가진 멍청함을 뽐내는 반지성주의가 요새 아주 힙합니다. 이것도 개념적으로 정립된 용어가 있습니다. 'meta-stupidity(메타 우매성)'라고 합니다. 너무 멍청해서 멍청함 자체를 깨닫지 못하고, 자신감 있게 계속 멍청한 상태의 멍청함입니다. 무식은 여기저기 자랑을 해 놔야 깨달음과 발전이 있는 법이지만, 자기 이익을 위해 가짜뉴스를 생산하는 자, 가짜뉴스를 퍼 나르며 무식함을 뽐내는 자들만큼은 꼭 중죄로 다스려야 합니다.

빈자는 왜 부자를 위해 투표하는가

전 세계적인 의문이고 관심사입니다. 이 현상을 분석한 가장 대표적인 책은 미국의 언론인 토머스 프랭크가 쓴 《왜 가난한 사람들은 부자를 위해 투표하는가》(갈라파고스, 2012)입니다. 프랭크는 그 이유를 가난한 사람이 보수층의 논리에 끌려 들어갔기 때문이라고 보았습니다. 보수층은 선거에서 경제적이익, 돈에 대해서는 잘 이야기하지 않고 시민의 자유와 도덕 등 사회적·문화적 가치를 앞세운다는 것입니다. 보수정당은 이런 긍정적가치를 내세워 투표에서 이긴 다음, 경제적으로 부자에게 유리한 정책을 내놓습니다. 가난한 사람은 그런 전략에 휘말려 자신에게 경제적으로 불리한 정책을 시행하는 보수정당에 투표한다는 것입니다.

우리나라는 사정이 조금 다릅니다. 일단 미국과 전제부터 다릅니다. 우리나라의 보수정당은 안타깝게도, 선거 과정에서 보수주의의 긍정적인 가치나 긍정적 메시지를 말하지 않습니다. 신·가족·질서·법·역사·전통·권위·규범·도덕·윤리·자립·근면·절제·책임·품격·안보·애국심 등 보수의 훌륭한 가치들 중에서 안보와 애국심만을 가끔 언급할 뿐입니다. 그런데도 우리나라의 저소득층은 보수정당에 더 많이 투표합니다. 각종 선거의 출구조사, 선거 후의 여론조사 등에서 지난 20여 년간 일관되게 나타나고 있는 현상입니다. 지역적인 특수성으로 보수 성향을 갖게 된, 살고 있는 지역과 집단의 이익이 그대로 나의 이익이 되는 대구·경북을 일단 빼고, 살아온 시대의 특성으로 인해 진보적인 가치를 추구하는 정당이 모두 빨갱이 소굴로 보이는 70~80대도 빼고, 남은 사람 중에 가난한 사람으로 한정해서 이 문제를 살펴봐야 합니다. 너무나 궁금한 마음에 1 대 1 대화를 시도하여 듣게 된 답들을 아래 옮김니다. 표본이 적으니 과학적이지는 않습니다.

　"나도 먹고살기 힘들어 죽겠어. 나도 약잔데 자꾸 딴 사람을 위해서 뭘 해야 한다고, 하지 말아야 한다고 하는 거, 나는 그게 맘에 안 들어. 내 팔 내가 흔들고 살게 좀 냅두면 좋겠어."

　"진보 쪽 사람들은 하나같이 아는 척, 고상한 척, 잘난 척…. 다들 삼척동자예요. 나는 그런 거를 아주 싫어해."

　"최저임금 올려 주면 뭐해. 일자리가 줄어들었는데. 가게 사장들도 지금 최저임금 땜시 다 죽어 나가드만."

　"진보 쪽 애들은 주로 말로 위로를 잘하대. 막걸리라도 한 되 받아 와서 위로를 해 주면 쓰겠던데."

　"반장 선거할 때 1등 하는 애 찍어 주는 거나, 선거 때 최고로 잘나 보이는 사람 찍어 주는 거나 다 똑같은 거 아닌가요? 잘 모르겠네."

　"저 사람 찍어야 나한테도 떡고물이 좀 떨어지겠다 하는 사람 찍는 거죠. 여기처럼 좁은 지역에서는 더 그렇고요."

　원론적으로, 빈곤층이나 사회적약자가 보수를 지지하는 것은 '변화에 대한 두려움'이 있기 때문입니다. 그들도 물론 현재 상태가 만족스럽지 않습니다. 하지만 뭔가 바뀌었을 때 지금보다 더 참혹한 구렁텅이로 빠질 수도 있다는, 공포에 가까운 감정이 있습니다. 살면서 겪어 온 수많은 변화들이 점점

더 내 삶을 가혹하게 만들어서 결과적으로 지금 내 삶이 이렇게 나빠진 것이라는, 일종의 '학습효과'입니다. 이제 제발 그냥 지금처럼만, 힘들어도 지금을 유지하는 편이 낫습니다. 지금의 상태에 적응하고 현재의 삶을 지키는 데만도 너무 많은 에너지를 쏟고 있습니다. 동물적인 본능으로, 강력한 힘을 가진 사람의 그늘 아래에서 안정적으로 살고 싶기도 합니다. 내가 이루지 못한 부나 권력을 가진 사람이라면 나보다 훨씬 능력 있는 사람일 겁니다. 나보다 잘살고 나보다 똑똑한 사람들이 나를 더 잘 이해하고 이끌어 줄 것입니다. 부유한 사람들이 당연히 부럽지만, 그렇다고 부자들이 만들어 놓은 사회구조가 아주 부당하다고 느껴지지는 않습니다.

우리나라의 경우, 이런 원론적인 이야기에 하나 더 보태야 할 것 같아 보입니다. 우리나라의 가난한 사람들은 장기적인 이익 말고, 당장의 이익과 욕망에 따라 '당장 나에게' 이익을 주는 정당을 선택하는 경향이 있습니다. 보수가 이로움을 추구하는 것은 지극히 정상입니다. 가난 때문에 당장의 이로움을 찾게 되고, 이로움을 찾다 보니 보수를 선택하게 됩니다. 이번 달 한 달 먹고살기 힘든 사람이 장기적인 이익과 욕망에 집중하는 건 쉽지 않습니다. 나와 내 가족이 죽겠는 판에 옳고 그른 문제, 의로움에 집중하는 건 더더욱 쉽지 않습니다. 영화 〈아저씨〉에 이런 대사가 있습니다. "니들은 내일만 보고 살지? 내일만 사는 놈은, 오늘만 사는 놈한테 죽는다. 나는 오늘만 산다. 그게 얼마나 좆같은 건지 내가 보여 줄게." 입만 열면 명언을 쏟아 내는 개그맨 박명수도 〈무한도전〉에서 이렇게 말했습니다. "오늘 어떻게 될지도 모르는데 뭔 내일을 생각해요, 지금?" 그렇습니다. 오늘을 살아야 하는 사람들에게 내일은 너무나 멀리 떨어져 있습니다. 가난한 사람이 듣기 힘들어할 말을 하지 말아야 하는데 내일을 얘기하려면 어쩔 수 없이 설명을 해야 하니까, 진보로서는 그게 또 딜레마입니다. 아는 척하고 잘난 척한다고 비난받기 딱 좋은, 내일을 얘기하는 정당은 그래서 오늘만 사는 사람들의 마음을 얻기가 어렵습니다.

어렴풋이 이해가 되려는 와중에 여전히 남는 의문 하나. 상위 2퍼센트만 내는 종부세를 무주택자들이 왜 반대할까요? 이 문제에 대해서는 경기도지사 시절에 정치인 이재명이 남긴 답변을 참고할 만합니다. "'언젠가는 내 집을 갖고 그 집

값이 폭등해서 부자가 된다면'이라는 '희망'을 가진 사람들이, 자기 '희망'이 짓밟힌다는 느낌을 받기 때문입니다."

옳다고 믿는 신념에 따라 행동하기를

겨울이 오면 누가 푸른지 압니다. 집에서 가만히 누워 있다가 8월 16일이 되면 독립운동하는 사람들이 있습니다. "내가 그럴 줄 알았어"라고 말만 하는 사람들도 있습니다. 말만 하는 사람은 그냥 말만 하면 되는데, 왜냐하면 말만 하는 게 최고로 쉽기 때문입니다. 다른 사람이 나 대신 싸우게 하고, 답답하다는 듯 가슴을 팡팡 내리치면서 구경만 하는 사람들도 있습니다. 무슨 일에든 중립 기어를 박으려고 드는 '미친 스위스병'에 걸린 사람들도 아주 많습니다. 자신의 중2병적인 삐딱함이 남다른 현명함인 줄 착각하는 경우도 있습니다. 이것도 욕하고 저것도 욕하고, 이것도 별로고 저것도 별로고, 이것도 싫고 저것도 싫고…. 이건 쿨한 것도 아니고 현명한 것도 아닙니다. 옳고 그름이 비교적 선명한 윤석열 대통령 탄핵국면에서 적어도 이런 유형의 사람들보다는, 태극기와 성조기를 손에 들고 자신의 신념에 따라 행동하는 어르신들이 백 번 천 번 낫습니다.

2025년 1월 5일, 윤석열 대통령 관저 앞 차선 바닥에 앉아 '윤 대통령을 신속하게 체포하고 구속할 것을 요구하는' 농성을 이어 가던 시민들의 사진입니다. 이날 이른 새벽부터 눈발이 날렸지만 시민들은 은박 담요로 몸을 꽁꽁 싸맨 채 현

2025년 1월 폭설에도 자리를 지킨 탄핵 찬성 집회. ©《한겨레》 신소영

장을 떠나지 않았습니다. 이 모습은 마치 은박지로 포장된 초 콜릿 브랜드 '키세스'를 연상케 했습니다. 누리꾼들은 "키세스 동지" "한남동 키세스" "웅장하고 아름다운 키세스들" 등등의 문구를 게재하며 서로를 응원했습니다. 역사는 인간의 행동으 로 만들어지지만 행동할 당시엔 아무도 모릅니다. 지금 나의 눈앞에서 역사가 만들어지고 있다는 것을.

3부 혐오와 배척이 아닌 화합과 연대를 위해

4부

이상적인

정치의 모델

'이로운 보수'의 모범,
메르켈

이 그림은 메르켈 마름모MerkelRaute 또는 메르켈 다이아몬드 Merkel Diamond라고 불리는, 메르켈 총리의 상징적 포즈입니다. 전 세계에서 가장 위대한 보수주의 정치인을 단 한 명만 꼽아야 한다면, 단연 독일의 '앙겔라 메르켈'입니다. 앞으로 몇 세기가 지나더라도 이런 세간의 평가가 변하지는 않을 것 같습니다. 메르켈은 독일 최초의 여성 총리이자 만 51세에 총리가 된 역대 최연소 총리이고, 독일 역사상 가장 긴 기간 동안 재임한 총리이면서, 물리학 전공에 양자화학 박사학위를 가진 '공대녀'입니다. 무려 16년 동안 총리 자리에 있었기 때문에 독일에는 메르켈만 보고 자란 세대가 있습니다. 그 세대에 속하는 독일인에게 "남자가 총리 하면 어떨 거 같아?" 물으면 "에이~ 남자가 어떻게 총리를 해"라고 답할 정도로 '메르켈 이퀄(=) 총리'입니다. 메르켈 총리의 좌우명부터 소개합니다. 'Langsam aber sicher.(늦더라도 확실하게.)'

(공식적으로는 동독 출신이지만) 1954년 서독에서 태어났습니다. 아버지는 개신교 목사입니다. 아버지가 속한 교단에서 아버지를 동독 교구의 목사로 임명하는 바람에 어릴 때 동독으로 이주합니다. 출생지가 서독이라서 냉전시대에도 동서독을 오갈 수 있었습니다. 아버지는 목사이고 본인도 개신교 신도인 만큼, 동독 공산당이나 사회주의 활동과는 관계를 맺지 않았습니다. 동독 말기에 동독 민주화운동에 참여하였고, 이후 독일이 통일됩니다. 자유를 억압하던 동독 공산주의 체제에서 성장하면서 동독 체제로부터 자신이 지켜야 할 세 가지 기본 원칙, 즉 눈에 띄지 말 것, 타협할 것, 신중하게 행동할 것을 배웠다고 합니다. 통일 독일에서 메르켈은 보수주의 정당이자 (개신교보다 천주교에 훨씬 가까운 성격의) 기독교를 기반으로 하는 기독민주당에 입당합니다. 전 독일 총리 '헬무트 콜'의 신임을 얻어 최연소 여성 장관이 되고 여성청소년부 장관, 환경부 장관 등을 거칩니다. 마침내 2005년 총리에 취임합니다.

가톨릭 남성들에게 둘러싸인 개신교 여성. 보수주의자가 득시글거리는 곳에 놓인 이혼녀. 서독 출신이 넘쳐 나는 곳에 선 오씨Ossis(동독 출신 독일인을 가리키는 말). "메르켈은 완전한 UFO, 미확인비행물체였다"라는 평가를 받지만, 2021년 퇴임하기까지 무려 16년 동안 독일의 총리 자리를 지켰습니다. '철의 여인' 영국 마거릿 대처 수상의 11년 집권 기록을 뛰어넘은 것입니다. 독일이 아직까지 EU에서 대장 노릇을 하고 있는 것은 그냥 100퍼센트 메르켈 덕분입니다. 독일이 전범국가의 오명에서 벗어나 다시 전 세계인의 호감을 얻게 된 것도 100퍼센트 메르켈 덕분입니다.

"메르켈 총리 덕분에 독일이 풍요를 누릴 수 있었어요. 그녀는 폭풍 속에서도 믿을 수 있는 정신적 지주 같아요. 잘해 왔다고 생각해요." 평범한 시민 마리아 루이자 쉴의 말입니다. 메르켈 집권 3년 차부터 사람들은 그녀를 '무티Mutti(엄마)'라고 불렀습니다. 이 별명이 메르켈에게 잘 어울리는 이유는 메르켈이 집권 내내 자신이 책임져야 할 독일 국민을 보호하고, 독일 사회의 안정을 보장했기 때문입니다.

시간이 흐르며 메르켈은 그냥 'Mutti'에서 'Global Mutti', 세계인의 엄마로 바뀝니다. 모든 진영을 아우를 수 있는 포용력, 상대의 말을 경청하고 부드럽게 소통하며 다자간 협력을 구축할 수 있는 지도자. 여러 이해관계가 얽힌 복잡다단한 사안들을 명쾌하게 해결해 줄 수 있는 합리적인 중재자. 비효율적인 정책 결정을 경계하지만 때론 과감하게 결단하며, 자신이 옳다고 믿는 가치를 용기 있게 구현하는 리더. 끊임없이 듣고 토론하고 설득하는 지도자. 말하기보다 듣기를 즐기고, 표정을 감추며 정치적 수사를 극도로 자제하는, 담백하지만 까다로운 인물…. 공감, 경청, 대화, 설득, 타협, 인내, 합의, 침착함, 신중함, 자제력, 존중과 배려, 냉철한 이성, 무욕의 겸손함. 이게 모두 메르켈의 리더십을 설명할 때 등장하던 표현입니다.

메르켈과 위기의 시대

위기가 왔을 때 해결하면 영웅이 되고, 위기 직전에 해결하면 박수를 받고, 위기를 느끼기 전에 해결하면 아무도 모릅니다. 메르켈은 셋 모두를 해낸 사람입니다. 글로벌 금융위기, 유로존 위기, 시리아 난민 사태, 코로나 대유행…. 모두 메르켈 집권기에 메르켈을 시험에 들게 한 어마어마한 위기들입니다. 미국의 서브프라임모기지subprime mortgage 사태가 촉발한 2008년의 세계적 금융위기. 메르켈은 은행과 기업에는 막대한 돈을 빌려주고, 예금 인출을 위해 은행으로 뛰어가는 시민들을 "여러분의 예금은 안전할 것"이라는 말로 안심시킵니다. 메르켈은 독일 국내총생산이 5.7퍼센트 감소하는 와중에도 실업률 증가는 틀어막는 기적을 이뤄 냈습니다.

이어진 2011년 유럽발 금융위기. 그리스 정부의 재정적자로 생긴 문제입니다. 그리스의 문제가 '유로존(유로를 화폐로 사용하는 국가들의 통칭)' 덕분에 유럽 전체로 퍼져 나갔습니다. 메르켈은 채무국들의 긴축 정책 도입을 조건으로 구제금융을 제공하는 전략을 택했습니다. 그리스에 "돈을 빌려주겠다.

대신 지출을 줄여라" 하고 강력하게 요구합니다. 일말의 동정심도 없이, 한 치의 양보도 없이, 그리스를 끝까지 밀어붙입니다. 그리스의 상황이 점차 개선되기 시작하면서 유럽 전체가 위기에서 벗어납니다. 거의 메르켈 한 사람의 힘으로 말입니다.

2015년 7월, 메르켈 총리가 한 TV 프로그램에 출연해 학생들과 이야기를 나눕니다. 이 자리에 당시 14세인 팔레스타인 난민 소녀 림Reem Sahwil이 있었습니다. 레바논의 팔레스타인 난민캠프에서 4년 전 독일로 온 림은, 임시 체류 허가 상태라 언제라도 추방될 수 있는 자신의 처지를 설명했습니다. "공부를 계속하고 싶어요. 저도 다른 아이들처럼 꿈이 있어요. 대학에 가는 것이 꿈이에요. 저는 지금 여기 살고 있지만 미래를 그릴 수 없어요. 앞으로는 독일에 살 수 없을지도 모르거든요. 남들이 삶을 즐기는 모습을 바라만 봐야 하는 게 너무 힘들어요."

그러자 메르켈 총리는 "무슨 말인지 이해하겠지만, 때로 정치는 어려운 것입니다"라며 답을 시작합니다. 림의 유창한 독일어 실력을 칭찬하기도 했지만 "알다시피 레바논에 있는 팔레스타인 난민캠프에는 수만 명이 살고 있어요. 우리는 그들 모두에게 여기 와서 살라고 할 수 없습니다"라고 선을 긋습니다. "우리가 할 수 있는 대답은 망명 결정 절차가 오래 걸리지 않게 하겠다는 것뿐입니다. 일부 난민은 왔던 곳으로 돌아가야만 합니다"라고 덧붙였습니다. 냉정한 답을 들은 림의 표정이 점점 굳어 가다가 끝내 울음을 터뜨립니다. 놀란 메르켈 총리는 무대에서 내려와 림의 어깨를 쓰다듬으며 "참 잘했다"라고 위로합니다. 사회자가 "총리님, 이건 잘하고 말고의 문제는 아닌 것 같습니다. 림은 자기가 말을 잘 못했다고 생각해서 우는 게 아니라 자기가 처한 상황 때문에 우는 겁니다"라고 면박을 주지만, 메르켈 총리는 "힘든 상황인 것을 안다. 그냥 안아 주고 싶다"라고 말합니다. 메르켈이 필요 이상 냉정한 답변으로 소녀를 울렸다는 비판이 줄을 이었습니다. 일각에서는 10대 소녀에게 거짓말을 하지 않은 것은 잘한 일이라고 했습니다. 한편 당사자인 림은 후에 메르켈 총리의 대응이 공정했다는 입장을 밝힙니다. "나는 내 의견을 피력했고 총리님이 (내 말을) 들어주었다. 충분히 공정했다고 생각한다."

메르켈은 이후 이걸 만회라도 하려는 듯, 적극적인 난민 환대 정책을 펼칩니다. 소녀 '림'을 울린 지 1년, 이번엔 소년을 울립니다. '에드리스'로 알려진 아프간 난민 소년은 2016년 11월에 열린 기독민주당 모임에서 메르켈 총리에게 난민 수용에 대한 감사 인사를 전했습니다. 독일어로 "너무 너무 행복하다"라고 말하며 눈물을 흘렸습니다.

(2011년부터 지속된 시리아 내전으로 인한) 2015년의 시리아 난민 사태에서, 메르켈 총리는 유럽 국가들 중 유일하게 난민을 받아들였습니다. 당 내부의 격렬한 반대를 무릅쓰고 내린 결정입니다. 다른 유럽 국가들은 모두 빗장을 걸어 잠그던 때

입니다. 독일은 "우리는 할 수 있습니다!"라는 슬로건을 내걸었습니다. 2015~2016년 동안 무려 130만 명의 난민이 독일로 쏟아져 들어옵니다. 이후 독일에서는 '이주민 반대', '무슬림 반대'를 전면에 내건 극우 대중운동이 일어납니다. 독일의 극우 정당 'AfD(독일을 위한 대안)'이 급속도로 세력을 키웠습니다. 극우는 원래 이렇게 배타적으로, '철저히 자국민의 이익에 기반하여' 성장하는 것이 정상입니다. 준동하는 극우를 향해 메르켈은 "독일에 폭동을 위한 공간은 없다" "모든 시민이 민주주의를 파괴하려는 극우파의 준동에 반대할 의무가 있다"라는 말로 맞섭니다.

2017년, 독일 하원이 '동성혼 합법화' 법안을 통과시켰습니다. 독실한 개신교 신자이자 기독민주당 당수였던 메르켈 총리는 '반대표'를 던집니다. 그녀는 표결 후 기자들과 만나 "내가 생각하는 결혼은 '남성과 여성의 결혼'이고 그것이 내가 오늘 법안에 찬성하지 않은 이유"라고 당당하게 소신을 밝힙니다. 이어서 "하지만 오늘의 표결을 통해 우리는 독일이 서로 다른 의견을 존중하고, 진지한 토론과 민주적 절차를 통해 수백 년간 이어져 온 제도도 과감히 바꿀 수 있는 건강하고 역동적인 사회임을 확인할 수 있었다"라고도 말합니다. 메르켈은 자신이 속한 기독민주당의 경쟁 정당인 사민당의 정책도 합리적이라고 생각하면 받아들였습니다. 2011년 일본 후쿠시마 원자력발전소 사고가 터지자 '탈원전'을 선언, 독일의 모든 원자

력발전소를 단계적으로 폐쇄하기로 결정합니다. 최저임금도 법으로 정하고, 징집 방식을 징병제에서 모병제로 바꾸자는 제 안도 받아들입니다. 메르켈의 총리 임기 막바지에는 코로나가 전 세계를 덮쳤습니다. 독일의 초기 대응이 다른 어떤 나라보 다도 빨랐습니다. 메르켈은 EU 정상들을 일일이 설득해 가며 대규모 EU 기금 합의를 이끌어 냅니다. 임기가 다 끝나 가는 시점에 발표된 메르켈의 지지율은 무려 75퍼센트였습니다.

외교에서는 어땠을까요? 독일에는 미국과 유럽 중심 의 한편이 있고, 중국이나 러시아를 중심으로 한 다른 한편이 있습니다. 메르켈은 국제 무대에서 독일과 EU의 위상을 한껏 높인 것은 물론, 미국과도 친하게 지내고 중국과도 친하게 지 내고 러시아와의 관계도 그리 나쁘지 않았습니다.

2007년 소치에서 메르켈과 푸틴이 첫 정상회담을 할 때 푸틴은 메르켈에게 '개 공포증'이 있는 것을 알고도 회담장 에 개를 풀어놓았습니다. 메르켈은 당시 상황을 '시련'으로 기 억합니다. 회고록을 통해 "개가 내 바로 옆에서 어느 정도 움직 이고 있음에도 무시하려고 노력했다"라며 "나는 푸틴 대통령 의 표정을, 그가 그 상황을 즐기고 있는 것으로 해석했다"라고 썼습니다. 공개적으로 이렇게 험한 꼴을 당했는데도 메르켈은 오직 자국의 이익을 위해, 푸틴과 좋은 관계를 유지하고자 임 기 내내 노력했습니다. "나는 과학자예요. 문제들을 가장 작은, 가장 잘 관리할 수 있는 부분들로 쪼개는 것을 좋아해요. 그 과정에 감정이 끼어들 여지는 없어요. 중요한 것은 해법을 찾아내는 거예요." 푸틴과의 협상 과정에서 한 말입니다. 러시아와의 이런 지속적인 관계 개선을 위한 노력으로, 총리 임기 16년 동안 메르켈은 '서방의 모든 국가를 대표해 푸틴과 협상할 수 있는 인물'로까지 인식되었습니다.

반면 일본을 상대할 때는 '제발 반성 좀 제대로 해라'라고 가르쳤습니다. 2015년 일본을 방문했을 때 아베 총리의 면전에 대고, "과거에 대한 정리가 (전쟁 가해국과 피해국 간의) 화해를 위한 전제입니다. 독일이 잘못을 모두 정리했기 때문에 훗날 유럽의 통합이 가능했습니다"라고 말한 바 있습니다. 미국과의 사이는 내내 좋았지만 트럼프 대통령을 리더로 인정하지는 않았습니다. 메르켈은 "트럼프에게 있어 모든 국가는 서로 경쟁하고 있었다"라며 "한 나라의 성공은 다른 국가의 실패였다. 그는 협력이 모든 사람을 번영시킬 수 있다고 믿지 않았다"라고 묘사했습니다.

시민 메르켈과 독일 경제

다음 사진은 슈퍼마켓에서 장을 보는 메르켈의 모습입니다. 우리로 치면 광화문 정부서울청사 근처에 있는 오래된 슈퍼마켓이고, 이 슈퍼마켓에서 20년 넘게 장을 보았다고 합니다. 직원 헬가 마쿠아스는 우리나라 《조선일보》와의 인터뷰에서 이렇게 말했습니다. "주로 퇴근길에 들러요. 그럴 때면 우

독일 베를린의 한 슈퍼마켓에서 장을 보고 있는 메르켈 총리. © 《조선일보》 한경진

리가 뉴스에서 보던 정장 차림이지요. 쉬는 날에는 청바지를 입고 오기도 합니다. 뭘 사는지 주의 깊게 본 적이 없지만 오렌지는 꼭 사요. 모든 종류의 물건을 삽니다. 그러니까 제 말은, 일반 시민과 별다를 게 없다는 뜻입니다. 그녀가 총리가 된 후 달라진 점은 원래 혼자 오던 사람이 경호원과 함께 온다는 것 뿐입니다. 총리도 본인만의 공간을 원하기 때문에 경호원들이 달라붙어 있지 않고 멀리 떨어져 있어요. 그녀가 우리와 똑같은 일원이라는 생각을 합니다. 게다가 그녀는 아주 친근하지요."

16년 내내 그녀는 한결같은 패션이었습니다. 기자회견에서 한 기자가 메르켈에게 묻습니다. "우리는 당신이 항상 같은 옷만 입고 있는 것을 주목했는데, 다른 옷이 없나요?" "나는 모델이 아니라 공무원입니다." 다른 기자회견에서 기자가 묻습니다. 집을 청소하고 음식을 준비하는 가사도우미가 따로 있는지를. 그녀는 "아니오. 저에게 그런 도우미는 없고, 필요하지도 않습니다. 남편과 저는 매일 집안일을 합니다"라고 답합니다. 이어진 질문. "누가 옷을 세탁합니까? 당신? 당신의 남편?" 그녀는 "나는 옷을 손보고, 남편이 세탁기를 돌립니다. 이런 일은 대부분 전기가 무료인 밤에 합니다. 중요한 건, 우리 집과 이웃집 사이에 방음벽이 있어서 늦은 밤의 세탁으로 이웃에 피해를 주지는 않는다는 것입니다." 이어서 메르켈은 "나는 당신들이 우리 정부의 성과와 실패에 대해 질문해 주기를 기대합니다"라고 말했습니다.

'메르켈식 사회적 시장경제'라는 표현이 있습니다. 전후 기독민주당이 내건 '모두가 잘사는 나라'에 '참여하는 사람에 대한 혜택', 다시 말해 일자리창출과 경제성장에 기여하는 자에 대한 혜택을 더한 것입니다. 독일 특유의 이 '사회적 시장경제'는 빈곤층과 저임금계층을 배려한, 복지지향적이고 인도주의적인 자본주의를 말하는 것입니다. '규제 없는 자본주의'가 두 번의 세계대전을 초래한 원인 중 하나였다고 생각하여, 이제부터 '책임감 있는 자본주의'를 추구하겠다고 마음먹은 메르켈식 자본주의 모델이 바로 독일의 '사회적 시장경제'입니다.

독일 경제는 2000년대 초반까지만 해도 '유럽의 병자'라는 조롱을 들을 만큼 망가져 있었습니다. 메르켈은 2005년 총리 취임 이후, 대기업을 위한 정책을 펴지 않았습니다. 독일 경제의 재도약을 위해 중소기업에 대한 지원을 대폭 강화했습니다. '미텔슈탄트Mittelstand(강소기업)'로 대변되는, 작지만 강한 제조업이 지금 독일 경제의 핵입니다. 2022년 기준 약 367만 개의 미텔슈탄트가 있습니다. 전 세계 시장 1~3위 또는 소속 대륙에서 1위를 차지하는 글로벌 강소기업을 '히든 챔피언 hidden champion'이라고 부르는데, 독일 미텔슈탄트 중 1350개가 히든 챔피언입니다. 전 세계 히든 챔피언 2700개의 절반입니다. 우리에게도 잘 알려진 헨켈의 칼, 밀레의 세탁기, 파버 카스텔의 연필, 보쉬의 자동차 부품 등이 이런 히든 챔피언입니다. 독일 중소기업의 이런 강력한 기술 경쟁력은 체계적인 기술인력 육성제도가 뒤를 받쳐 줘서 가능한 것입니다. 주요한 특징은 학교에서의 교육과 기업에서의 현장실습을 결합한, 직업교육의 이중제도입니다. 독일 고등학생의 절반가량이 344개 직종에서 이중 직업교육을 받습니다. 기업은 제대로 된 숙련공을 안정적으로 확보할 수 있게 되었고, 청년실업률은 획기적으로 낮아졌습니다. 졸업생이 현장에 취업한 후에는 본격적인 재교육이 시작됩니다. 장인을 우대하는 '마이스터 제도'가 현장 재교육에서의 핵심입니다. 메르켈은 이렇게 '유럽의 병자'였던 독일 경제를 되살려 독일을 다시 유럽의 성장 엔진으로, 유럽의 기관차로 달리게 했습니다.

4부 이상적인 정치의 모델

우리 보수가 메르켈에게 배워야 할 것

독일은 메르켈 집권기에 유럽 정치의 심장이기도 했습니다. 메르켈은 국민의 전폭적인 지지를 등에 업고 나라를 완벽하게 리모델링하는 데 성공했습니다. "나는 독일인 모두의 총리입니다." "우리는 세계의 일부입니다." "우리는 할 수 있습니다." "우리의 민주주의는 스스로를 비판적으로 점검하고 교정하는 능력과 서로에 대한 존중, 연대와 신뢰 위에서 번창합니다. 무엇보다도 팩트를 신뢰하고, 음모론을 경계해야 합니다." "우리는 믿음과 출신이 다른 사람들을 향해 편견을 조장하고 분노를 선동하는 이들에 맞서야 합니다." 메르켈의 연설은 격정적이지도 않았고, 영웅적이지도 않았습니다. 우직하게 사람의 마음을 움직였습니다. 말이 앞서는 정치를 늘 경계했습니다. 위기의 리듬을 바꾸고, 위기가 정치의 박자를 따르도록 만드는 것이 언제나 메르켈의 목표였습니다.

독일의 국가이미지는 메르켈 덕분에 말도 못하게 좋아졌습니다. 전 유럽 경제의 핵으로, 시리아 난민을 받아들인 포용성으로, 소수인종과 사회적약자에 대한 관대함으로, 메르켈 집권기의 독일은 존경받는 국가의 반열에 올라섰습니다. 퓰리처상을 받은 저명 칼럼니스트 조지 윌은 "메르켈이 있는 지금의 독일이 이 세상 사람들이 본 최고의 독일"이라고 극찬했습니다. 독일 국민들은 '메르켈 시대의 정치는 사납지 않았다. 시민들의 생활은 어느 때보다 편안하고 넉넉했다'라고 기억합니

'이로운 보수'의 모범, 메르켈

다. 극단을 배제한 합리적 타협의 정치, 진보의 어젠다agenda까지 너른 품에 아우르는 포용과 융합의 정치, 그것이 독일 국민들이 16년 동안 열광한 앙겔라 메르켈의 정치였습니다.

메르켈의 정치는 보수정치의 본질에 대해 돌아보게 합니다. 좋은 보수란 어떤 것일까요? 김누리 중앙대 독어독문학과 교수는 메르켈의 16년을 돌아본 한 칼럼에서 이렇게 말합니다. "보수주의는 공동체보다 개인을 우선시하는 자유주의와 달리, 개인보다 공동체를 더 중시하는 정치적 이념입니다. 그래서 보수는 공동체의 원형이 되는 '민족'을 중시하고, 공동체의 과거인 '역사'를 중시하며, 공동체의 생활양식인 '문화'를 중시합니다. 메르켈이 '사회적 시장경제' 노선을 견지하고, 독일 통일의 세계사적 의미를 소중히 여기고, 부끄러운 과거를 청산하려 애쓰고, 적극적인 난민 수용 정책을 펼친 것은 모두 보수의 긍정적인 모습입니다. 이런 합리적 보수주의가 독일을 '존경할 만한 나라'로 만들었고, 메르켈을 '신뢰할 만한 리더'로 만들었습니다."

보수주의는 선진국의 이념입니다. 선진국에서 더 큰 호소력을 발휘합니다. '현재의 번영과 위세를 이룩한 체제가 그대로 유지되어야 한다'라는 주장이 설득력을 지닐 수 있는 곳이 선진국들이기 때문입니다. 19세기 대영제국에 보수주의가 풍미했고 슈퍼파워 미국에서 보수주의가 다시 위세를 떨치는 이유가 여기 있습니다. 우리도 혹시 선진국 반열에 근접해 있다면, 이제는 제발 좀 '반공'이나 '빨갱이' 같은 유치하고 천박한 돌림노래에서 벗어나, 우리식의 멋진 보수주의를 온 세계에 보여 줘야 합니다. 우리에게도 이만큼 멋진 보수가 있다는 것을 세상에 알려야 합니다. 지금 대한민국 보수의 정체성은 무엇일까요? 세계 기준의 '보수'와 우리나라 '보수' 사이의 거리는 왜 이렇게 멀게만 느껴질까요? 이명박, 박근혜, 윤석열 등 우리나라 보수 진영의 전직 대통령들과 메르켈 사이의 간격은 과연 얼마나 될까요? 끊임없이 듣고 토론하고 설득한 독일의 리더 메르켈. 우리나라의 보수도 이제, 존경받는 리더 한 사람쯤 세상에 배출할 때가 되었습니다.

'의로운 진보'의 아이콘,
오바마

2009년 1월, 만 47세. 대통령에 취임한 버락 오바마의 나이입니다. "흑인의 미국도, 백인의 미국도, 라틴계의 미국도, 아시아계의 미국도 없습니다. 오직 미합중국만이 있을 뿐입니다." 케냐 출신 아버지와 미국인 어머니 사이의 혼혈아로 태어나 어린 시절 손가락질을 받고 마약에까지 손을 댔던 열등감에 가득 찼던 소년. 하지만 '희망'을 가슴에 품고 하버드 법대를 졸업, 지역 활동가와 인권변호사, 주 상원의원, 연방 상원의원을 거쳐 정치 입문 12년 만에 미국 대통령의 자리에 오릅니다. 솔직함과 진정성으로 대중을 사로잡았고, 미국인들이 가장 갈구하던 화두인 '변화'를 내세워 흑색 돌풍을 일으킨 그를 미국인들은 '검은 케네디'라고 불렀습니다. 오바마 대통령이 취임식에서 던진 화두 역시 '희망과 변화'였습니다.

9·11 테러의 충격, 아프가니스탄전쟁, 이라크전쟁, 2008년 금융위기로 지쳐 있던 미국인들에게, 역사상 최초인 흑인 대통령은 그 자체로 '희망'과 '변화'의 상징으로 받아들여졌습니다. 취임 연설에서 그는 "우리를 특별하게 만들고 우리를 미국인으로 만드는 것은, 지금으로부터 2세기 전 독립선언서에 있는 우리의 다짐입니다. '모든 사람은 평등하게 창조됐고 그들은 생명과 자유와 행복추구를 위한 양도할 수 없는 권리를 창조자로부터 양도받았다는 자명한 진리가 있다'라는 것입니다"라고 말했습니다. 20세기 초에 태어나 일평생 흑인이 받는 모든 수난을 겪어 온 어느 90대 흑인 할머니는 오바마의 대통령 취임식을 TV 중계로 지켜보며 "We have overcome(우리는 극복했습니다)"이라고 말했습니다. 오랜 시간 흑인들의 시위, 집회, 행진에서 불린 민중가요 "We Shall Overcome(우리는 극복해야 합니다)"에서 비롯된 말입니다. 오바마가 대통령이 되자마자 패션업체 투미, 카날리, 뉴발란스 등이 '벼락 오바마가 선택한 브랜드'라며 대대적인 홍보를 시작했지만 그는 패셔너블한 정치인이 되는 것은 사양했습니다. "결정하는 일을 줄이려고 노력 중입니다. 뭘 먹을까, 뭘 입을까 하는 문제까지 결정하고 싶지 않습니다. 결정해야 할 일들이 너무 많기 때문입니다."

2009년 5월. 오바마 대통령이 다섯 살짜리 어린아이의 요청에 90도로 허리를 숙였습니다. 미합중국 대통령이 어린이 앞에서 권위를 내려놓고 기꺼이 허리를 숙이는 모습에 전세계 사람들이 감동했습니다. 이 사진은 '백악관 직원들이 가장 좋아하는 사진'으로 꼽혔다고 합니다. 백악관 서관West Wing에는 대통령의 직무수행 모습이 담긴 사진들이 전시됩니다. 통상 가장 최근의 사진으로 교체되는 것이 관행인데, 이 사진 하나만은 3년 넘게 같은 자리를 지키고 있었다고 합니다. 사진 속 꼬마 주인공은 컬럼비아에 사는 당시 5살 소년 '제이콥 필라델피아'입니다. 사진은 그의 아버지이자 전 해군이었던 칼튼이 2년간의 백악관 근무를 마치고 떠날 때 찍은 것입니다. 제이콥은 오바마 대통령에게 "내 머리카락이 아저씨 머리카락과 (촉감이) 비슷한지 알고 싶어요"라고 물었습니다. 처음에는 너무 작은 목소리라 대통령이 알아듣지 못해 다시 한번 말해 줄 것을 부탁했다고 합니다. 오바마 대통령은 "직접 만져서 확인해 보는 게 어떨까?"라는 답과 함께 망설이는 제이콥의 눈높이까지 머리를 숙이며 "만져 보렴, 꼬마야"라고 말했습니다. 제이콥이 머리카락을 만지는 순간 이 사진이 찍혔고, 오바마 대통령의 "어떻게 생각하니?"라는 물음에 제이콥은 "내 것과 똑같아요"라고 답했습니다. 일부 흑인 지도자들이 '아직도 흑인 젊은이들을 위한 정책을 전혀 내놓지 않고 있다'라며 오바마 대통령을 비난하던 때입니다. 흑인 꼬마 아이에게 고개를 숙이고 있

4부 이상적인 정치의 모델

한 명의 어린이를 위해 허리를 숙일 줄 알았던 오바마.

는 이 한 장의 사진을 통해 오바마 대통령은, 여전히 자신이 흑
인들의 상징과 같은 존재이며 흑인들의 든든한 '백'이라고 답했
습니다.

　　2009년 12월, 백악관 청소부와 주먹 인사를 나누는 오
바마 대통령. 그의 인간적인 매력과 탈권위, 쿨한 이미지를 보
여 주는 상징적 제스처가 바로 이 'Fist Bump', 주먹 인사입니
다. 오바마 대통령의 이 사진이 우리나라에서 유명해진 것은
우리나라 국회의 비정규직 청소 노동자 사진 한 장과 직접적으
로 비교되면서부터입니다. 우리나라의 보도사진에 담긴 청소
부 아주머니는 한 여당 국회의원의 앞에서 머리를 깊게 조아리

평범한 청소부와 허물없이 인사를 나누는 대통령의 모습은 우리에게 울림을 준다.

고 있었습니다(지금도 보기 불편한 사진이라 굳이 여기에 싣지 않습니다). 당시 이 국회의원은 국회 청소용역 비정규직 노동자들의 정규직 전환 문제에 대해 "이들의 신분이 무기계약직으로 바뀌면 노동삼권이 보장된다. 툭하면 파업하려고 할 텐데 어떻게 관리하려고 그러는가"라고 말해 큰 물의를 빚었습니다. 그야말로 극명한 대조를 이루게 된 두 장의 사진은 '국격의 차이'라는 제목을 달고 빠르게 퍼져 나갔습니다. 한 나라의 최고 권력자인 대통령이 평범한 청소부와 허물없이 인사를 주고받을 수 있는 사회. 너와 나는 단지 하는 일이 다를 뿐 똑같이 소중한 하나의 인격체라는 인식이 깔려 있는 문화. 오바마의 시대에 오바마가 보여 준 미국은 그런 나라였습니다. 불행하게도 우리나라는 그때 그런 나라가 아니었습니다.

자기 역할과 위치를 아는 리더

2010년 3월, 오바마 대통령은 '오바마 케어Obama Care' 라고 불리는 의료개혁안에 서명했습니다. "오늘, 거의 1세기 동안의 시도 끝에. 오늘, 1년 이상의 토론 끝에. 오늘, 모든 투표가 집계된 후. 건강보험 개혁이 미국에서 법이 되었습니다." 오바마가 대통령이 된 이후 가장 역점을 둔 정책입니다. 오바마 케어 이전에 미국의 보험회사는 기존 질환이 있는 환자를 아예 보장하지 않거나, 감당할 수 없는 수준의 보험료를 물렸습니다. 하원의장 낸시 펠로시는 이렇게 말했습니다. "만약 당신이 출산 가능한 연령의 여성이고 아이를 가졌다면 그것은 기존 질환입니다. 만약 당신이 아이를 가질 수 없다면 그것은 기존 질환입니다. 만약 당신이 제왕절개를 받았다면 그것은 기존 질환입니다. 만약 당신이 가정폭력의 희생자라면 그것은 기존 질환입니다." 의료에 관한 한 미국은 그런 나라였습니다. 오바마 케어의 목표는 지극히 상식적인 것입니다. 건강보험이 없는 사람을 새로 가입시키고, 가입자들을 보험사의 횡포로부터 보호하고, 의료서비스의 질을 높이고, 의료비 지출 증가율을 낮추는 것.

참고로 미국의 건강보험은 우리나라처럼 국가가 주도

하는 게 아닙니다. 우리나라로 치면 마치 '자동차 책임보험' 같은 형태입니다. 여러 건강보험 회사 중 하나를, 스스로 비교하고 선택해서 가입하는 방식입니다. 미국 인구의 약 14퍼센트, 4400만 명이 건강보험 미가입 상태였습니다. 오바마 케어의 뼈대는 기업과 개인이 건강보험에 '의무적으로' 가입하도록 하는 것, 저소득층과 중산층에게는 정부 보조금을 지급하여 보험 가입을 유도하는 것입니다. 오바마 케어는 고가의 민간보험에 가입하기 어려운 저소득층 노동자들이 유일하게 기댈 수 있는 언덕이 되었습니다. 단, 이 제도는 건강하고 소득이 많은 사람이 돈을 더 내서, 아프고 소득이 적은 사람의 고통을 분담하도록 설계되어 있습니다. 그래서 아직까지도 쉴 새 없는 공격을 받는 중입니다. 오바마 케어를 폐지하려던 지난 세 번의 시도는 모두 무산되었습니다. 2025년 현재, 오바마 케어를 대체하겠다며 내놓은 각종 법안들은 미국 공화당 내에서조차 의원들의 동의를 받지 못해 표류하고 있습니다.

2011년 5월, 미국은 9·11 테러를 주도한 이슬람 극단주의 단체 '알카에다'의 지도자 '오사마 빈 라덴' 사살 작전에 돌입합니다. 당시 오바마 대통령은 백악관 상황실에서 힐러리 클린턴 국무장관, 조 바이든 부통령, 로버트 게이츠 국방 장관, 마이크 멀린 합참의장, 윌리엄 데일리 백악관 비서실장 등과 작전 상황을 TV 스크린으로 지켜봤습니다. 바라보고 있는 스크

일명 '넵튠 스피어 작전'으로 알려진 오사마 빈 라덴 사살 작전.

린 속 화면은 작전에 투입된 미 해군 특수부대 '네이비 씰'의 방탄헬멧에 달린 카메라에서 실시간으로 날아오는 영상이었습니다. 상황실 한가운데 자리는 오바마가 아니라 합동특수작전사령부 마셜 준장이 차지하고 있습니다. 오바마 대통령은 등받이도 목 받침도 없는 참모석에서 긴장한 눈빛으로 상황을 지켜볼 뿐이었습니다. 왜 그 자리에 앉았는가에 대해 오바마는 나중에 이렇게 말합니다. "상황을 통제하는 실질적인 책임자가 마셜 준장이었기 때문입니다." 이 한 장의 사진으로 전 세계가 깜짝 놀랐습니다. 이것이 '미국의 힘'이라는 말까지 나왔습니다. 언제나 겸손한 말과 행동, 그 속에 미국의 군대가 충성하도록 만드는 힘이 있었습니다. '역사상 가장 위대한 추적 작전'으로 불리는 빈 라덴 사살 작전에 대해서는 영화 〈제로 다크 서티 Zero Dark Thirty〉(2012)를 보시기 바랍니다. IMDb 7.4&로튼 토마토 관객점수 80점. 영국 BBC가 선정한 21세기 100대 영화 중 하나이기도 합니다.

2015년 1월, 오바마 대통령은 상하원 합동 회의장에서 연두교서(미국 대통령이 매년 1월 의회에 제출하는 신년 시정방침)를 발표하며 중산층 살리기의 필요성을 역설합니다. 연설은 단 한 문장으로 표현됐습니다. 오바마 대통령은 "1년 내내 일해서 버는 1만 5000달러로 가족을 부양할 수 있다고 믿는가"라며 "네가 한번 해 봐라Go try it"라고 외쳤습니다. 1만 5000달러는 한국 돈으로 약 2000만 원입니다. 오바마 대통령의 이 최저임금 관련 연설은 순식간에 SNS을 타고 미국을 넘어 전 세계로 퍼져 나갔습니다. 현장의 많은 의원들이 기립박수를 쳤고, 공화당 의원들의 표정은 좋지 않았습니다, 그만큼 설득력 있고 파괴력이 강한 연설이었습니다. 이 연설 영상을 접한 우리나라 누리꾼들 사이에는 "연설용 프롬프터도 없는데 어떻게 저렇게 연설을 잘하는 거지?" "미국 사람들 부럽다. 우린 그냥 포기하자" 등의 반응이 나왔습니다.

2015년 6월, 미국 사우스캐롤라이나주 찰스턴에 자리한 한 교회에서 총기 난사 사건이 발생해 클레멘타 핑크니 목

2015년 1월 20일, 연두교서를 발표하고 있는 버락 오바마.

사를 포함한 9명의 신도들이 목숨을 잃었습니다. '딜런 루프'라는 이름의 20대 백인 남성이 흑인 교회를 찾아가, 저녁 성경공부 모임을 하던 이들을 향해 총기를 난사한 '증오범죄'입니다. 사고 열흘 뒤인 26일, 핑크니 목사의 장례식에 참석한 오바마 대통령은 추모사 도중 갑자기 찬송가인 〈어메이징 그레이스 Amazing Grace(놀라운 은총)〉를 부르기 시작합니다. 객석에서 박수가 터져 나왔고, 오르간은 반주를 시작했습니다. 대통령의 입에서 나온 뜻밖의 노랫소리에 참석자들은 신선한 감동과 충격을 느낍니다. 이내 큰 목소리로 노래를 따라 부릅니다. 인종주의라는 몹쓸 행태에 대한 분노를 넘어, 용서와 사랑으로 모두 하나가 되는 모습을 보여 주었습니다.

〈어메이징 그레이스〉는 영국 성공회 존 뉴턴 신부가

흑인 노예무역에 관여했던 자신의 과거를 후회하고, 죄를 사해 준 신의 은총에 감사한다는 내용을 가사에 담은 찬송가입니다. 오바마 대통령은 "숨진 핑크니 목사가 그 은총을 발견했다"라고 말한 데 이어, 다른 희생자들의 이름을 차례로 부르며 유족을 위로했습니다. 〈CNN〉, 《워싱턴포스트Washington Post》등 미국 주요 언론들은 오바마 대통령이 〈어메이징 그레이스〉를 부르는 이 장면이 그의 대통령 재직 기간 중 최고의 순간으로 기억될 것이라고 일제히 보도했습니다. 이 영상은 지금 찾아봐도 온몸의 털이 쭈뼛 서는 경험을 선사합니다. 그리고 반년 후인 2016년 1월, 오바마는 백악관 이스트룸에서 과거 총격 사건 희생자와 가족, 총기 규제 활동가들이 지켜보는 가운데 구매자의 신원 조사를 의무화하는 총기 규제 행정명령을 발표했습니다. 한편 재판의 최후 변론에서조차 "뭔가를 증오하는 사람은 누구든 그럴 만한 이유를 마음속에 갖고 있다. 난 여전히 해야 할 일을 했다고 느낀다"라고 말하며 전혀 반성의 기미를 보이지 않았던 이 총기 난사 사건의 범인은, 2019년 10월에 마침내 사형선고를 받습니다.

오바마를 완성한 미셸

그가 말하는 희망은 내 희망보다 훨씬 더 큰 것이었다. 개천에서 난 용이 되는 것은 물론 훌륭한 일이지만, 개천을 살기 좋은

곳으로 바꾸는 것은 전혀 다른 일이었다. (중략)

버락은 말했다. "어느 쪽이 더 낫겠습니까? 지금 이대로의 세상에 안주하는 것입니까, 아니면 마땅히 와야 할 세상을 만들기 위해서 애써 보는 것입니까?"

_미셸 오바마,《비커밍》(웅진지식하우스, 2021)

오바마를 지금의 오바마로 만든 사람은 단연코 미셸 오바마입니다. 글솜씨, 말솜씨, 유머 감각과 기품, 능력을 두루 갖춘 여성입니다. 어쩌면 버락 오바마보다 뛰어난 사람입니다. 백악관에 있을 때 그녀는 직원들의 시중을 마다하고 두 딸에게 스스로 방을 청소하게 했습니다. 대통령과 주먹 인사를 하는 '성난 흑인 여자'라고 매도당하면서도 늘 조용히 웃어넘기는 여유와 품위가 있었습니다. 그녀는 2016년 차기 대선후보 선출을 위한 민주당 전당대회에서 힐러리 클린턴 지지 연설을 하며 이 '품위' 문제를 공개적으로 거론합니다. 도널드 트럼프를 겨냥한 것이었습니다.

"버락과 나는 매일 우리 두 딸에게 TV에 나오는 거친 행동과 언어가 정상이 아니라는 것을 가르치고 있습니다. 우리 부부의 맞대응이 그와 똑같을 수는 없지요. 우리의 좌우명은 '그들이 저급하게 가도, 우리는 품위 있게 간다When they go low, we go high'라는 것입니다." 실제로 마지막 문장, '그들이 저급하게 가도, 우리는 품위 있게 간다'는 오바마 부부의 인생 좌우명

백악관에서 대화를 나누고 있는 오바마와 미셸.

입니다. 자서전에서 그녀는 이 좌우명의 의미를 이런 말로 설
명했습니다. "누군가 우리를 시험하고 있다는 생각이 들면 일
부러 그 다짐을 떠올려 본다. 도덕성이 도전받을 때 우리 자신
을 다잡기 위해서다. 좀 더 노력하고 좀 더 깊이 생각해 보자는
우리의 선택을 다르게 표현한 것이기도 하다."

　　　오바마는 눈물을 들킬까 봐 선글라스를 낀 채 딸의 졸
업식에 참석했고, 흥이 나면 아내와 춤을 추었습니다. 젊고 매
력적이었지만 수많은 추문을 뿌렸던 케네디나 클린턴과 달리,

오바마는 가정에 최선을 다한 남편이자 아버지였습니다. 그는 2009년 백악관 입성 이래 딱 하나 변하지 않은 규칙을 갖고 있었습니다. 정상급 만찬 등 중요한 약속이 없는 한 매일 오후 6시 30분 가족과 저녁을 먹는 것입니다. 밸러리 재럿 백악관 선임고문은 "오바마는 저녁 시간에 맞추기 위해 오후 6시 28분이면 가족의 생활공간인 백악관 2층으로 퇴근한다"라며 "참모진도 6시 15분쯤 되면 그를 (회의 등으로부터) 꺼내 올 방법을 고민한다"라고 말했습니다. 오바마 대통령은 가족이 모두 잠자리에 들고 보좌관들도 집으로 돌아간 한밤중에 온갖 문서를 검토하고 연설문을 썼습니다. 미국 대통령으로는 최초로 재임 기간 중에 논문을 써서 전문 학술지에 이름을 올리기도 했습니다. 미국인들에게 이런 대통령이 있었습니다.

우리에게 이롭지 않았던 오바마

오바마는 집권하는 동안 한일 위안부협정을 강제했고, 한일 간에 군사정보협정을 맺도록 했고, 일본의 자위권을 지지했고, 히로시마 위령비 방문으로 일본에 면죄부를 줬고, 우리나라에 사드 미사일을 배치했습니다. 그래서 많은 사람들이 '오바마 나쁜 놈'이라고 말합니다. 맞습니다. 우리 국민들에게 나쁜 놈 소리를 들을 만합니다. 우리나라를 이롭게 한 미국 대통령은 아니었습니다. 당시 미국의 이익과 한국의 이익이 일치하지 않았기 때문입니다. 많은 사람들이 오랜 고정관념으로 미국의 이익과 한국의 이익을 동일한 것으로 여기다 보니, 이런 인식의 혼란을 겪습니다. 미국의 좋은 지도자가 한국에까지 좋은 지도자여야 한다는 법은 어디에도 없습니다. 너무나 당연하게도, 미국 사람들에게 좋은 지도자이지만 한국 사람들에게는 굉장히 안 좋은 지도자일 수 있습니다. 더군다나 당시 우리 쪽의 파트너는 박근혜 대통령이었습니다. 오바마는 "불쌍한 대통령이 질문이 뭔지를 기억하지 못하나 보네요"라는 말로 공개 석상에서 박 대통령에게 무례를 범하기도 한 사람입니다.

대부분의 미국인들처럼 오바마도 한반도에 그리 관심이 없었던 것으로 보입니다. 반면 가깝고도 먼 나라 일본은 2008년 미국 금융위기 때부터 오바마에게 공을 많이 들였습니다. 미국의 은행과 기업을 살리라면서 미국 국채를 엄청나게 사주기도 합니다. 그때부터 오바마가 일본에 호감을 갖습니다. 집권하는 동안 일본에는 외교적 양보도 많이 합니다. 일본이 엄청난 로비 자금으로 키워 낸, 일본에 우호적인 관료 라인은 오바마의 든든한 정치적 배경이 되어 주었습니다. 2013년쯤, 중국이 미국의 절대적인 패권에 도전하는 모양새를 취하기 시작했습니다. 당시 국무 장관이던 힐러리 클린턴은 안 그래도 재무장하겠다며 설치고 있던 일본을 못 본 척 용인해 줍니다. 미국의 국방비를 늘리지 않고 중국을 효과적으로 견제하는 방법을 택한 것입니다.

대한민국의 군사력까지 보태고 싶은데 우리나라와 일

본의 사이가 영 안 좋다 보니, 억지로 화해를 시키려 들었습니다. 그 결과로 나타난 것이 한일 위안부협정과 한일 간의 군사 정보협정입니다. 우리나라는 그냥 (일본의 조종을 받는) 미국 국무부가 압박하는 대로 영혼 없이 따라간 것입니다. 오바마로부터 바통을 이어받은 트럼프 대통령은 좀 달랐습니다. 그는 "내가 백악관 참모들이랑 외교하면 되지, 국무부가 왜 따로 필요하냐" 하는 사람입니다. 흥정 잘하고 촉이 좋은 장사꾼 기질의 트럼프는 문재인 대통령과도, 김정은 위원장과도 친하게 지냈습니다. 일본의 아베 총리가 아무리 꼬리를 쳐도 자신과 미국의 이익을 위해서라면 일본을 냅다 두들겨 팼습니다. 그럼 트럼프가 좋은 대통령인가, 그건 아니고. 문재인 대통령 집권 당시 그가 우리나라에 '상대적으로 이로운' 미국 대통령이었을 뿐입니다.

희망과 변화를 만들어 내다

2017년 10월, 대통령 8년 만에 오바마는 다음 사진 같은 모습이 되었습니다. 그는 자신의 정치적 고향 시카고를 찾아 8년의 임기를 돌아보는 고별 연설을 했습니다. 이날 연설 중 청중들이 "4년 더!"를 외치자, 오바마는 "그럴 수 없다"라며 다만 "미국 시민으로 언제나 여러분 곁에 함께 있겠다"라고 말했습니다. 이 사진을 연단의 전면에 걸어 놓았다면 청중들이 차마 4년 더 하라고는 못 했을 것 같습니다. 오바마는 "우리는 할

2009년의 오바마(왼쪽)와 2017년의 오바마(오른쪽).

수 있고, 해냈고, 또 할 수 있다Yes, we can. Yes, we did. Yes, we can"
라고 말했습니다. 8년 전 대권에 도전하면서 제시했던 메시지
를 과거형, 그리고 다시 미래형으로 바꾼 것입니다. 정권교체
사실을 언급할 때 트럼프를 겨냥한 야유가 쏟아지자 "노No, 노,
노"라며, 부시 대통령이 그랬던 것처럼 자신도 매끄럽게 트럼
프에게 정권을 이양할 것이라고 강조했습니다.

　　오바마의 결론은 두려움이나 걱정이 아닌 희망이었습
니다. 그는 "나는 오늘 밤 무대에서 내려가지만 내가 (대통령직
을) 시작했을 때보다 이 나라에 대해 더 희망적"이라고 밝혔습
니다. 희망의 근거는 젊은이들이었습니다. 그는 "이기적이지
않고, 창의적이고, 애국적인 세대가 오고 있습니다. 공평하고
정의롭고 포용적인 미국을 믿는 세대입니다"라며, "여러분은

　　　　　　　　　　　　　　4부 이상적인 정치의 모델

끊임없는 변화가 미국의 상징임을 알고 있고, 민주주의를 전진시키는 어려운 일을 기꺼이 해낼 것"이라고 기대했습니다. 오바마는 그러면서 "변화를 가져올 나의 능력을 믿지 말고, 여러분 스스로의 능력을 믿으라"라고 충고했습니다. 오바마가 연단에서 내려온 지 20분이 지나도록 청중들이 자리를 뜨지 않자, 그는 다시 무대 위로 올라와 감사 인사를 전했습니다. 오바마는 이 고별 연설 후 트위터(지금의 X)에 "내 마지막 부탁은 처음과 같다. 내 능력이 아니라 여러분들의 안에 있는, 변화를 만들어 내는 능력을 믿어 달라"라고 썼습니다. 끝까지 '희망과 변화'를 외친 참으로 멋지고 의로운 진보, 미합중국 제44대 대통령 버락 오바마는 이렇게 역사의 무대를 떠났습니다.

새는 '좌우'의 날개로 난다

보수와 진보가 균형 잡힌 토론과 경쟁으로 세상을 지탱하고 발전시켜야 된다는 뜻에서 흔히 인용되는 문구가 "새는 '좌우'의 날개로 난다"입니다. 1994년 고故 리영희 선생의 평론집 제목으로 쓰인 이 문장은 이제 아득히 그리워지고 만 청년 시절, 신선한 충격이었습니다. 선생은 그 시대 온 나라에 뻗어 있던 맹목적 반공과 수구적 행태를 질타하기 위해 책에 이런 제목을 달았습니다.

그로부터 정확히 30년이 흐른 2024년 말, 대한민국에 위헌적 계엄이 있었습니다. 집권당 구성원들의 수구적이고 극단적인 발언이 계엄의 뒤를 이었습니다. '타당한 근거가 없다'라고 여러 차례 판결로 확인된 부정선거론을 열심히 주장하고 퍼뜨리는 사람들이 나타났습니다. 희대의 반민주적 대통령은

'계몽'을 위해 계엄령을 선포할 수밖에 없었다 강변했고, 추종자들은 그의 진심에 감동받았다며 눈물을 흘렸습니다. 때아닌 부정선거론, 난데없는 중국 혐오와 친미·친일 사대주의, 법원을 때려 부수는 폭력과 극언. 이들이 자칭 '보수의 전사'가 되었습니다. 확증편향과 망상이 도를 넘어도 한참 넘었는데 웃어넘길 수도 없고, 그냥 무시할 수도 없고, 도대체 외면할 도리가 없게 되었습니다. 스스로를 보수로 자임하는 집권당 고위 인사와 국회의원들은 "지금 우리는 자유민주주의냐, 좌파 독재냐의 갈림길에 서 있다"라고 돌아가며 못된 힘을 보탰습니다. 기괴하다 못해 웃프고 참담합니다. 헌법을 헌신짝 취급한 그들은 고뇌하지 않았고, 성찰하지 않았고, 반성하지도 않았습니다. 그런데도 자신들이 여전히 보수랍니다. 리 선생의 꾸짖음이 아직도 우리 하늘을 맴돌고 있습니다. 30년이 지났는데도, 아직입니다. 진짜 보수인 우리 봉수 씨 입장에서 보면 정말 통탄할 일이 아닐 수 없습니다.

우리나라의 보수와 진보는 다른 나라의 정통 보수·진보와 결이 좀 다릅니다. 남북분단의 영향이 있습니다. 우선 우리나라의 보수는 국가안보 측면에서 비타협적 압박과 군사력을 동원한 강경한 노선을 선호하는 경향이 있습니다. 우리나라의 진보는 대북관계에서 개방과 협력을 강조하는 유화적인 접근 방식을 취합니다. 입법 분야에서라면 국가보안법이나 차별금지법을 둘러싼 논란에서 확연하게 양쪽의 입장이 갈립니다.

여기까지는 외국과 크게 다르지 않아 보입니다. 그런데 외국의 보수가 자국과 자국민의 이익을 최우선으로 하는 민족주의적 성격을 띠는 반면, 우리나라의 보수는 민족주의를 앞세우기보다 친미 또는 친일을 중시합니다(주로 식민지를 경험한 적 있는 나라의 보수가 이렇게 사대주의적인 양상을 보입니다). 우리나라에서는 진보가 오히려 (통일 문제에서 잘 드러나는 것처럼) 민족주의적인 입장을 견지합니다. 진보는 당연히 기업 친화적이기보다 노동 친화적이기 마련인데, 우리나라의 진보는 유럽의 흔한 진보정당들과는 달리 노조와의 정책 연대나 조직적 연계성이 그리 강하지 않습니다. 그러니까 우리나라의 보수는 희한하게 민족 친화적이지 않고, 우리나라의 진보는 기대만큼 노동 친화적이지 않습니다.

국민의힘 같은 자칭 보수정당과 더불어민주당 같은 자칭 진보정당이 우리나라에서 실질적 양당 구도를 유지한 지가 오래되었습니다. 국민의힘 지지자들은 자신을 보수라고 합니다. 민주당 지지자들은 자신을 진보라고 합니다. 중도의 경우, 스윙보터Swing Voter(선거에서 어떤 쪽에 투표할지 결정하지 못한 유권자. 즉, 지지하는 정당이나 정치인이 없는 사람들)나 정치 무관심층을 나타내는 말로 이해해도 별반 틀리지 않습니다. 계엄과 내란사태를 겪으며, 이렇게 부정확하고 막연한 개념 규정이 언제까지 통용되어야 하는지 꽤 열심히 고민하고 있습니다. 우리는 '촛불 혁명'에 이은 '빛의 혁명'으로 전 세계를 놀라게 했습니

2025년 1월 19일 서울서부지방법원은 극우 폭도들의 공격을 받았다. ©《한겨레》 정용일

다. 우리의 높은 정치의식과 수준에 맞도록 시민들의 정치 성향이나 이념적 지향, 지표가 이제 조금 더 선명해져야 합니다. 서로를 향해 증오의 언어를 난사하며 적대적 공생관계를 이어가는 극단적 대결 구도가 더 이상 이어져선 안 됩니다. 마침 우리나라의 '자칭 보수'들이 숨겨졌던 극우적 성향을 유감없이 드러내 주었습니다. 보수라면 모름지기 법과 질서를 자기 목숨처럼 여겨야 하는데, 이들은 헌법과 법치주의를 전면 부정하고 나라의 질서를 앞장서 파괴했습니다. 비슷한 시기에 자칭 진보 정당인 민주당의 대표는 자당의 이념적 지향을 '중도보수'로 선언했습니다. 자, 이제 우리의 보수와 진보가 자기 자리를 찾아갈 때가 되었습니다.

한국의 보수·진보 개념은 왜 달라졌을까

역사학자 전우용 선생의 친절한 설명을 빌려 보겠습니다. '민주주의'라고 하는 말이 우리나라에 처음 들어온 것은 1884년입니다. 프랑스혁명이 1789년부터이니, 그때 이미 미국과 프랑스 등은 왕이 없는 나라였습니다. 왕이 없는 나라와 교섭하려면 그 나라의 제도를 좀 이해해야 합니다. 서양의 '데모크라시Democracy'라는 것은 '제도-cracy'입니다. 무슨무슨 주의를 말하는 '이즘-ism'이 아닙니다. 그러니 데모크라시는 마땅히 '민주제民主制'로 번역되었어야 합니다. 그런데 '민주주의民主主義'가 돼 버렸습니다. 일본인들이 일부러 그런 것입니다. 천황 아래에서 사는 사람들에게 민주제라는 것이 알려지면 자신들의 '군주제'가 우스꽝스러워지기 때문에, 민주제를 '위험한 외래의 사상'으로 보이게 하려고 의도적으로 오역한 것입니다. '민주주의는 오랑캐들의 잡생각 중 하나일 뿐이다. 결코 현실에 존재해서는 안 된다.' 이런 생각을 바탕에 깔고 번역한 단어가 민주주의입니다. 다음으로 민주주의 속의 '민民'. '민'은 피지배층, '인人'은 지배층, 하나로 묶으면 '인민'이 됩니다. 도시에 사는 사람들은 정치인, 문화예술인, 언론인으로 불리고 도시 밖의 사람들은 농민, 어민 등으로 불립니다. '인'과 '민'은 그렇게 나누어지는 거라고 합니다. 그러니 그 '민'이 주인이 되는 무슨 체제, 이건 왕이나 천황이 있는 곳에서라면 말도 안 되는 얘기입니다. 민주주의라는 단어는 그래서 애초에 '천한 사람들이

4부 이상적인 정치의 모델

세상을 지배하려는 나쁜 이념' 정도의 뜻으로 우리나라에 들어온 것입니다.

이런 민주주의를 좋은 '제도'로 쓰자는 생각이 우리 내부에 출현한 것은 고종이 물러난 다음의 '주권회복운동' 때입니다. '정순헌철고순'의 뒤쪽 고순. '일본이 빼앗아 간 주권을 되찾으면 이걸 또 순종한테 줘야 되나? 안 된다. 다시 왕에게 줘서는 안 된다. 우리 스스로 주권을 찾아 우리 스스로 주권을 행사해야 한다. 우리가 주권을 회복한다면 그 이후의 정치체제는 왕정이 아니라 반드시 '민주제'여야 한다.' 그래서 민주제를 만들려는 시도가 시작됩니다. 우리나라의 독립운동이 그 자체로 '민주화운동'이면서 '민주제' 수립 운동입니다. 당시 독립운동 단체의 이름이 '신민회'였습니다. '민'을 새롭게 바꿔야 주권자가 될 수 있다는 생각에서 지어진 이름입니다. 그런 흐름 속에서 3·1운동이 일어납니다. 독립선언의 주체는 '2000만 민중'이 되었고, 이어진 임시정부는 대한'제'국이 아니라 대한'민'국을 국호로 제시했습니다. 일본에 부역하며 반민족적 행태를 보인 친일파들이 이런 민주주의를 싫어한 것은 당연합니다. 이들은 조선의 왕 대신 일본의 왕을 자신들의 주군으로 섬겼습니다. 계급주의적 질서 속에서 최고의 혜택을 누렸고, 일본의 제2차 세계대전 승리를 염원하며 부를 쌓았고, 민족적 양심 따위는 저 멀리 내다 버렸습니다. '민'이 주인이 되는 세상이라니. 최소 자신들이 살아 있는 동안엔 있으면 안 되는 일이었습니다.

독립운동가들의 영웅적 투쟁의 성과로 우리는 (비록 완전하지 않았지만) 기어이 해방과 독립을 쟁취했습니다. 그러나 제2차 세계대전이 냉전으로 이어지면서 한반도는 분단의 아픔을 겪습니다. 남한에 수립된 이승만 단독정부에서는 친일파가 대거 득세하는 역설적인 일이 벌어집니다. 일제 시기 왕정에 철저히 복종했던 세력은 이승만을 1인 독재자로 추대했습니다. 이승만은 자신이 '전주 이씨'라는 점을 은근히 강조하였고, 일본에 있던 조선 왕족의 귀국을 허락하지 않았습니다. 자신이 새로운 왕으로 등극한 것입니다. 스스로 왕이 되어 통치하던 과정에서 이승만 정권은 '반공'을 앞세운 독재체제를 '자유민주주의'로 포장합니다. 북한과 우리의 민주주의는 다르다는 뜻에서, 북한과의 차별화를 목적으로 민주주의 앞에 '자유'를 붙였습니다. 독재자 이승만은 4·19혁명으로 몰락합니다. 4·19혁명 이후 출범한 잠깐의 민주정부는 박정희의 쿠데타로 전복됩니다. 군사정권은 다시 '반공'을 앞세워 지지 기반을 다졌습니다. 이번에는 자신들의 독재를 '한국적 민주주의'라는 그럴듯한 말로 포장했습니다. 그리고 민주주의의 반대말이 (독재가 아니라) 마치 공산주의인 것처럼 국민을 호도하였습니다. "자유를 지키기 위해 자유를 포기하라"라는 모순된 논리를 주입하려 애썼고, 그 결과 시민들은 박정희가 사망한 1980년대 말까지 제대로 된 민주주의 교육을 받지 못하였습니다.

하지만 민주주의를 위한 시민들의 투쟁이 기어이 '87

4부 이상적인 정치의 모델

1990년 2월 3당 합당 축하연에서 환호하는 김영삼, 김종필, 노태우. ⓒ《한겨레》 김연수

년 헌법'을 만들고 '제6공화국'을 출범시켰습니다. '보통 사람의 시대'를 내세운 노태우의 형식적 민주화가 진행되는 과정에서 '독재 세력'은 '권위주의 세력'이라는 용어를 쓰기 시작합니다. '반민주 세력'은 자신들을 '산업화 세력'이라 명명합니다. 불의한 시대를 거치며 켜켜이 쌓인 때를 중립적 용어로 순화하려한 것입니다. 여소 야대를 두려워한 노태우 정권은 '3당 합당'이라는 대단한 정치적 이벤트를 만들어 냈고, 호남과 김대중을 고립시킵니다. 3당 합당의 결과로 출범한 '민주자유당'은 자신들을 '보수'로 자임하며 선전을 강화했습니다. 김종필, 전두환 등의 쿠데타 세력과 김영삼을 중심으로 한 영남 보수 세력이 합당한 결과, 언론이 그전까지의 '민주 대 반민주' 구도를 '보수 대 진보'로 바꿔 쓰기 시작했습니다. 반민주 독재 세력이 먼

새는 '좌우'의 날개로 난다

저 보수를 자임하고 나니, 상대적으로 고립된 김대중의 평화민
주당은 본의 아니게 진보의 영역으로 떠밀려 갔습니다. 김대중
이 거듭 자신의 정체성을 '중도보수'로 확인했는데도 (국민들의
레드콤플렉스를 자극하는 데 유리하다는 점까지 작용하여) 민주화 세
력이 진보, 좌파로 명명된 것입니다.

한국형 '가짜 보수'의 실체와 '진짜 보수'

시사평론가 김용민은 한국의 보수를 모태 보수, 기회
주의 보수, 무지몽매 보수 그리고 자본가 보수라는 네 유형으
로 나눈 적이 있습니다. 그가 명명한 모태 보수는 '돈과 기득권
을 갖춘 집안에서 자라 온 사람들'입니다. 기회주의 보수는 '어
떤 계기에선가 급작스럽게 보수의 길로 들어선 사람들'입니다.
무지몽매 보수는 '묻지 마 보수'로, 이른바 '가스통 할배' 부류를
규정한 것입니다. 마지막은 자본가 보수입니다. 그는 "대한민
국 보수정권은 보수 피라미드의 정점에 있는 자본가 보수와 기
회주의 보수의 합작품"이고, 이 둘을 이어 주는 존재가 '조중동'
이라고 주장하기도 했습니다. 학문적으로 여러 지적을 받을 수
있고 모태 보수와 자본가 보수의 차이가 분명하지 않다는 점을
감안해야 하겠지만, 오랜 기간 시사 문제를 알리고 논평해 온
이의 이런 풍자적 분류에도 분명 고개를 끄덕이게 하는 부분이
있습니다.

한국의 보수를 흔히 '시장 보수'와 '반공 보수'로 구분하

고 시장 보수가 이명박을, 반공 보수가 박근혜를 대통령으로 만들었다고들 합니다. 윤석열을 만든 집단은 '기회주의 보수'라고 해야 할 것 같습니다. 어떤 시각에서 보든 이런 보수들은 우리가 여태 살펴본 진짜 보수와는 거리가 한참 멉니다. 윤석열의 내란 사태를 통해 보수를 참칭한 '가짜 보수', 기득권과 탐욕만을 앞세우는 수구의 실체가 또렷이 드러난 것은 매우 중요한 '성과'입니다. 그들이 더 이상 장막 뒤에 숨어 누군가를 조종하지 않고, 극우 개신교 조직을 활용하며 전면에 나섰기 때문입니다. 그만큼 위기의식이 컸고 몰락이 두려웠던 게 아닐까 싶습니다.

이 나라에 보수가 아예 없었거나 없는 것은 아닙니다. 우선 세계화와 선진화, 공동체자유주의와 선진통일의 개념을 제시하고, 사경을 헤매는 순간까지 "대한민국 잘해라"라며 나라 걱정을 하다 작고한 서울대 법학과 교수 출신 박세일 선생이 있습니다. 그리고 2015년 4월 8일, 새누리당 원내대표로서 "제가 꿈꾸는 보수는 정의롭고 공정하며, 진실되고 책임지며, 따뜻한 공동체의 건설을 위해 땀 흘려 노력하는 보수입니다"라는, 앞으로도 오래도록 인구에 회자될 매우 인상 깊은 연설(책 말미에 소개)을 남긴 유승민 전 의원이 있습니다. 이 두 사람만큼은 진짜 보수로, '개혁보수'라는 일관된 입장을 지킨 인물로 평가할 수 있을 것입니다. 다만 안타까운 것은, 보수진영에서조차 이들이 그 진심에 합당할 만큼의 넉넉한 평가를 받지 못하고 있다는 사실입니다. 주변에 '나는 보수다' 하는 사람들이 그렇게나 많은데, 나라에 '진짜 보수'의 지평이 넓어지기가 이렇게나 어렵습니다.

그래도 우리가 '진짜' 보수정당을 포기할 수는 없지요. 소망하기로는 민주당이 진짜 보수정당의 길을 가며, 극우정당으로 전락한 국민의힘이 차차 소멸하는 것입니다. 그리고 정의당이 채우지 못한 진보정당의 자리를, 민주당의 좌파와 (조국혁신당을 비롯한 여타) 소수 정당의 진보개혁 세력이 연합한 교섭단체가 서서히 채워 나가게 되기를 바랍니다.

진짜 보수정당과 새로운 진보정당에 대한 기대

국민의힘은 그간 '보수정당'이라고 불려 왔습니다. 하지만 그 정당의 역사 속에 녹아 있다는 '보수'가 구체적으로 무엇을 지키려는 것인지는 늘 의문이었습니다. 이 책의 전반부에서 나열해 본 보수의 가치(신·가족·질서·법·역사·전통·권위·규범·도덕·윤리·자립·근면·절제·책임·품격·안보·애국심 등) 중 어떤 것을 소중히 여기는지도 늘 궁금했습니다. 친일과 독재의 유산에서 벗어나지 못한 퇴행적이고 반동적인 모습을 역사 속에서 이미 여러 번 노출했고, 이런 수구 반동적인 태도는 자당이 배출한 현직 대통령의 친위 쿠데타와 내란사태 전개 과정을 통해 다시한번 노골적으로 드러났습니다. 이들이 말하는 보수의 진정성이 과연 무엇인지 회의하고 반문하지 않을 수 없습니다.

한때 높은 관심을 끌었던 〈미녀들의 수다〉라는 프로그램이 있습니다. 핀란드 사람 '따루 살미넨'도 출연했었지요. 한국이 좋아 2006년부터 우리나라에 정착한 사람이고 결혼도 한국 남자와 했습니다. 따루는 박근혜 당선 직후인 2013년 3월 한 팟캐스트에서 핀란드와 한국의 정치, 복지, 조세, 교육 등을 비교해 보는 취지의 인터뷰를 한 적이 있습니다. 따루는 한국의 진보정당이라 불리는 민주당(당시 민주통합당)이 핀란드의 보수정당과 아주 비슷한 수준의 복지 정책을 갖고 있다는 점을 언급했습니다. 진행자가 '그렇다면 한국의 보수 새누리당은 핀란드의 어떤 정당과 이념이나 정책이 유사한지' 물었습니다. 따루가 웃으며 답합니다. "핀란드에 그런 정당은 없어요." 슬며시 웃다 이내 쓸쓸해졌습니다. 그로부터 10여 년이 흐릅니다. 국민의힘은 자기 당의 대통령을 구속기소 한 정치검사를 영입하여 대통령으로 만들었습니다. 이것부터가 놀라운 일입니다. 정치검사 출신인 이 후보는 입당 전부터 국민의힘에 대해 '쥐약 먹은 것들'이라는 비난과 함께 "부숴 버리겠다"라는 등의 과격한 다짐을 선보였지만, 당내의 어느 누구도 이 말에 반발하거나 화내지 않았습니다. 전직 검찰총장이 즉각 정치의 한복판에 뛰어들었는데도 '검찰의 정치적 중립성' 문제에 대해 일절 언급하지 않았습니다. 참으로 놀라운 보수가 아닐 수 없습니다.

　　1호 당원이던 그 대통령은 결국 파면되었습니다. 국민의힘은 위헌적 계엄으로부터 헌재의 대통령 파면 결정이 있기까지 대략 120일이 넘는 긴 시간 동안, 밝혀진 사실과 눈앞의 현실을 부정하려는 태도로만 일관했습니다. 어떻게든 살아남아야 한다는 생각에 사로잡혀 극우 개신교단의 손을 굳게 잡았습니다. 하버드대학 스티븐 레비츠키와 대니얼 지블랫 교수의 《어떻게 민주주의는 무너지는가》(어크로스, 2018)는 전제주의를 가리키는 네 가지 신호로 ①헌법·선거제 등 민주주의 규범 거부 ②폭력 조장이나 묵인 ③정치 경쟁자 부정 ④언론 등 비판자의 기본권을 억압하는 각종 조치들을 들었습니다. 윤석열과 국민의힘에게서 이런 신호가 모두 확인됩니다. 게다가 민주당의 대표가 자당의 정체성이 '중도보수'라고 선언하는 바람에, 오른쪽에서마저 국민의힘이 설 자리가 좁아져 갑니다. 속절없이 줏대 없이 오른쪽의 끝으로 자꾸만 밀려가고 있습니다. 국민의힘은 온갖 꽃이 만발한 너른 들판을 버렸고, '극우'라는 좁은 골목으로 걸어 들어가 쓸쓸히 고립되는 길을 택했습니다.

에드먼드 버크의 프랑스혁명에 대한 성찰은 현대사회에서도 내내 곱씹고 짚어 보아야 합니다. 인간의 지혜와 경험이 녹아 있는 전통에 대한 존중, 섣부른 변화에 대한 신중함은 우리 사회를 안정적으로 발전시키는 데에도 필수적인 조건입니다. 진정한 보수라면 단지 시장경제, 경쟁, 능력주의 등을 우선하는 것만으로 그 본질을 충족할 수 없습니다. 보수가 일체의 변화를 거부하는 수구여서는 안 됩니다. 발전을 거부하는 퇴행이어서도 안 됩니다. 진정한 보수라면 인류가 소중히 지켜

온 전통과 귀중한 가치, 체제와 질서 등을 긍정하면서 지킬 것을 지키고 발전시킬 것을 발전시키려는 태도를 취해야 합니다. 전통에 대한 존중과 변화에 대한 신중함이 보수의 기본적 지향이라면, 대한민국의 '보수'는 과연 어떤 전통을 존중하고 어떤 변화에 대해 신중함을 갖추어야 할까요? 어떤 경우에도 지조와 기개를 잃지 않고 바른말을 하는 선비의 품격, 민족적 자존심을 잃지 않고 최후까지 대한독립만세를 외치며 숨져 간 독립운동가들의 결기, 어마어마한 재산을 팔아 잃어버린 나라를 찾고 바른 일을 하는 이들을 도우려던 명문가의 번뇌와 고통, 우리 손으로 나라를 구하겠단 마음으로 어떻게든 우리 땅으로 나아가 싸우려 한 광복군의 분투를 앞장서서 알리고 존중하는 것이 대한민국의 보수가 지키고 자랑해야 할 전통 아닐까요? 백제 궁궐과 조선백자의 미를 표현한 '검이불루 화이불치儉而不陋 華而不侈(검소하나 누추하지 않고 화려하나 사치스럽지 않음)'의 담백함을 우리 보수의 상징으로 삼을 수는 없을까요? 냉전시대의 반공 이념에 사로잡혀 모든 진보적 주장을 백안시하는 맹목적 극우의 모습은 이제 그만 버려도 되지 않을까요?

2025년 2월, 민주당 이재명 대표의 '중도보수' 선언은 당연한 논란을 일으켰습니다. 그간 보수를 표방해 온 국민의힘이 펄쩍 뛰었고, 당내 경쟁자들은 민주당의 진보성을 폄훼하거나 도외시하는 발언이라며 반발했습니다. 정치를 평론하는 이들은 내란사태를 속히 마무리하고 민주 진영의 압승을 가져오려는, 정치공학적 계산에 따라 준비된 발언으로 평가했습니다. 조기 대선을 염두에 두고 소위 '중원'을 획득하기 위한 현명한 포지셔닝이자 효과적인 캠페인이라고 보아도 될 것 같습니다. 민주당의 중도보수 선언은 진보 진영 내에서 벌어질, 다른 차원에서의 경쟁을 염두에 둔 것이기도 합니다. 이제 어떤 경쟁에서도 승리할 수 있다는 상당한 자신감의 표현일 수 있습니다.

많이들 잊고 있지만 과거에도 여러 사람이 '민주당은 중도보수정당의 정체성을 갖고 있다'라고 확인 내지 선언한 바 있습니다. 김대중 전 대통령은 "중도보수로 변한 게 아니다. 우리 당(당시 국민회의)은 시작부터 중도우파를 표방했다"라고 말한 바 있습니다. 김대중은 이른바 'DJP(김대중·김종필) 연합'으로 수구 세력과 손잡으면서까지 외연의 확장을 꾀했습니다. 문재인 전 대통령도 "새누리당(지금의 국민의힘)과 대비해서 진보라는 소리를 듣지만 당의 정체성은 그냥 보수정당"이라고 했습니다. 여기에는 한국 보수 세력의 집요한 색깔론과 종북 프레임에 대응하는 성격도 있었습니다.

만약 민주당이 중도보수 쪽에 순탄하게 자리를 잡는다면, 민주당의 중도지향적 태도에 만족하지 못하는 진보 진영 유권자들을 대표할 만한, 경쟁력 있고 새로운 진보정당의 필요성이 자연스럽게 제기될 것입니다. 20여 년 전의 2004년 총선. 민주노동당의 원내 진출이 많은 진보의 가슴을 벅차오르게 했습니다. 이렇게 시작된 진보정당과 민주당의 경쟁 혹은 양

4부 이상적인 정치의 모델

립 구도는 2024년 제22대 총선에서 정의당이 참패하여 원외 정당이 되면서 사실상 끝났다고 보는 이들이 많습니다(제20대와 21대 국회에서 정의당 소속의 국회의원이었던 인사들은 민주당에 입당했다). 명확한 진보를 지향하는 정당이 뿌리내리기 어려운 환경이 계속되다 보니, 진보적 유권자의 목소리를 대변할 원내 정치 세력은 늘 취약할 수밖에 없었습니다. 진보 지향의 유권자들은 항상 (일부 연동형 비례대표제가 도입되기 전까지) 총선에서의 '연합공천' 전략, 또는 대선에서의 '민주당에 대한 비판적 지지'를 수용할 것인지를 놓고 고민해야 했습니다. 진보정당이 독자 후보를 내면 언제나 '개혁 진영의 표를 갉아먹고 수구 세력의 집권을 돕는다'라며 비판받았습니다. '민주당 2중대'라는 시선 때문에 중도보수정당과의 차별화만을 고집하던 정의당은 결국, 시대의 흐름이나 유권자의 인식과 동떨어진 이념에 매몰되어 갈피를 잃고 방황하다 제22대 총선에서 몰락하고 말았습니다.

민주당이 중도보수 선언의 진정성을 인정받고 안정적인 수권정당으로 확고히 자리매김하려면 '개헌과 선거법 개정'을 통해 미래를 설계하는 모습을 보여 줘야 합니다. 진보정당의 홀로서기는 물론, 건강하고 품격 있는 보수정당이 탄생할 토양을 만들어 주는 것도 필요합니다. 위성정당을 차단하고 연합정치 실현의 기반을 만들어 줄 연동형비례대표제 등의 선거제도 개편, 대통령선거에서의 결선투표제 도입, 국회 교섭단체

요건 완화 등 그간 제기된 여러 개혁 방안과 과제를 앞장서서 주도하고 실천해야 합니다. 소선거구제를 통해 (지역정서에 기대어) 늘 일정한 의석을 확보할 수 있다는 기득권에 더 이상 안주해서도 안 됩니다.

　　　민주당은 총선에서 진보당, 사회민주당, 기본소득당 등을 함께 비례대표 후보로 공천하는 방식으로, 진보정당에 대한 유권자의 갈증을 해소하는 전략을 쓰기도 했습니다. 지금 민주당보다 조금 왼쪽에 조국혁신당이 있습니다. 조국혁신당은 '지민비조(지역구는 민주당 비례는 조국혁신당)' 전략을 효과적으로 구사하며 신생 정당으로서는 놀라운 성과인 12석의 비례대표 의원을 배출했습니다. 조국혁신당이 민주당보다는 왼쪽에 있지만, 본격 진보정당이라기보다 민주당의 '형제 정당' 정도로 보아야 합니다. 중도보수 민주당이 비워 둔 왼쪽 공간에 앞으로 어떤 정당이 뿌리내리게 될지가 향후 우리나라 정치의 중차대한 과제이자 관심사가 될 것 같습니다. 대안 내지 수권 정당으로서의 진보정당이 나타날 수 있을까요? 만약 나타난다면 기대만큼 무럭무럭 잘 성장해서 대한민국의 미래에 당당한 한 축으로 설 수 있을까요?

　　　만약 중도보수를 지향하는 세력이 제1당의 위치를 차지하고 극우 성향의 제2당이 이를 견제하는 구조에, 게다가 진보정당은 여전히 의석수가 한참 모자라 교섭단체도 구성하지 못하는 정치 지형이 한동안 이어지게 된다면, 건전한 정책 토론은 다시 실종되고 거대 양당 간의 극한 대립만 남을 가능성이 있습니다. 우리가 새로이 맞이할 시대에는 무상급식, 고교 무상교육 등을 앞장서서 이슈화했던 민주노동당처럼, 중도보수정당에 진보적 의제를 압박하며 대한민국의 미래를 함께 설계할 정당이 그 어느 때보다 절실히 필요합니다. 성장, 기업, 경제를 중심으로 담론을 펼치는 정당이 한 축을 담당하고 분배, 노동, 환경을 이야기하는 정당이 절대 꿀리지 않는 한 축을 담당하며 원내에서 정책 결정을 펼치는 모습을 볼 때도 되었습니다. 저출생과 기후변화 등 단순한 대응책으로는 풀어낼 수 없는 장기적 이슈에 대해 경쟁적으로 논의하고, 서로의 지혜를 한데 모으고, 현재와 미래를 설계하는 정부를 견제하고 이끌어 갈 정당들이 간절히 필요합니다.

진짜 진보정당이 진짜 보수정당과 대등한 경쟁을 펼치는 미래에 관해 많은 것을 생각합니다. 이제 대한민국 정당도 대권후보를 중심으로 한 패당牌黨(같이 어울려 다니는 무리)이나 엘리트 정당에서 그만 벗어나, 대중 속에 뿌리내린 이념 정당으로서의 정체성을 명확히 하고 유권자에게 다가갈 필요가 있다는 것입니다. 보수를 참칭한 수구 파시스트(파시즘은 자유주의를 부정하고 폭력적인 방법에 의한 일당독재를 주장하며 지배자에 대한 절대적 복종을 강요함) 세력이 내란까지 일으킨 이후의 한국 정치 지형에서, 건전한 이념 정당들이 정책으로 경쟁하며 수구 파시스트를 고립시키고 축출해야 할 필요가 있습니다. 그런 차원에서 민주당이 중도보수정당으로서의 정체성을 확인한 것은 매우 바람직한 일입니다. 스펙트럼을 아무리 넓힌다 해도, 한 정당 안에 보수와 진보가 동시에 공존하며 다음 정권 획득에 몰두하는 것 정도로는 우리나라의 정치 문화를 발전시킬 수 없다는 생각입니다. 빛의 혁명의 주역이 된 우리 시민들부터 앞으로는 특정인의 '이미지'에 끌려다니지 않을 것입니다. 어떤 나라를 만들겠다는 것인지 알 수 없고 오직 권력욕만 가득 찬 정당에 표를 주지도 않을 것입니다. 아니, 그런 정당이 도무지 존재하지 못하도록 지금의 20~30대가 우리나라의 정치 지형을 완전히 바꿀 것입니다. 다양한 색깔을 가진 여러 정당이 치열하게 토론하고 국회에서 정책으로 대결하는 것. 건설적 경쟁과 협력을 통해 선진 대한민국의 모습을 그리고 다듬어 가는 것. 우리 시민들의 의지와 수준에 비추어 보면 결코 과한 희망이 아닙니다. 지금 우리에게는 밝고 강력한 기운을 발산하는 '빛의 혁명'의 결과물을, 세계 정치사에 모범이 될 만한 모델을 반드시 만들어 내야 할 의무가 주어져 있습니다.

국제 정치와 전 세계적 극우화 그리고 미래 사회

국제정치와 지정학적 측면에서도 보수와 진보는 많은 차이와 쟁점을 만듭니다. 보수는 힘에 기반한 현실주의 외교를 지향합니다. 군사동맹의 확대, 군사력 강화, 전략산업 보호 및 전략물자에 대한 수출규제 등을 주장합니다. 반면 진보는 국제

사회의 평화적 협력과 국제기구의 역할 강화, 대화 우선의 외교와 신중한 군사적 개입을 강조합니다. 글로벌공급망과 다자무역, 국가의 경계를 넘어서는 경제협력을 강화해야 한다고도 주장합니다. 트럼프 행정부와 바이든 행정부가 결정적으로 차별화되는 지점이기도 합니다. 자국의 이익을 중심으로 한 군사동맹 확대를 추구하는 보수의 태도와 동맹 내의 자율성을 존중하고 군사동맹보다는 경제협력을 통해 상호의존도를 높여 갈등을 예방하려는 진보의 입장은 늘 충돌합니다. 국경분쟁과 국지전의 대응에 있어서도 보수는 적극적인 군사개입과 억제력 확보를 강조하고, 진보는 외교적 협상과 경제제재를 통한 갈등 해결 방식을 선호합니다. 경제패권을 둘러싼 논쟁에서도 보수는 경제 민족주의와 탈세계화를 주장하는 반면, 진보는 자유무역과 글로벌 협력을 통한 안정적 성장, 지속 가능한 경제발전을 위한 국가 간 협력을 강조합니다. 결국 국제정세가 불안정할수록 보수적 대응이 강화될 가능성이 높고, 안정적이면서 평화적인 국제정세가 유지될 때라면 진보적 접근이 힘을 얻을 수밖에 없습니다. 나라와 나라 사이의 문제에서도 보수·진보의 양 날개가 필요하고, 시기에 따른 실용적인 접근이 중요한 것입니다.

극우 정치 세력의 출현은 우리만의 문제가 아닙니다. 이미 범세계적인 현상입니다. 2008년의 미국발 금융위기 이후 중산층이 무너져 내려 순식간에 저소득층으로 전락하는 등 사회의 불안이 커졌습니다. 경제적 불평등이 심화할수록 기존 정치 세력에 대한 불신도 덩달아 커져 갔습니다. 그 결과 많은 나라에서 극우를 표방하는 정당이 나타났습니다. 기존의 주류 정당(중도좌파와 중도우파)이 경제 문제와 사회불안을 효과적으로 다스리지 못하면서 반기득권 정서가 확산하였고, 이것이 극우의 일차적 자양분이 되었습니다. 난민과 이민자 증가로 인한 문화충돌, 노동시장 내의 경쟁 심화, 복지 부담 가중 등의 현상이 생기자 극우는 '반이민' 정서를 자극하는 방식으로 점차 지지세를 넓혀 갔습니다. UN이나 EU와 같은 초국가적 기구에 대한 불신이 증가하면서 '자국우선주의Nationalism'의 목소리가 커진 것도 극우의 득세를 도왔습니다. 여성과 성소수자의 권리가 강화되면서 이에 반감을 갖게 된 사람들이 망설임 없이 극우정당을 찾아 머릿수를 불렸습니다. 2025년 현재, 프랑스의 '국민연합RN', 독일의 '독일을 위한 대안AfD', 이탈리아의 '이탈리아 형제들FdI', 스페인의 반페미니즘 정당 '복스VOX', 네덜란드의 '자유당PVV', 스웨덴의 '스웨덴 민주당SD' 등이 공통적으로 반이민과 반유럽연합을 내세우며 세력을 키워 가고 있습니다. 전 세계 극우정당의 최초 자양분이 된 경제적 불평등 문제만큼은 우리도 지금보다 중요하게 다뤄야 합니다. 우리에게도 '극우의 발호'를 틀어막아야 하는 새로운 숙제가 생겼기 때문입니다.

　　다가올 미래에 보수와 진보를 가를 구체적 쟁점들은

2024년 8월 10일 영국 런던에서 열린 극우 저지 광장 집회. ⓒ《한겨레》장예지

어떤 것들이 있을까요? 많은 이들이 미래 사회는 AI가 주도하는 완전히 새로운 모습이 될 것으로 예상합니다. 저도 같은 생각입니다. 인공지능에 기반한 자동화 사회에서는 인간 노동의 성격과 가치가 혁명적으로 변하겠지요. 진보는 기본소득을 도입해 일자리를 잃는 노동자를 보호하는 정책을 펴고, '로봇세' 같은 새로운 세금을 국가 재원으로 할 것을 우선 제안할 것입니다. 보수는 기술발전에 따른 사회 변화는 기업과 시장이 자율적으로 적응하고 해결해야 하는 만큼, 가급적 정부개입을 최소화하고 시장에 맡기자는 주장을 펼칠 것입니다. 바이오기술의 발달에 따른 유전자 편집이나 맞춤형 아기의 등장이 윤리적 논쟁을 불러올 것도 필연적입니다. 정부의 규제 범위와 공공의료 서비스를 둘러싼 보수와 진보의 입장이 다를 것입니다. 이

문제는 낙태를 둘러싼 과거의 논쟁보다 훨씬 심각한 갈등을 불러오게 될지도 모릅니다. '인간-기계 융합('BCI, Neuralink'와 같은 뇌-컴퓨터 인터페이스 기술)'이 더 발전한다면 이것 역시 보수와 진보 사이에 윤리적, 정치적 논쟁을 촉발할 수밖에 없습니다. 인간이 우선인지 로봇이 주는 편의가 우선인지가 끊임없이 논의될 것입니다. 우울한 미래를 만들 요인 중 하나로, '감시 사회'에서의 프라이버시 문제를 다룬 영화들이 많습니다. AI 기반 안면인식 기술 등으로 빅브라더식의 감시가 전 세계에서 일상화되면 이것을 어떻게 어디까지 허용할 것인지가 국가안보와 치안, 개인정보보호를 둘러싼 논쟁으로 즉각 옮겨 갈 것입니다.

AI와 로봇의 무기화, 군사화 문제도 인간의 지능을 뛰어넘는 초인공지능Artificial General Intelligence이 등장할 때 큰 소란을 일으킬 것입니다. 인간사회의 윤리가 우선이냐 기술 경쟁과 시장 선점이 우선이냐, 보수와 진보의 입장이 첨예하게 갈릴 수밖에 없습니다. 결국 기술발전의 혜택을 공공에 배분하고 윤리적 규제와 개인정보보호를 강화해야 한다는 진보적 입장과, 국제경쟁력 강화를 위해 기술에 대한 최소한의 규제만 유지하며 기업의 자율성을 존중해야 한다는 보수적 입장이 핵심 쟁점으로 오랜 시간 다뤄질 것이라 생각합니다. 봉준호 감독이 영화 〈미키 17〉에 담고자 했던 질문들인 자본주의, 계급 구조, 인간성, 비폭력적인 저항과 사랑의 힘, 국가 폭력과 식민주의 문제도 끊임없이 인간을 고뇌하게 하는 주제가 되지 않을까 싶습니다.

나가는 말

이로운 보수, 의로운 진보

결국 '이로운 보수, 의로운 진보'라는 말로 지금까지의 모든 이야기를 요약할 수 있습니다. 학문적으로는 흔히 자유와 평등이 보수와 진보를 구분하는 핵심 가치로 꼽힙니다. 이제는 다 이해하셨겠지만 일반적으로 보수는 (주로 시장과 경제 관점에서의) 자유라는 가치관을 우선하고, 진보는 평등이라는 가치관을 중시합니다(참고로 사상과 양심, 표현의 자유는 진보 쪽에서 더 강조됩니다). 함께 살아가는 울타리 안에서 보수는 개인을, 진보는 공동체를 더 중시하기 때문에 성과주의·개인주의·사유재산권 등은 보수가 지지하는 가치가 되고, 분배주의·집단주의·공유 등은 진보적 가치가 됩니다. 보수정당이 개인의 자유를 중시하는 정책을 펴고, 진보정당이 평등을 실현하는 정책을 펴는 것은 애초의 이념적 정의에 비추어 보면 당연히 지향해야 할 바이기도 합니다.

물건 하나를 사더라도 그 사람의 취향과 성격이 반영

됩니다. 사람은 타고난 유전자에 삶에서 터득한 경험치를 더해, 특정한 입장과 지향을 갖게 됩니다. 보수 성향의 사람이 좀 비싸더라도 평생 멋지게 쓰다 대대로 물려줄 수 있는 튼튼하고 심플한 물건을 선호한다면, 진보 성향의 사람은 가성비와 디자인이 뛰어난 제품, 매번 새로움과 독특한 경험을 선사하는 제품을 찾게 됩니다. 가치관과 개성의 차이이니만큼 누가 더 우월하거나 올바르다 할 수 없는 일입니다. 영화 〈두 교황〉에서 언급한 대로, 우리는 언제나 서로가 서로에게 환경이 됩니다. 함께 어울려 조화로운 사회를 구성할 수 있어야 합니다. 다시 강조하지만 보수와 진보는 선악을 나타내는 상징이 아닙니다. 만고불변의 절대적 진리도 아닙니다. 세상은 변하고 역사를 만드는 사람들도 늘 다양한 생각 속에서 움직입니다. 처한 상황과 배경에 따라 보수와 진보가 언제든 자리를 바꾸기도 한다는 점을 분명히 기억해 둘 필요가 있습니다.

　　진보적 가치를 모두 배제하려는 보수, 보수적 가치를 깡그리 무시하는 진보는 사회적 갈등을 촉발하는 편향일 뿐입니다. '보수=우파 또는 우익' '진보=좌파 또는 좌익'이라는 도식적 구분은 바람직하지 않고 옳지도 않습니다. 분단의 현실 속에 상대적으로 보수적 지향이 우위에 있던 우리의 경우, '충성과 효도'를 앞세운 국가주의와 가부장적 담론이 민주화의 진행 과정에서 점차 힘을 잃어 갔습니다. 국기하강식이나 호주제가 사라진 것이 대표적인 예입니다. 억눌려 있던 여성과 소수의 목소리가 커지고 그 결과 사회적 주도권을 잃었다고 생각한 남성을 중심으로 극우로의 퇴행이 일어났습니다. 미국에서도 농촌이나 몰락한 공업도시의 백인 남성들이 트럼프를 지지하는 광신도로 돌변, 무차별적 폭력을 행사하며 우리나라의 극우와 비슷한 양태를 보이고 있습니다. 사회학적으로는 이런 현상을 '향수적 박탈감Nostalgic Deprivation'이라고 표현합니다. 잘나갔던 옛 시절에 대한 그리움에 빠져 가부장적 전통, 힘을 앞세운 거칠고 난폭한 언행 등 이른바 남성적 가치들을 존중받으려는 목소리가 커지는 현상입니다. 이런 사람들은 경제적, 사회적 지위의 상실에 대한 불만과 박탈감 때문에 약자와 소수자를 대놓고 혐오하고 물리력 행사를 가볍게 여기는 경향을 보입니다. 보수와 진보가 끊임없이 스스로를 경계하고 성찰하지 않으면 결국 이렇게 사회 전체의 퇴행과 혼란을 가져오게 되는 것입니다.

역사적으로 보수와 진보는 공존하며 경쟁해 왔습니다. 각종의 정치체제 역시 역사 속에서 여러 시행착오를 거치며 다듬어져 왔습니다. 사람이 가진 속성이 워낙 다양하고 예측하기 어렵다 보니, 어느 한쪽이 다른 한쪽을 말살하려 시도한 일도 많았습니다. 하지만 애초의 의도대로 되지 않고 의미 없는 희생과 참극만 불러오는 일이 더 잦았습니다.

한국 현대사에서 벌어진 분단과 독재의 질곡이 보수와 진보, 우파와 좌파 개념을 심각하게 오염시켜 놓았습니다. 독재정권을 유지하기 위한 탄압과 그에 대한 저항이 지속되는 과정에서 오랜 세월 공고해진 양당 대결 구도는, 보수·진보의 개념과 실체에 대한 오해를 증폭시켰습니다. 독재의 탐욕이 나날이 고조되던 시절, 부정부패나 정경유착 등의 어두운 그림자는 필연적인 것이었습니다. 그 치부를 가릴 목적으로 사용한 '보수'라는 용어에도 어쩔 수 없이 부정적 이미지가 덧씌워졌습니다.

한편 반독재와 민주주의를 향한 투쟁 과정에서 세상의 설익은 이념들이 우리나라에 들어왔고, 그것을 실현해 보려는 과정에서 진보와 좌파라는 용어에 과격과 불온의 이미지가 입혀졌습니다. 정치 세력 또한 건강한 보수와 신선한 진보로 분화되어 경쟁하지 못하고 대통령이 될 만한 지도자 한 사람을 추종하는 엘리트 정당의 길을 걸었습니다. 대한민국 사회에서 보수 또는 우파라는 단어는 결국 반공주의, 재벌 중심의 독과점적 시장경제, 약자에 대한 배려 없는 성장, 강력한 대통령제와 권위주의적 통치체제를 추종하는 사람들을 지칭하는 말로 변질되었습니다.

반대로 진보 또는 좌파라는 단어는 통일지상주의, 성장에 관심 없는 복지, 규제 위주의 노동우선주의 등을 주장하는, 현실에 발을 딛지 못하고 급격한 사회 변화만을 추구하는 과격한 사람들을 지칭하는 단어로 오염되었습니다. 불행한 우리 역사가 보수와 진보라는 단어를 그렇게 만들었습니다. 우리에게는 사실상 제대로 된 이념이 정착할 기회 자체가 없었던 것입니다. 이렇게 이름이 제대로 된 자리를 찾아가지 못하다 보니 사이비 보수와 사이비 진보가 판을 치게 되었고, 결국 보통의 시민들은 이제 자신의 정치적 지향이 사람을 향하는 것인지 가치를 지향하는 것인지도 구분할 수 없게 되었습니다.

어느 때보다 보수와 진보의 경계가 혼란스러운 시대를 살고 있습니다. 보수와 진보가 마치 선악의 징표인 것처럼 되어 있습니다. 당연히 존재하는 개별 시민의 정치적 지향마저 개성보다는 편향으로 이해되고 있습니다. 하지만 지금 우리에겐 사회의 수구와 퇴행, 역사적 반동을 함께 막아야 하는 시대적 과제가 주어져 있습니다. 그래서 진짜 보수가 무엇인지, 진짜 진보는 어떤 것인지, 이제라도 제대로 알아야 합니다. 늦었다 생각할 때가 진짜 늦은 때입니다. 더 미루면 안 됩니다. 맑게 깨어 있는 눈으로 진짜 보수와 진짜 진보를 가려낼 수 있어야 합니다. 어떻게 하면 보수와 진보의 논쟁이 사회적 다양성을 만들고 시너지를 낼 수 있을지 함께 고민해야 합니다. 오늘날 한국 사회의 모든 갈등 중 가장 심각한 것이 이념 갈등이라고들 합니다. 그냥 이념 갈등만 딱 있으면 좋겠는데, 아닙니다. 국토분단과 남북 간의 대결, 영호남을 넘어선 동서 갈등, 수도권과 지역의 양극화, 세대 간의 갈등, 남녀 갈등을 포함한 젠더 이슈까지, 실로 오만가지 갈등이 이 작은 나라 하나를 무겁게 짓누르고 있습니다. 사람과 세상을 '이롭게' 하는 보수, 사람과 세상을 '의롭게' 하는 진보가 하루빨리 제자리를 찾아야 할 이유가 바로 여기에 있습니다.

보수와 진보의 대립과 공존이 만든 긴 여정을 이제 마칠까 합니다. 우리의 밝은 미래를 위해서라도 보수와 진보 사이의 긴장, 건강한 경쟁은 영원할 수밖에 없다는 점을 결론으로 말씀드리고 싶습니다. 복잡한 세상사, 다양한 인간사 속에서 적어도 우리만큼은 보수와 진보라는 양 날개를 균형 있게 펼쳐 더 높은 하늘을 마음껏 활공할 수 있기를 바랍니다. 우리에게 좋은 날이 곧, 반드시 올 것입니다.

부록

보수 유승민의
가장 진보적인 연설

세월호… 그리고 통합과 치유

존경하는 국민 여러분! 정의화 국회의장님과 선배 동료 의원 여러분! 그리고 이완구 국무총리와 국무위원 여러분!

1년 전 4월 16일, 안산 단원고 2학년 허다윤 학생은 세월호와 함께 침몰하여 오늘까지 엄마 품에 돌아오지 못하고 있습니다. 다윤이의 어머니는 신경섬유종이라는 난치병으로 청력을 잃어가고 있지만 '내 딸의 뼈라도 껴안고 싶어서…' 세월호 인양을 촉구하는 1인 시위를 계속 하고 있습니다. 다윤 양과 함께 조은화, 남현철, 박영인 학생, 양승진, 고창석 선생님, 권재근 씨와 권혁규 군 부자, 이영숙 씨… 이렇게 9명의 실종자가 돌아오지 못했습니다. 실종자 가족들은 '피붙이의 시신이라도 찾아 유가족이 되는 게 소원'이라고 합니다. 세상에 이런 슬픈

소원이 어디에 있겠습니까? 희생자 295명, 실종자 9명, 그리고 생존자 172명을 남긴 채 1년 전의 세월호 참사는 온 국민의 가슴에 슬픔과 아픔, 그리고 부끄러움과 분노를 남겼습니다. 희생자와 실종자 가족들에게 국가는 왜 존재합니까? 우리 정치가 이분들의 눈물을 닦아 드려야 하지 않겠습니까? 엊그제 박근혜 대통령께서는 "인양을 적극적으로 검토할 것"이라고 하셨습니다. 이 말씀이 가족들에게 조금이라도 위안이 되고, 지난 1년의 갈등을 씻어 주기를 기대하면서 저는 정부에 촉구합니다. 기술적 검토를 조속히 마무리 짓고 그 결과 인양이 가능하다면 세월호는 온전하게 인양해야 합니다. 세월호를 인양해서 '마지막 한 사람까지 찾기 위해 최선을 다하겠다'던 정부의 약속을 지키고, 가족들의 한恨을 풀어 드려야 합니다. 평택 2함대에 인양해 둔 천안함과 참수리 357호에서 우리가 적의 도발을 잊지 못하듯이, 세월호를 인양해서 우리의 부끄러움을 잊지 말아야 합니다. 세월호 인양에 1000억 원이 넘는 돈이 필요하다고 합니다. 막대한 돈이지만 정부가 국민의 이해를 구하면 국민들께서는 따뜻한 마음으로 이해하고 동의해 주실 것입니다.

세월호 참사 1주기를 맞아 우리는 분열이 아니라 통합으로 나아가야 합니다. 온 국민이 함께 희생자를 추모하고 생존자의 고통을 어루만져 드려야 합니다. 세월호특별법 시행령, 배상 및 보상 등을 둘러싼 대립과 갈등을 치유하기 위해 정부는 진지한 자세로 임해야 합니다. 정치권은 세월호 참사라는

2015년 4월 8일 국회에서 대표연설하고 있는 유승민 당시 새누리당 원내대표.
© 《한겨레》 이정우

국가적 비극을 정치적으로 악용하려는 유혹에서 벗어나 통합과 치유의 길에 앞장서야 합니다. 세월호 참사 외에도 우리 사회에는 통합과 치유를 위해 정부와 국회가 함께 나서야 할 일이 많습니다. 군에서 사망한 자식의 유해와 시신을 데려가지 않는 부모들의 마음을 헤아리고 지금이라도 그 해결책을 찾아야 합니다. 천안함, 5·18민주화운동 등 우리 역사의 고비에서 상처를 받고 평생 트라우마를 겪고 있는 사람들에게 우리는 치유의 손길을 내밀어야 합니다. 이분들의 고통을 하나씩 해결해 나갈 때 비로소 국민의 마음이 열리고 통합의 길이 열리게 됩니다.

나누면서 커 간다: 성장과 복지가 함께 가야

존경하는 국민 여러분! 보수정당인 새누리당은 오랜 세월 산업화와 경제성장을 견인해 왔습니다. 민주주의와 시장경제 체제의 유지와 발전에도 역할을 해 왔다고 자부합니다. 남북분단과 군사 대치 상황에서 국가안보를 지켜 왔습니다. 이제 새누리당은 보수의 새로운 지평을 열고자 합니다. 심각한 양극화 때문에 대한민국이라는 공동체는 갈수록 내부로부터의 붕괴 위험이 커지고 있습니다. 공동체를 지키는 것은 건전한 보수당의 책무입니다. 외부의 위협으로부터 국가안보를 지키는 것이 보수의 책무이듯이, 내부의 붕괴 위험으로부터 공동체를 지키는 것도 보수의 책무입니다. 새누리당은 고통받는 국민의 편에 서겠습니다. 가진 자, 기득권 세력, 재벌 대기업의 편이 아니라 고통받는 서민 중산층의 편에 서겠습니다. 빈곤층, 실업자, 비정규직, 초단시간 근로자, 신용불량자, 영세자영업자와 소상공인, 장애인, 무의탁노인, 결식아동, 소년소녀 가장, 다문화가정, 북한이탈주민, 이런 어려운 분들에게 노선과 정책의 새로운 지향을 두고 그분들의 통증을 같이 느끼고 그분들의 행복을 위해 당이 존재하겠습니다.

10년 전 노무현 대통령은 대한민국 대통령으로서 처음으로 양극화를 말했습니다. 양극화 해소를 시대의 과제로 제시했던 그분의 통찰을 저는 높이 평가합니다. 이제 양극화 해소라는 시대적 과제를 해결함에 있어서는 여와 야가 따로 있을 수 없다고 생각합니다. 새누리당은 성장과 복지가 함께 가는, 나누면서 커 가는 따뜻한 공동체를 만들어 가는 정당이 되겠습니다. 어제의 새누리당이 경제성장과 자유시장경제에 치우친 정당이었다면, 오늘의 이 변화를 통하여 내일의 새누리당은 성장과 복지의 균형발전을 추구하는 정당이 되겠습니다. 자유시장경제와 한국자본주의의 결함을 고쳐 한국경제 체제의 역사적 진화를 위해 노력하는 정당이 되겠습니다. 그러나 국가안보만큼은 정통 보수의 길을 확실하게 가겠습니다.

새누리당의 새로운 변화를 추구하면서 저는 새정치민주연합과 정의당의 최근 변화를 관심 있게 지켜보고 있습니다. 최근 새정치민주연합은 '경제정당, 안보정당'을 말하고 있습니다. 정의당은 '미래산업정책'을 말하고 있습니다. 급식, 보육은 물론 심지어 의료, 교육, 주택까지 보편적 무상복지를 고집하던 야당이 드디어 성장의 가치, 안보의 가치를 말하기 시작한 것입니다. 놀라운 변화입니다. 환영합니다. 저는 진보정당의 이러한 변화가 단순히 총선과 대선의 득표용 전략이라고 평가 절하하고 싶지는 않습니다. 그 변화 속에 국가의 미래를 위한 고민과 진정성이 담겨 있으리라고 기대해 봅니다.

진영을 넘어 합의의 정치로

여와 야, 보수와 진보의 새로운 변화를 보면서 저는 '진영의 창조적 파괴'라는 꿈을 가집니다. 진영을 벗어나 우리 정치도 공감과 공존의 영역을 넓히자는 꿈을 현실로 만들고 싶습니다. 그동안 우리 정치는 여야 진영 간, 보수·진보 진영 간의 대립과 반목으로 국민의 신뢰를 얻지 못했습니다. 진영은 그 본질이 독재와 똑같습니다. 진영의 울타리를 쳐 놓고 그 내부 구성원들에게 사상과 표현의 자유를 허락하지 않습니다. 사람마다 생각의 차이가 있는 것은 지극히 상식적이고 정상적인데 어느 당, 어느 진영의 소속이라는 이유만으로 개인의 소신은 집단의 논리에 파묻히고 말았습니다. 여와 야, 보수와 진보, 양쪽 모두 진영의 논리에 빠져 반대를 위한 반대를 일삼았고 이는 국민의 눈에 어처구니없는 정쟁으로 비쳐졌습니다. 여당 시절 추진했던 FTA, 연금개혁을 야당이 되니까 반대하는 일, 의원 개개인이 헌법기관인 국회에서 여야가 당론투표를 강요하는 일, 역대 정권마다 여당이 정부와 청와대의 거수기 역할만 해 오던 일, 이런 부끄러운 일들이 진영 싸움 때문에 일어난 일들이라고 생각합니다. 그래서 저는 원내대표가 된 이후 가급적 당론이라는 이름으로 의원님들의 자유로운 의사를 구속하지 않겠다고 다짐했습니다.

시대가 바뀌어도 보수와 진보가 똑같을 수는 없습니다. 그러나 국가의 먼 장래를 위해 꼭 해야 할 일이라면, 오늘 보수와 진보는 머리를 맞대고 공통의 국가과제와 국가전략을 찾아 나서야 합니다. 그러기 위해서는 진영의 논리에서 벗어나야 합니다. 진영 싸움을 중단해야 합니다. 우리는 국가의 미래를 위한 합의의 정치를 시작해야 합니다. 국가적으로 꼭 필요한 일들은 합의의 정치를 통하여 정책을, 입법을, 예산을 구체화해야 합니다. 우리가 합의의 정치를 해야 할 이유는 또 있습니다. 포퓰리즘의 과열 경쟁을 자제하기 위해서도 합의가 필요합니다. '민주주의라는 정치 시장'에서 정치의 본능은 득표입니다. 표 때문에 우리 정치인들은 포퓰리즘에서 완전히 자유로울 수 없는 사람들입니다. 소위 '죄수의 딜레마'처럼 그동안 여야의 포퓰리즘 경쟁은 상호 상승작용을 일으키면서 반복되었고 이는 국가재정, 국가발전에 큰 피해를 주었습니다. 역대 대선과 총선에서 각 정당 후보들이 내세운 공약들이 그 생생한 사례들입니다. 정치적으로 인기가 없지만 국가적으로 꼭 필요한 일을 하려면 합의의 정치가 필요합니다.

존경하는 선배 동료 의원 여러분! 우리 국회가 진영의 논리와 포퓰리즘 경쟁에서 벗어나 국가의 미래를 위한 합의의 정치를 시작한다면 우리가 할 일은 많고 국민은 우리 정치를 다른 눈으로 평가하기 시작할 것입니다. 저는 이런 노력이 진정한 정치개혁이라고 믿습니다. 성장과 복지, 안보와 통일, 저출산·고령화, 청년실업, 일자리와 노동, 교육, 보육, 의료, 연금 등 합의의 정치가 할 일은 무궁무진하다고 생각합니다. 매우 어려운 문제, 아주 인기 없는 정책일수록, 그러나 국가 장래를 위해 꼭 필요한 정책일수록 우리는 용기를 내어 통 큰 합의를 해야 합니다. (중략)

세금과 복지

두 번째 사례는 세금과 복지 이슈입니다. 세금과 복지 이슈만큼 정치적 휘발성이 강한 이슈도 없을 것입니다. 소득세 연말정산 사태에서 우리는 생생하게 보았습니다. '세금을 올린 정당은 재집권에 성공할 수 없다'는 정치권의 금언이 있을 정도입니다. 저는 이 연설을 쓰면서 2012년 새누리당의 대선공약집을 다시 읽었습니다. 그 공약은 박근혜 대통령의 공약이기도 했지만 그와 동시에 저희 새누리당의 공약이었습니다. 문제는 134.5조 원의 공약가계부를 더 이상 지킬 수 없다는 점입니다. 이 점에 대해서는 새누리당이 반성합니다. 저는 지난 4월 1일 정부가 국가정책조정회의에서 〈지속가능한 복지국가 실현을 위한 복지재정 효율화 방안〉을 발표하고 중앙정부와 지방정부가 3조 원의 복지재정 절감을 위해 노력하기로 했다는 점을 평가합니다. 그러나 지난 3년간 예산 대비 세수 부족은 22.2조 원입니다. '증세 없는 복지는 허구'임이 입증되고 있습니다.

이제 우리 정치권은 국민 앞에 솔직하게 고백해야 합니다. 세금과 복지의 문제점을 털어놓고, 국민과 함께 우리 모두가 미래의 선택지를 찾아 나서야 합니다. 이 일은 공무원 연금개혁보다 더 어렵고 인기는 더 없지만 국가 장래를 위해 더 중요한 일입니다. 세금과 복지야말로 합의의 정치가 절실하게 필요한 문제입니다. 서민 증세 부자 감세 같은 프레임으로 서로를 비난하는 저급한 정쟁은 이제 그만두고 여야가 같이 고민해야 합니다. 그 고민의 출발은 장기적 시야의 복지 모델에 대한 합의라고 저는 생각합니다. 현재 우리의 복지는 '저低부담-저低복지'입니다. 현재 수준의 복지로는 양극화 문제를 해결하고 공동체의 붕괴를 막기에 크게 부족합니다. 그러나 '고高부담-고高복지'는 국가재정 때문에 실현 가능하지도 않고 그게 바람직한지도 의문입니다. 고부담-고복지로 선진국이 된 나라도 있지만 실패한 나라도 있습니다. 통계청의 〈장래인구추계〉를 보면 저출산·고령화로 인하여 앞으로 50년간 기형적 인구구조라는 재앙이 닥치게 되어 있습니다. 현재의 복지제도를 더 확대하지 않고 그대로 가더라도 앞으로 복지재정은 눈덩이처럼 불어나게 되어 있습니다.

우리가 지향해야 할 목표는 '중中부담-중中복지'라고 저는 생각합니다. 국민 부담과 복지지출이 GDP에서 차지하는 비율을 기준으로 OECD 회원국 평균 정도 수준을 장기적 목표로 정하자는 의미입니다. 이는 스웨덴, 프랑스, 독일, 영국, 이탈리아 같은 유럽 국가들보다는 낮지만 현재의 미국, 일본보다는 다소 높은 수준을 지향한다는 뜻입니다. 이는 결코 낮은 목표라고 볼 수 없습니다. 최근 여야 간에 중부담-중복지에 대한 공감대가 확산되고 있는 만큼, 우리는 국민의 동의를 전제로 이 목표에 합의할 수 있을 것입니다. 중부담-중복지를 목표로 나아가려면 세금에 대한 합의가 필요합니다. 무슨 세금을 누구로부터 얼마나 더 거둘지 진지하게 고민하고 합의해야 합니다. 증세는 현실적으로 매우 어렵습니다. 그렇다고 해서 지난 3년간 22.2조 원의 세수 부족을 보면서 증세도, 복지 조정도 하지 않는다면 그 모든 부담은 결국 국채발행을 통해서 미래세대에게 빚을 떠넘기는 비겁한 선택이 될 것입니다. 가진 자가 더 많은 세금을 낸다는 원칙, 법인세도 성역이 될 수 없다는 원칙, 그리고 소득과 자산이 있는 곳에 세금이 있다는 보편적인 원칙까지 같이 고려하면서 세금에 대한 합의에 노력해야 합니다. 우리나라의 부자와 대기업은 그들이 감내할 수 있는 수준의 세금을 떳떳하게 더 내고 더 존경받는 선진사회로 나아가야 합니다. 조세의 형평성이 확보되어야만 중산층에 대한 증세도 논의가 가능해질 것입니다. 최근의 여야 대표연설은 대부분 우리 국회가 세금과 복지 문제에 관한 대타협기구를 설치할 것을 제안했습니다. 지난 2월 우윤근 원내대표님도 이런 제안을 하셨습니다. 저는 새누리당 의원님들의 동의를 구하여 세금과 복지 문제에 대한 여야 합의기구의 설치를 추진하겠습니다. 정부도 세금과 복지 문제에 대한 새로운 구상을 제시해 줄 것을 요청합니다. (중략)

성장의 가치와 성장의 해법

존경하는 선배 동료 의원 여러분! 경제성장은 오랫동안 보수의 의제였습니다. 새정치민주연합이 '소득주도형 성장, 포용적 성장'을 말했을 때 저는 이 새로운 변화를 진심으로 환영하는 마음이었습니다. 그 주장의 옳고 그름을 떠나, 야당이 성장의 가치를 말한다는 것 자체가 반가웠습니다. 보수가 복지를 말하기 시작하고 진보가 성장을 말하기 시작한 것은 분명 우리 정치의 진일보라고 높이 평가합니다. 정작 중요한 문제는 성장의 해법입니다. 복지는 돈을 어떻게 쓰느냐의 문제인데, 성장은 돈을 어떻게 버느냐의 문제입니다. 성장의 해법은 복지의 해법보다 훨씬 더 어렵습니다. KDI가 발표한 장기거시경제 전망에 따르면 현재의 3.5%의 잠재성장률은 2050년대에 1.0%로 추락합니다. 더 비관적인 전망에 따르면 2040년대부터 1.0% 이하로 추락하여 2060년대부터는 마이너스 성장으로 추락합니다. 대한민국이 성장을 못 하는 나라, 저성장이 고착화된 나라가 되는 것입니다. 이는 국가적 대재앙입니다. 성장을 못 하면 우리 사회의 모든 게 어려워집니다. 성장을 못 하면 일자리와 소득이 줄어들고, 서민 중산층이 붕괴되어 양극화는 더 심각해지고, 국가재정도 버티기 힘들어 복지에 쓸 돈이 없는 악순환에 빠지게 될 것입니다. 통일을 하더라도 통일비용을 부담할 재원이 없습니다. 앞으로 100년간 대한민국의 가장 중요하고 가장 어려운 문제는 경제성장이라고 저는 생각합니다. 양극화 해소 못지않게 성장 그 자체가 시대의 가치가 되어야 합니다. 2100년까지 한국경제가 성장을 못 하는 것은 경기변동의 문제가 아닙니다. 성장을 뒷받침하는 노동, 자본, 기술 등 세 가지 요소에 구조적인 문제가 있기 때문입니다. 소위 편더멘털fundamental에 심각한 문제가 있는 것입니다. 따라서 저성장의 원인에 대한 장기적이고 구조적인 대책을 일관되게 추진하지 못한다면, 한국경제는 20세기의 성취를 21세기에 다 날려 보내고 선진국 진입의 문턱에서 주저앉고 말 것입니다.

저성장은 이렇게 고질적이고 구조적이고 장기적인 문제인데, 민주화 이후 역대 정권은 여야를 막론하고 성장전략이 없었다고 해도 과언이 아닙니다. 정권이 바뀔 때마다 예외 없이 집권 초반의 경제성적표를 의식해서 반짝 경기를 일으켜 보려는 단기부양책의 유혹에 빠졌습니다. 성장잠재력 자체가 약해져서 저성장이 고착화된 경제에서 국가재정을 동원하여 단기부양책을 쓰는 것은 성장효과도 없이 재정건전성만 해칠 뿐이라는 KDI의 경고를 정말 심각하게 받아들여야 합니다. 국가재정 때문에 공무원 연금개혁의 진통을 겪으면서 별 효과도 없는 단기부양책에 막대한 재정을 낭비해서야 되겠습니까? 건전한 국가재정은 그동안 한국경제를 지탱해 온 최후의 보루였으며 앞으로도 계속 그럴 것입니다. 1997~1998년의 IMF 위기와 2008~2009년의 금융위기도 그나마 국가재정이 튼튼했기 때문에 극복할 수 있었습니다. 이제 단기부양책은 과감히 버려야 합니다. IMF 위기처럼 극심한 단기불황이 찾아오지 않는 한, 단기부양책은 다시는 끄집어내지 말아야 합니다. 그 대신 장기적 시야에서 한국경제의 성장잠재력을 키우는 데 모든 정책의 초점을 맞춰야 합니다. 성장잠재력을 키우는 일은 한두

가지 정책수단만으로 가능한 일이 아닙니다. 경제 사회 전반에 걸쳐 뼈를 깎는 개혁을 단행해야 합니다. 자본, 노동, 여성, 청년, 교육, 과학기술, 농어업, 제조업, 서비스업, 대기업과 중소기업 등 거의 모든 분야에서 가히 혁명적인 변화가 일어나야 합니다. 그 혁명적인 변화의 최종 목표는 우리 경제의 경쟁력 강화이며 성장잠재력 확충입니다.

가장 중요한 몇 가지만 말씀드리고자 합니다. 저출산으로 인한 인구 재앙은 반드시 막아내야 합니다. 0~5세 보육 예산을 늘리는 정책만으로는 저출산 문제를 해결하기 어렵습니다. 졸업하고 취직하고 결혼하고 집 구해서 아이를 낳고 싶은 마음이 저절로 들도록 해야 합니다. 내 아이가 자라서 나보다 더 잘살 거라는 희망을 드려야 합니다. 보육, 교육, 노동, 일자리, 주택, 복지 등을 포괄하는 종합대책을 일관되게 밀고 나가야 저출산 문제를 극복할 수 있습니다. 당장의 인력 감소에 대처하기 위해서는 청년, 여성, 장년층의 경제활동 참가율을 높이는 대책이 필요합니다. 여성에 대한 차별을 철폐하고, 여성이 더 이상 경력단절을 겪지 않도록 실효성 있는 대책을 강구해야 합니다. 정년 후 장년층의 재고용을 촉진하는 대책을 강구해야 합니다. 청년 일자리를 위해서 정부는 '청년 일자리 전쟁'을 하겠다는 각오로 정부가 동원할 수 있는 모든 수단들을 총동원해서 청년의 고용률을 높여야 합니다. 우리 모두에게 일자리는 삶의 문제입니다. 사회 문턱에 갓 들어선 청년들에게 실업보다 더 큰 고통은 없을 것입니다. 정부, 공기업, 정부산하단체부터 청년 일자리 늘리기에 앞장서야 합니다. 정부는 대기업과 금융기관들에게 임금인상을 요구할 것이 아니라 청년 일자리를 늘려 달라고 호소하고 청년 고용에는 인센티브를 줘야 합니다. 청년 창업에 대한 국가지원도 대폭 확대하고, 크라우드펀딩법(자본시장과 금융투자업에 관한 법률)도 조속히 통과되어야 합니다. 청년들이 취업하기를 원하는 서비스산업의 발전을 위해 서비스산업발전기본법, 관광진흥법, 국제의료사업지원법도 조속히 통과시켜 주시기 바랍니다. 중소기업의 청년 고용에 대한 임금보조를 확대하고, 중소형 공장이 밀집한 지역의 환경을 개선하는 데 정부가 적극 나서야 합니다.

과학기술의 발전과 인재양성은 성장의 마지막 희망을 걸어야 할 분야이고 국가의 명운이 걸린 분야입니다. 부가가치가 높은 과학기술주도형 성장으로 가려면 오랜 시간에 걸친 일관된 국가 R&D 전략을 수립해야 합니다. 정치적으로 인기가 없는 분야이기 때문에 더 많은 관심을 기울어야 하는 분야입니다. 연구개발예산의 총 투자액은 확대하되 민간이 하지 못하는 분야를 국가가 담당해야 합니다. IMF 위기 이후 누적된 문제로 고장 난 국가 R&D 시스템은 근본적인 진단 후 수술이 불가피합니다. 과학기술교육의 혁신과 이공계 우대 정책도 확대되어야 합니다. 제조업이 더 강해져야 관련 서비스산업이 같이 발전할 수 있습니다. 전자, 반도체, 자동차, 조선, 철강, 석유화학 등 주력제조업의 위기는 지금 한국경제의 가장 큰 위기입니다. 이들 주력산업이 세계적인 경쟁력을 갖출 수 있도록 도와줘야 합니다. 중소기업 분야에서도 벤처만 우대할 것이 아니라 지금 잘하고 있는 업종과 기업들이 더 잘하도록 지원을 아끼지 말아야 합니다. 한계기업은 과감하게 퇴출시켜 새살이 돋아나도록 하고, 잘하는 기업에게 자원이 배분될 수 있도록 해야 합니다.

공정한 고통 분담, 공정한 시장경제

존경하는 국민 여러분! 선배 동료 의원 여러분! 성장의 해법은 경제 사회 전 분야에 걸친 고통스러운 개혁입니다. 성장을 향한 개혁은 고통스럽기 때문에 어느 일방의 희생만 강요해서는 안 됩니다. 개혁이 성공하려면 공정한 고통 분담, 공정한 시장경제가 전제되어야 합니다. 이를 위한 사회적 합의가 필요하며 합의의 정치가 필요합니다. 노사정 대타협이 바로 그런 합의입니다. 그러나 안타깝게도 오늘 이 시간까지 진통을 겪고 있습니다. 노동시장의 유연성을 높이는 정책 못지않게 정규직과 비정규직, 대기업과 중소기업 간의 임금격차 등 이중구조를 해소하고 고용안정성을 높이는 데 최선을 다해야 합니다. 특히 비정규직에 대한 차별을 해소하는 정책은 우리 사회의 공정성과 양극화 해소 차원에서 강력히 추진되어야 합니다. 정부와 공기업은 지금 추진 중인 비정규직의 정규직 전환을 더 확실하게 추진해야 합니다. 30대 그룹과 대형 금융기관들도 상시적 업무에 일하는 비정규직을 정규직으로 전환하는 등 사회적 책임을 다해야 합니다. 재벌도 개혁에 동참해야 합니다. 재벌 대기업은 지난날 정부의 특혜와 국민의 희생으로 오늘의 성장을 이루었습니다. 재벌 대기업은 무한히 넓은 글로벌 시장에서 일등이 되기 위해 글로벌 경쟁력을 갖춘 분야에 집중해야 합니다. 일가친척에게 돈벌이가 되는 구내식당까지 내주고 동네 자영업자의 생존을 위협하는 부끄러운 행태는 스스로 거두어들여야 합니다. 천민자본주의의 단계를 벗어나 비정규직과 청년 실업의 아픔을 알고 2차, 3차 하도급업체의 아픔을 알고 이러한 문제의 해결에 자발적으로 동참하는 존경받는 한국의 대기업상으로 거듭나야 합니다.

정부는 재벌 대기업에게 임금인상을 호소할 것이 아니라 하청단가를 올려 중소기업의 임금인상과 고용유지가 가능하도록 해야 합니다. 가장 단순하면서도 강력한 재벌정책은 재벌도 보통 시민들과 똑같이 법 앞에 평등하다는 것을 실천하는 것입니다. 재벌그룹 총수 일가와 임원들의 횡령, 배임, 뇌물, 탈세, 불법정치자금, 외화도피 등에 대해서는 보통 사람들, 보통 기업인들과 똑같이 처벌해야 합니다. 그런 점에서 대통령, 검찰, 법원은 재벌들의 사면, 복권, 가석방을 일반 시민들과 다르게 취급할 하등의 이유가 없습니다. 공정한 고통 분담과 공정한 시장경제는 결국 복지, 노동, 경제 민주화, 법치로 귀결됩니다. 앞서 말씀드린 증세, 중부담-중복지의 사회안전망, 비정규직 대책, 청년 일자리, 최저임금 인상과 같은 대책들이 성장의 해법과 함께 가야 합니다. 정부는 성장잠재력과 상관없는 단기부양책이 아니라 사회적 대타협에 필요한 곳에 예산을 써야 합니다. 존경하는 국민 여러분! 저는 아직도 임기가 3년 가까이 남아 있는 박근혜 정부가 이상과 같은 근본적 개혁의 길로 나아가기를 희망합니다. (중략)

사회적 경제

존경하는 선배 동료 의원 여러분! 최근 많은 국민들께서 사회적경제에 주목하고 있습니다. 복지와 일자리에 도움을 주며 양극화 해소와 건강한 지역공동체의 형성에 도움을 주는 협동조합, 사회적기업, 자활기업, 마을기업, 농어촌공동체 회사 등 사회적경제 조직들이 빠른 속도로 증가하고 있습니다. 그 영역도 돌봄, 보육, 교육, 병원, 신용, 도시락, 반찬가게, 동네슈퍼 등 매우 다양하게 나타나고 있습니다. 우리가 중부담-중복지를 목표로 나아간다면 우리 사회 전체의 복지수요를 국가재정이 모두 감당할 수는 없습니다. 일자리도 마찬가지입니다. 기업이 만들어 내는 일자리와 정부가 세금으로 만드는 일자리는 늘 충분하지 않습니다. 사회적경제는 국가도, 시장도 아닌 제3의 영역에서 사회적 가치를 추구하는 경제활동으로서 복지와 일자리에 도움이 되는 자본주의 경제체제의 역사적 진화라고 생각합니다. 우리보다 훨씬 앞서 자본주의와 시장경제를 해 왔던 선진국들도 사회적경제가 발달하고 있습니다. 사회적경제는 정치적 오염과 도덕적 해이를 경계해야 합니다. 사회적경제를 건강하게 발전시키는 일은 여야 모두의 책임입니다. 우리 19대 국회가 사회적경제기본법을 제정하여 한국 자본주의의 역사적 진화에 기여할 수 있기를 기대합니다. (중략)

존경하는 국민 여러분! 선배 동료 의원 여러분! 19대 국회가 일할 수 있는 시간은 이제 얼마 남지 않았습니다. 우리 19대 국회가 국민의 고통을 덜어 드리기 위해, 국민에게 내일의 희망을 드리기 위해 과연 무엇을 했는지 되돌아보지 않을 수 없습니다. "나는 왜 정치를 하는가?" 저는 매일 이 질문을 저 자신에게 던집니다. 저는 고통받는 국민의 편에 서서 용감한 개혁을 하고 싶었습니다. 15년 전 제가 보수당에 입당한 것은 제가 꿈꾸는 보수를 하고 싶었기 때문입니다. 제가 꿈꾸는 보수는 정의롭고 공정하며, 진실되고 책임지며, 따뜻한 공동체의 건설을 위해 땀 흘려 노력하는 보수입니다. 지난 15년간 여의도에 있으면서 제가 몸담아 보지 않았던 진보 진영에도 나라를 걱정하고 국민을 사랑하는 훌륭한 정치인들이 많다는 것도 알게 되었습니다. 또 그분들의 생각 중에 옳은 것도 많고, 저의 생각이 틀렸다는 것을 느낄 때도 많았습니다. 좋은 생각, 옳은 생각을 가진 선량들이 모인 이 국회가, 우리 정치가 왜 국민에게 신뢰를 받지 못하고 불신과 경멸의 대상이 되었는지 우리는 깊이 생각해 봐야 합니다. 오늘 제가 말씀드린, '진영을 넘어 미래를 위한 합의의 정치'가 하나의 해결책이 되기를 소망하면서 제 말씀을 마칩니다. 경청해 주셔서 감사합니다.

—2015년 4월 8일 새누리당 원내대표 유승민 국회 연설

진보 노무현의
가장 보수적인 연설

| **한일관계와 독도 문제에 대한 대통령 특별담화문**

존경하는 국민 여러분, 독도는 우리 땅입니다. 그냥 우리 땅이 아니라 40년 통한의 역사가 뚜렷하게 새겨져 있는 역사의 땅입니다. 독도는 일본의 한반도 침탈 과정에서 가장 먼저 병탄되었던 우리 땅입니다. 일본이 러일전쟁 중에 전쟁 수행을 목적으로 편입하고 점령했던 땅입니다. 러일전쟁은 제국주의 일본이 한국에 대한 지배권을 확보하기 위해 일으킨 한반도 침략전쟁입니다. 일본은 러일전쟁을 빌미로 우리 땅에 군대를 상륙시켜 한반도를 점령했습니다. 군대를 동원하여 궁을 포위하고 황실과 정부를 협박하여 한일의정서를 강제로 체결하고, 토지와 한국민을 징발하고 군사시설을 설치했습니다. 우리 국토 일부에서 일방적으로 군정을 실시하고, 나중에는 재

정권과 외교권마저 박탈하여 우리의 주권을 유린했습니다. 일본은 이런 와중에 독도를 자국 영토로 편입하고 망루와 전선을 가설하여 전쟁에 이용했던 것입니다. 그리고 한반도에 대한 군사적 점령상태를 계속하면서 국권을 박탈하고 식민지 지배권을 확보하였습니다.

지금 일본이 독도에 대한 권리를 주장하는 것은 제국주의 침략전쟁에 의한 점령지 권리, 나아가서는 과거 식민지 영토권을 주장하는 것입니다. 이것은 한국의 완전한 해방과 독립을 부정하는 행위입니다. 또한 과거 일본이 저지른 침략전쟁과 학살, 40년간에 걸친 수탈과 고문·투옥, 강제징용, 심지어 위안부까지 동원했던 그 범죄의 역사에 대한 정당성을 주장하는 행위입니다. 우리는 결코 이를 용납할 수 없습니다. 우리 국민에게 독도는 완전한 주권회복의 상징입니다. 야스쿠니신사 참배, 역사 교과서 문제와 더불어 과거 역사에 대한 일본의 인식, 그리고 미래의 한일관계와 동아시아의 평화에 대한 일본의 의지를 가늠하는 시금석입니다. 일본이 잘못된 역사를 미화하고 그에 근거한 권리를 주장하는 한, 한일 간의 우호관계는 결코 바로 설 수가 없습니다. 일본이 이들 문제에 집착하는 한 우리는 한일 간의 미래와 동아시아의 평화에 관한 일본의 어떤 수사도 믿을 수가 없을 것입니다. 어떤 경제적인 이해관계도, 문화적인 교류도 이 벽을 녹이지는 못할 것입니다.

한일 간에는 아직 배타적 경제수역의 경계가 획정되

2006년 4월 25일 한일관계에 대한 대통령 특별담화 모습. ⓒ 노무현재단

지 못하고 있습니다. 이는 일본이 독도를 자기 영토라고 주장하고 그 위에서 독도 기점까지 고집하고 있기 때문입니다. 동해 해저 지명 문제는 배타적 경제수역 문제와 연관되어 있습니다. 배타적 수역의 경계가 합의되지 않고 있는 가운데, 일본이 우리 해역의 해저 지명을 부당하게 선점하고 있으니 이를 바로잡으려고 하는 것은 우리의 당연한 권리입니다. 따라서 일본이 동해 해저 지명 문제에 대한 부당한 주장을 포기하지 않는 한 배타적 경제수역에 관한 문제도 더 미룰 수 없는 문제가 되었고, 결국 독도문제도 더 이상 조용한 대응으로 관리할 수 없는 문제가 되었습니다. 독도를 분쟁지역화 하려는 일본의 의도를 우려하는 견해가 없지는 않으나 우리에게 독도는 단순히 조그만 섬에 대한 영유권의 문제가 아니라 일본과의 관계에서 잘못

된 역사의 청산과 완전한 주권확립을 상징하는 문제입니다. 공개적으로 당당하게 대처해 나가야 할 일입니다.

존경하는 국민 여러분. 이제 정부는 독도문제에 대한 대응방침을 전면 재검토하겠습니다. 독도문제를 일본의 역사 교과서 왜곡, 야스쿠니 신사 참배 문제와 더불어 한일 양국의 과거사 청산과 역사인식, 자주독립의 역사와 주권 수호 차원에서 정면으로 다루어 나가겠습니다. 물리적인 도발에 대해서는 강력하고 단호하게 대응할 것입니다. 세계 여론과 일본 국민에게 일본 정부의 부당한 처사를 끊임없이 고발해 나갈 것입니다. 일본 정부가 잘못을 바로잡을 때까지 국가적 역량과 외교적 자원을 모두 동원하여 지속적으로 노력할 것입니다. 그 밖에도 필요한 모든 일을 다할 것입니다. 어떤 비용과 희생이 따르더라도 결코 포기하거나 타협할 수 없는 문제이기 때문입니다. 저는 우리의 역사를 모독하고 한국민의 자존을 저해하는 일본 정부의 일련의 행위가 일본 국민의 보편적인 인식에 기초하고 있는 것은 아닐 것이라는 기대를 가지고 있습니다. 한일 간의 우호관계, 나아가서는 동아시아의 평화를 위태롭게 하는 행위가 결코 옳은 일도, 일본에게 이로운 일도 아니라는 사실을 일본 국민들도 잘 알고 있을 것이기 때문입니다. 우리가 감정적 대응을 자제하고 냉정하게 대응해야 하는 이유도 여기에 있습니다.

일본 국민과 지도자들에게 간곡히 당부합니다. 우리는 더 이상 새로운 사과를 요구하지 않습니다. 이미 누차 행한 사과에 부합하는 행동을 요구할 뿐입니다. 잘못된 역사를 미화하거나 정당화하는 행위로 한국의 주권과 국민적 자존심을 모욕하는 행위를 중지하라는 것입니다. 한국에 대한 특별한 대우를 요구하는 것이 아니라 국제사회의 보편적인 가치와 기준에 맞는 행동을 요구하는 것입니다. 역사의 진실과 인류사회의 양심 앞에 솔직하고 겸허해지기를 바라는 것입니다. 일본이 이웃나라에 대해, 나아가서는 국제사회에서 이 기준으로 행동할 때 비로소 일본은 경제의 크기에 걸맞은 성숙한 나라, 나아가 국제사회에서 주도적인 역할을 할 수 있는 국가로 서게 될 것입니다.

국민 여러분. 우리는 식민지배의 아픈 역사에도 불구하고 일본과 선린우호의 역사를 새로 쓰기 위해 부단히 노력해 왔습니다. 양국은 민주주의와 시장경제라는 공통의 지향 속에 호혜와 평등, 평화와 번영이라는 목표를 향해 전진해 왔고 큰 관계 발전을 이루었습니다. 이제 양국은 공통의 지향과 목표를 항구적으로 지속하기 위해 더욱더 노력해야 합니다. 양국 관계를 뛰어넘어 동북아의 평화와 번영, 나아가 세계의 평화와 번영에 함께 이바지해야 합니다. 그러기 위해서는 과거사의 올바른 인식과 청산, 주권의 상호 존중이라는 신뢰가 중요합니다. 일본은 제국주의 침략사의 어두운 과거를 과감히 털고 일어서야 합니다. 21세기 동북아의 평화와 번영, 나아가 세계 평화를 향한 일본의 결단을 기대합니다. 감사합니다.

—2006년 4월 25일 노무현 대통령 특별담화